Perspectives françaises 1

Sarah Vaillancourt

General Consultants: Ronald J. Cornfield, Coordinator of
Modern Languages, Etobicoke, Ontario
H. B. Dyess, State Foreign Language
Consultant for Louisiana
Eliane LaFleur (Belgium), Curriculum
Specialist for Louisiana
Robert J. Ludwig, Schenectady City
School District, Schenectady, New York
E. Jules Mandel, Instructional
Specialist, Foreign Languages, Los Angeles
Unified School District
Christine Renaud (France), Curriculum
Specialist for Louisiana

Language Consultants: Marie-Rose Drouet-Adams, Normandale
Community College,
Bloomington, Minnesota
André Vaillancourt, Language
Specialist, Madison, Wisconsin

Editor and Consultant: André Fertey

EMC Publishing, Saint Paul, Minnesota

About the Author-Photographer

Sarah Vaillancourt is a teacher at East High School in Madison, Wisconsin, where she teaches students from the first to the fifth year in French. She is a *cum laude* graduate of Macalester College in St. Paul, Minnesota, with a B.A. degree in French. The recipient of two NDEA Foreign Language Institute grants, she has studied both in this country and in Paris, Tours, and Grenoble, France.

For the past fifteen years Vaillancourt has taken high school students on study-travel tours to Europe and Canada during the spring and summer. She has worked with the Foreign Study League, the Educational Cooperative and the American Institute for Foreign Study as a student advisor and a program administrator. She has served as Academic Dean and Assistant Resident Dean in Paris where she has also been a tour guide.

She has spoken at various workshops on topics ranging from using multi-media foreign language materials effectively to integrating contemporary French culture in the classroom.

During her recent trips to Europe, Vaillancourt traveled extensively in French-speaking countries, taking the pictures and accumulating the up-to-date information indispensable to the development and revision of *Perspectives françaises*.

ISBN 0-88436-971-4
ISBN 0-88436-973-0 (soft cover)

Published by EMC Publishing
300 York Avenue
St. Paul, Minnesota 55101

Printed in the United States of America
0 9 8 7 6 5 4

introduction

According to the President's Commission on Foreign Language and International Studies, American students must give more attention to acquiring a second language. The world outlook of our citizens suffers from provincialism, which begins with neglecting foreign language study. Through an ability to communicate in another country's tongue, we can in turn start to appreciate the complexity of a culture and people other than our own.

The study of French, like that of some other foreign languages, particularly makes available a cosmopolitan viewpoint since it's spoken in lands scattered over the globe. Europeans speak French not only in France but in Switzerland, Luxembourg, Monaco and Belgium. Some Africans do too. Many Canadians feel strongly about the use of French. *Perspectives françaises 1* is designed to impress this upon students beginning to learn French. It offers a basic multimedia or audiovisual approach to the language so that it can be best seen as a living medium, still transmitting a rich variety of customs and attitudes which Americans need to understand.

From the very first lesson, language and culture are presented hand in hand. The inclusion in the program of filmstrips, cassettes or reel-to-reel tapes, maps and various learning activities along with the text helps to merge the two. On-location, contemporary photography illustrates the *Dialogue, Lecture 1, Lecture 2* and *Coin Culturel* in every lesson, making each more vivid and authentic. In this way, it is hoped, *Perspectives françaises 1* meets head-on the challenge described by the President's panel.

table of contents

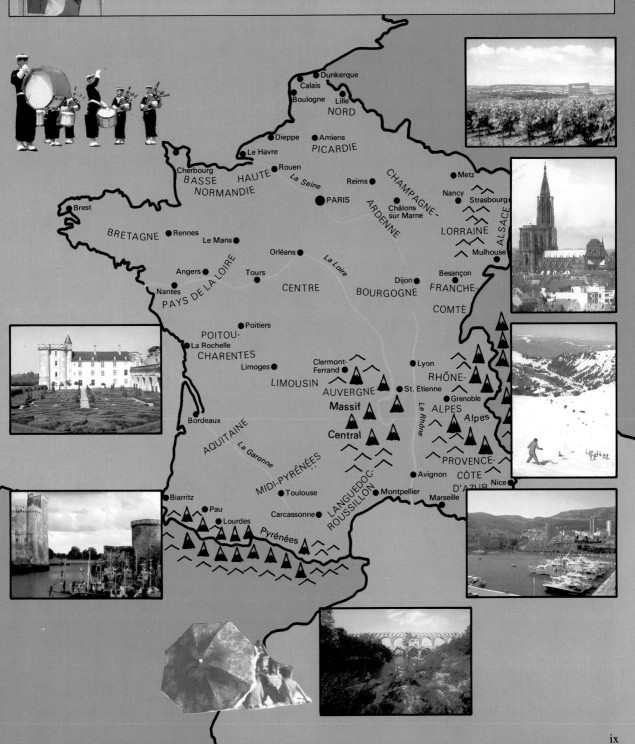

La France et Les Pays Francophones

Dunkerque
Calais
Boulogne
Lille
NORD

Dieppe
Amiens
Le Havre
PICARDIE
Cherbourg
Rouen
BASSE HAUTE
La Seine
Reims
NORMANDIE
PARIS
CHAMPAGNE-
ARDENNE
Châlons sur Marne
Metz
Nancy
Strasbourg
LORRAINE
ALSACE
Mulhouse

Brest
BRETAGNE
Rennes
Le Mans
Orléans
La Loire
Dijon
Besançon
FRANCHE-
COMTÉ
Angers
Tours
CENTRE
BOURGOGNE
Nantes
PAYS DE LA LOIRE

POITOU-
Poitiers
La Rochelle
CHARENTES
Limoges
Clermont-
Ferrand
Lyon
RHÔNE-
LIMOUSIN
St. Etienne
AUVERGNE
Grenoble
Massif
ALPES
Alpes
Bordeaux
Central
Le Rhône
AQUITAINE
La Garonne
PROVENCE-
MIDI-PYRÉNÉES
Avignon
CÔTE
Biarritz
Toulouse
LANGUEDOC-
Montpellier
Nice
Pau
ROUSSILLON
Marseille
Lourdes
Carcassonne
Pyrénées

ix

5

32

5

36

17

10

27

22

16

20

1

30

21

19

23

28

25

14

9

13

32

34

12

8

29

3

4

6

33

11

7

31

24

26

34

41

18

15

35

20

X

Les Pays Francophones

It's not only in France that people speak French. In more than 30 countries of the world, there are about 92 million people who speak French. These countries are called *les pays francophones* (French-speaking countries). They are very different. There are European countries, of course, like France and Switzerland, and there is Canada, but there are also African countries and tropical islands.

1. l'Algérie
2. la Belgique
3. le Bénin
4. Le Cameroun
   (la république du...)
5. le Canada
6. Centrafricaine
   (la république...)
7. le Congo
   (la république du...)
8. la Côte d'Ivoire
9. Djibouti
   (la république de...)
10. la France
11. le Gabon
    (la république du...)
12. la Guinée
13. Haïti
    (la république d'...)
14. la Haute-Volta
15. l'île Maurice
16. le Liban
17. le Luxembourg
18. Madagascar
    (la république de...)
19. le Mali
    (la république du...)
20. le Maroc
21. la Mauritanie
    (la république de...)
22. Monaco
23. le Niger
24. le Ruanda
25. le Sénégal
    (la république du...)
26. les Seychelles
27. la Suisse
28. le Tchad
29. le Togo
30. la Tunisie
31. le Zaïre
    (la république du...)

La France d'outre-mer

Did you know that the islands of *Martinique* and *Guadeloupe* (more than 6,000 kilometers from Paris) are, in fact, French? They are overseas departments or *départements d'outre-mer (les DOM)*. There are five in all. The others are *la Guyane, la Réunion* and *Saint-Pierre-et-Miquelon*.

The inhabitants of these islands have the same rights as the French. They have the same government with the same president and the same system of education, and they often take trips to France.

There are also overseas territories or *territoires d'outre-mer (les TOM)*, which are more independent and have their own system of government.

les départments:

32. la Guadeloupe
33. la Guyane
34. la Martinique
35. la Réunion
36. Saint-Pierre-et-Miquelon

les territoires:

37. la Nouvelle-Calédonie
38. la Polynésie-française
39. les Terres australes et antarctiques françaises
40. Wallis-et-Futuna
41. l'île Mayote

DIALOGUE
Au lycée

CHRISTINE: Bonjour, Marie!

MARIE: Bonjour, Christine! Comment vas-tu?

CHRISTINE: Je vais bien, merci. Et toi?

MARIE: Comme ci, comme ça.

CHRISTINE: Que fais-tu maintenant?

MARIE: J'étudie les math.* Je passe l'examen dans dix minutes.

CHRISTINE: Bonne chance! Où vas-tu après l'examen?

MARIE: Je vais à la pâtisserie. J'ai faim!

CHRISTINE: Moi, aussi. Allons à la pâtisserie ensemble!

MARIE: D'accord. À bientôt, Christine.

CHRISTINE: Au revoir, Marie.

math or *maths* short for *mathématiques*.

Questions

1. Christine, va-t-elle bien?
2. Que fait Marie maintenant?
3. Quand est l'examen de Marie?
4. Où va Marie après l'examen?
5. Qui a faim?

At School

CHRISTINE: Hello, Marie!

MARIE: Hello, Christine! How are you?

CHRISTINE: I'm fine, thanks. And you?

MARIE: So-so.

CHRISTINE: What are you doing now?

MARIE: I'm studying math. I take the test in ten minutes.

CHRISTINE: Good luck! Where are you going after the test?

MARIE: I'm going to the pastry shop. I'm hungry!

CHRISTINE: Me, too. Let's go to the pastry shop together!

MARIE: O.K. See you soon, Christine.

CHRISTINE: Good-bye, Marie.

EXPRESSIONS UTILES (Useful Expressions)

Bonjour, Marie!	Hello, Marie!
Comment vas-tu?	How are you?
Et toi?	And you?
Que fais-tu maintenant?	What are you doing now?
Bonne chance!	Good luck!
Où vas-tu?	Where are you going?
J'ai faim!	I'm hungry!
Moi, aussi.	Me, too.
D'accord.	O.K. (agreed)
À bientôt.	See you soon.
Au revoir.	Good-bye.

J'ai faim! (Tours)

SUPPLÉMENT (Supplement)

1. Bonjour, Marie!
   Bonjour, Monsieur Dupont!
   Bonjour, Madame Paquette!
   Bonjour, Mademoiselle
   Martin!

2. Comment vas-tu, Marie?   Je vais bien.
        Comme ci, comme ça.

   Comment allez-vous, Mme   Je vais très bien.
        Paquette?   Pas très bien.
        J'ai faim!

   Comment va Christine?   Elle va bien.
   Comment va Pierre?   Il va très bien.
   Comment vont les Martin?   Ils vont bien.

3. Où vas-tu?   Je vais à la pâtisserie.
        Je vais à l'examen.

   Où allez-vous, monsieur?   Je vais au lycée.

4. Que fais-tu maintenant?   J'étudie les math
        (mathématiques).
        J'étudie le français.
        J'étudie la biologie.
        J'étudie l'anglais.
        J'étudie les sciences.
        J'étudie la chimie.
        J'étudie l'histoire.
        Je passe l'examen.

5. Les nombres: 0-10
   0 = zéro
   1 = un   6 = six
   2 = deux   7 = sept
   3 = trois   8 = huit
   4 = quatre   9 = neuf
   5 = cinq   10 = dix

   1 + 2 = ? Combien font un et deux? 1 + 2 = 3. Un et deux
        font trois.
   9 − 5 = ? Combien font neuf moins cinq? 9 − 5 = 4. Neuf
        moins cinq reste* quatre.

*In many French schools the students may answer *Neuf moins cinq font quatre.*

6. **Noms de filles**

Adrienne
Anne
Brigitte
Catherine
Christelle

Christine
Colette
Delphine
Dominique
Emmanuelle

Fabienne
Françoise
Isabelle
Marie
Martine

Michelle
Mireille
Monique
Nathalie
Sandrine

Sophie
Stéphanie
Sylvie
Valérie
Véronique

Noms de garçons

Alain
Alexandre
André
Christian
Christophe

Denis
Eric
Fabrice
François
Frédéric

Gérard
Grégoire
Guillaume
Jean
Jérôme

Laurent
Michel
Olivier
Patrick
Philippe

Pierre
René
Roger
Sébastien
Vincent

Pierre and *Valérie* are among the most popular names in France.

Just as we do, the French tend to name their children according to current customs or family traditions. For girls, Isabelle, Marie, Sandrine, Sophie and Valérie are popular names today. Names often given to boys include Alexandre, François, Jean, Pierre and Vincent. Hyphenated names such as Jean-Baptiste or Marie-Élise are also fashionable. The sound of the name is now a more important consideration than its meaning. There is also a concern that the name be recognizable in all regions of France. Following Catholic tradition, parents used to name their child after the saint on whose feast day he or she was born. Until recently civil law too required that children be given a saint's name. But this is no longer strictly the case. The children who bear the name of a saint whose feast day doesn't fall on their date of birth can celebrate two anniversaries each year. For instance, a girl named Christine who was born May 8th may celebrate on that date and again on July 24th, her saint's day.

EXERCICE DE PRONONCIATION (Pronunciation Exercise)

/a/*

Marie	vas	ça
math	quatre	examen
après	allons	d'accord
à	madame	mademoiselle

*Some French speakers do distinguish between the sounds /a/ as in *math* and /a/ as in *pâtisserie*.

Accents

French has the same alphabet as does English; but certain letters in French have accent marks.

L'accent grave: très, à
L'accent aigu: étudie, lycée
L'accent circonflexe: pâtisscrie, bientôt
La cédille: ça, français
Le tréma: Noël

EXERCICES ORAUX (Oral exercises)

Le verbe *aller*

1. Je vais très bien.   Je vais très bien.
   Christine
   Vous
   Monsieur Dupont
   Tu
   Marie et Pierre
   Nous

2. Comment vas-tu?   Comment vas-tu?
   Madame Paquette
   Vous
   Sylvie et Anne
   Jérôme

Les verbes *-er*

3. J'étudie le français.   J'étudie le français.
   Brigitte
   Vous
   Michel et André
   Tu
   Nous

4. Je passe l'examen.   Je passe l'examen.
   Nous
   Tu
   Catherine
   Roger et Laurent
   Vous

Les réponses

5. Christine, va-t-elle bien?   Oui, elle va bien.
   Mme Sorel, va-t-elle à la pâtisserie?
   Marie, étudie-t-elle les math?
   Patrick, passe-t-il l'examen?
   Jean, a-t-il faim?

Les nombres

6. Combien font trois et six?   Trois et six font neuf.
   Combien font deux et huit?
   Combien font sept moins cinq?
   Combien font un et quatre?
   Combien font dix moins neuf?

Free Response

7. Comment vas-tu?
   Que fais-tu maintenant?
   Où vas-tu?
   Étudies-tu les math?
   Passes-tu l'examen?

EXERCICES ÉCRITS (Written Exercises)

I. **Choisissez le mot qui complète la phrase.** (Choose the word which completes the sentence.)

1. Que _____-tu maintenant?
2. J'_____ les math.
3. Comment _____-tu?
4. Je _____ bien, merci. Et toi?
5. _____ à la pâtisserie ensemble!
6. Je _____ l'examen.
7. Comment _____-vous?
8. J'_____ faim!

vais	vas
allons	allez
étudie	ai
passe	fais

II. *Oui* ou *non?* **Si la réponse n'est pas appropriée, écrivez une meilleure réponse.** (*Yes* or *no?* If the answer is not appropriate, write a better answer.)

1. Bonjour, Véronique.
   Au revoir.
2. Que fais-tu maintenant?
   Je vais très bien.

3. Comment vas-tu?

   J'ai faim!

4. À bientôt, André.

   Comme ci, comme ça.

5. Je passe l'examen.

   Bonne chance!

6. Où vas-tu?

   Je vais à l'examen.

7. Allons à la pâtisserie ensemble!

   Moi, aussi.

8. J'étudie le français.

   D'accord.

9. Je vais au lycée.

   Dans dix minutes.

III. Écrivez le problème et sa solution en français. (Write the problem and its solution in French.)

Exemples: $1+2=$ _____ . $4-2=$ _____ .

Un et deux font trois. Quatre moins deux reste deux.

1. $7-5=$ _____ .
2. $3+6=$ _____ .
3. $10-2=$ _____ .
4. $1+4=$ _____ .
5. $9-8=$ _____ .

IV. Répondez en français. (Answer in French.)

1. Bonjour, Sylvie.
2. Comment vas-tu?
3. Où vas-tu?
4. Études-tu les sciences?
5. Passes-tu l'examen?

V. Écrivez la forme convenable du verbe. (Write the appropriate form of the verb.)

1. (aller) Comment _____-tu? Je _____ bien, merci.
2. (étudier) _____-vous la chimie? Non, j'_____ la biologie.
3. (aller) Où _____ Maurice? Où _____ les Dupont?
4. (passer) Tu _____ l'examen. _____-ils l'examen?
5. (aller) _____-vous au lycée? Non, nous _____
   à la pâtisserie.

COIN CULTUREL 1 (Culture Corner)

Greetings

The French greet each other by saying *Bonjour* (Hello or Good Day). This form of address is generally used during the day until the early evening when they say *Bonsoir* (Good Evening). Teen-agers may use the more informal *Salut* when they see their friends.

French people are often more physical in their greetings than are Americans. Adults and even children shake hands each time they meet or say good-bye to their friends or acquaintances. This is true for both boys and girls. The French handshake is one short up-down motion, unlike the American one which consists of several pumps.

Relatives, close friends or even acquaintances also kiss each other lightly on both cheeks when meeting and parting. Men, women or both sexes usually kiss three times *(les trois bises),* though the number of kisses does vary according to local custom. Parisians generally give two kisses whereas people from other regions kiss three or four times. The affluent and sophisticated tend to kiss less frequently than do other members of French society. Most children will kiss both their mother and father good morning and good night, as well as upon leaving for or returning from work or school. Since the French tend to be more openly physical in expressing their feelings towards friends and relatives, it is not uncommon to see two girls or two women walking down the street arm in arm. Couples also freely show their affection in public.

The French begin their phone conversations with *Allô* (Hello) and end them with *Au revoir* (Good-bye).

The French begin their phone conversations with *Allô* and end them with *Au revoir*. (Paris)

COIN CULTUREL 2

Education

The French educational system varies greatly from ours. The types of schools are different as is school life in general. Children are required to attend school between the ages of five (or six) and sixteen. However, most children from two to five years old are enrolled in the *école maternelle* (nursery school and kindergarten), especially those whose parents work or want their children to acquire social and academic skills early. Even younger children may attend the local *crèche* (day care center). The *école maternelle* stresses the learning of correct behavior and how to play together. Children enjoy painting and singing but have no traditional teaching at this stage. Primary school *(école primaire)* lasts from ages six to eleven. Children there develop artistic skills as well as those in arithmetic and reading. There is also time during the day for outside recreation, maybe even at the beach. Teachers organize excursions for their pupils, such as a visit to a local park or an interesting historical site. The primary schools once were intended for either boys or girls; but now public schools tend to be coeducational. The subject matter is challenging even at this level, and a few students must repeat one grade. Usually elementary school children have homework each night, and they carry their books to and from school in little briefcases *(cartables)*. In the past, students rose when the teacher entered the room, and in some schools students still stand when they recite in class.

Two types of secondary schools *(écoles secondaires)* are available, *le lycée* and *le collège d'enseignement secondaire (CES)*. *Le lycée* prepares students for university education and a profession. All students must go through the first two years of *le collège d'enseignement secondaire*. Then they may choose the regular *lycée* program

Lycée students must pass the *baccalauréat* before entering a university or *grande école*.

at the *C.E.S.* or a course of study which will lead to technical schools or apprenticeships, preparing them for a job. The *collège* has two divisions. The first two years (from ages eleven to thirteen) are known as the "observation" cycle, when students gain a common base of knowledge and are "observed" by teachers, counselors and parents. The year in school is described differently than in the United States. For example, an eleven-year-old in France is in the "sixth class," a sixteen-year-old is in the "first class," and a seventeen-year-old is in the *classe terminale*. In the "sixth" students study a foreign language for the first time. More than ninety percent choose English. Study of a second foreign language starts in the "fourth class." French schools, like those in the United States, have foreign language laboratories to help students pronounce and speak better. Like for other Europeans, foreign language courses are an important and popular part of the curriculum for the French, who travel to neighboring countries frequently and inexpensively. In some private schools girls still wear uniforms.

During the second cycle, those enrolled in the college prep division pursue three years of study. They choose among five different programs ranging from *lettres* (foreign languages and literature) to sciences and economics. In the "first class" students must take both an oral and written exam to demonstrate their proficiency in French. The last year *(classe terminale)* is specifically devoted to preparation for *le baccalauréat,* the important examination marking graduation from the *lycée* and entrance into a university or *grande école*. The *baccalauréat* still remains feared by students because its extreme difficulty prompts intensive study. Today only sixty-five percent pass *le bac,* which includes oral and written parts. Those who fail do have the opportunity to try again the following year.

Well-known Parisian *lycées* include the *Lycées Henri IV* and *Saint-Louis* on the Left Bank and the *Lycée Charlemagne* on the Right Bank. Students at these schools attend classes and then return home each night. But those from outside of Paris may stay in a *foyer* (dormitory). The *Lycée Charlemagne* has two sets of buildings, the *petit lycée* for students in the "sixth" through the "fourth" years and the *grand lycée* for the older students. The buildings of the *grand lycée* were constructed during the seventeenth century on the site of a former Jesuit residence and became a school during the time of Napoleon. The *Lycée Charlemagne* counts among its past students the historian Michelet, the poet Baudelaire, the painter Delacroix and the military leader Joffre. However, the *lycée* has changed with the times and now finds girls in blue jeans in its classrooms.

French students must spend many hours studying during the school day and at home. (Beauregard)

In the *petit lycée* narrow hallways lead to the classrooms. The physics rooms are above the gymnasium. Inside the gym students play basketball or volleyball. There they can also climb ladders and work out with weights. The kitchen provides noon lunch for the eight hundred students. Classrooms also surround the courtyard of the *grand lycée*. Desks in a typical classroom face the front of the room. An announcement board provides information about the opening day of school. Another sheet lists the textbooks required for certain courses.

Here is one *lycée* student's weekly schedule:*

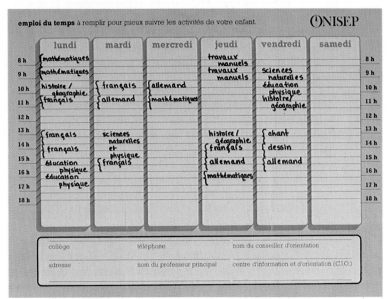

French school life at the secondary level generally contrasts with that in our country. Classes are held from 8:00-12:00 and 2:00-6:00 on Monday, Tuesday, Thursday and Friday. Saturday morning classes run from 8:00-12:00. On Wednesday students may do make-up work, go on field trips with their classes, attend laboratory sessions or have religious instruction. During hours of extra-curricular instruction, they can take lessons in judo, music or dancing. Each year students take between ten to twelve courses, the majority of them required. Many hours of study are necessary both during the school day and at home.

There are two types of grading systems. One is based on letters (A-E) as is our system, and another is based on numbers from 1-20. A passing grade is 10, and 15 or more is very good.

Traditionally, the French believe that their schools should foster only academic interests. They feel that there is not enough time in the school day to provide extra-curricular activities like sports. There are physical education classes; but there is no competition between athletic teams of different schools, as we have in the United States. However, youth clubs outside of school do have competitive activities. During their free time boys enjoy playing soccer and basketball.

Teen-agers do not hold down part-time jobs during the school year. Studying takes up all of their time outside of the classroom. Even during summer vacations, that is, from the twenty-eighth of June until September fifteenth (the date of the *rentrée*), these students generally are not employed except as counselors at camps *(colonies de vacances)* or as helpers in the family business. Some might work in public parks, and older *lycée* students can find temporary jobs as replacements for regular employees.

*This student in the "fifth" class has no Saturday schedule.

GRAMMAIRE (Grammar)

1. *Tu* (singular): familiar usage

Tu is appropriate when you speak to *one* member of your family, *one* close friend, *one* child, or *one* animal. Only after mutual agreement should the *tu* form be used with anyone else. Young people tend to use it spontaneously among themselves.

> ***Examples:*** (Christine's mother is speaking to her.)
> *Où vas-tu?* Where are you going?
>
> (Pierre is speaking to his friend Philippe.)
> *Que fais-tu maintenant?* What are you doing now?

2. *Vous* (singular or plural): formal (or polite) usage

Vous is appropriate in all other circumstances, particularly when you're speaking to a mere acquaintance or someone who commands respect. It is used in the singular when you speak to one of these persons and in the plural when you speak to any group of persons. If you're not sure whether you should use *tu* or *vous*, select *vous*.

> ***Examples:*** (Roger is talking to his teacher.)
> *Comment allez-vous, monsieur?* How are you, sir?
>
> (Brigitte is speaking to several of her friends.)
> *Étudiez-vous l'anglais?* Are you studying English?

3. Personal pronouns

	Singular	Plural
1st person	je - I	nous - we
2nd person	tu - you	vous - you
3rd person	il - he	ils - they (masculine)
	elle - she	elles - they (feminine)

4. Present tense verb forms

In English we have basically two different verb forms in the present tense. For example, we say I *study,* you *study,* we *study,* they *study,* but he or she *studies.* The verb changes form according to the subject. Such changes, called conjugations, occur often in French. In order to make these changes, you must know the infinitive or dictionary form of the verb. *To study* is the infinitive of our English example. The infinitives of the largest group of French verbs end in *-er,* such as *étudier* and *marcher.* The infinitive is a combination of the stem and the ending.

> ***Example:*** *INFINITIVE = STEM + ENDING*
> *marcher = march + er*

To conjugate any regular -er verb in the present tense, take its stem, then add to it the ending appropriate to the subject. The endings are italicized in the following example.

Marcher = to walk

SINGULAR	**1st person**	je march*e*	I walk
	2nd person	tu march*es*	you walk
	3rd person	il march*e*	he walks
		elle march*e*	she walks
PLURAL	**1st person**	nous march*ons*	we walk
	2nd person	vous march*ez*	you walk
	3rd person	ils march*ent*	they walk
		elles march*ent*	they walk

Note: There are three different English translations for *je marche* (I walk, I am walking, I do walk). There are five written forms of *marcher.* (One form is used for the 1st and 3rd persons singular, *je marche, il/elle marche.*) But four are pronounced the same *(je marche, tu marches, il/elle marche, ils/ elles marchent).*

Some other regular -er verbs are:

étudier = to study

parler = to speak

aimer = to like, to love

habiter = to live (in)

passer (un examen) = to take (a test)

5. Present tense of the verb *aller*

French has irregular verbs, which include -er verbs that do not follow the normal pattern of conjugation. A verb of this type is *aller* (to go) whose present tense forms are as follows:

SINGULAR	**1st person**	je vais	I go
	2nd person	tu vas	you go
	3rd person	il va	he goes
		elle va	she goes
PLURAL	**1st person**	nous allons	we go
	2nd person	vous allez	you go
	3rd person	ils vont	they go
		elles vont	they go

Note: The verb *aller* has another meaning in expressions such as *Comment vas-tu?* (How are you? or, literally, How do you go?) and *Je vais bien* (I am fine, or, literally, I go well).

6. Elision

When the subject *je* precedes a verb that begins with a vowel or silent *h,* the *e* of *je* is dropped and an apostrophe replaces it.

> ***Examples:*** *j'étudie*   I study
> *j'habite*   I live (in)

Note: Elision of articles, as in *l'examen,* is discussed in *Leçon 2.*

7. Forming a question by inversion

One way to form a question is by inversion. The order of the subject and verb is inverted so that the verb precedes the subject pronoun and is attached to it by a hyphen.

> ***Examples:*** *Étudiez-vous l'histoire?* Are you studying history?
> *Comment vas-tu?* How are you?

If the verb is in the third person singular and ends with a vowel, a *t* is inserted between the verb and the subject.

> ***Examples:*** *Marc, passe-t-il l'examen?* Does Marc take
> the test?
> *Va-t-elle à la pâtisserie?* Is she going to the
> pastry shop?

In *Leçon 2* there will be a full discussion on forming questions.

VOCABULAIRE (Vocabulary)

a (see **avoir**)

à to

ai (see **avoir**)

aimer to like, to love

aller to go

    Allons ensemble! Let's go together!

    Comment vas-tu? How are you? (familiar)

    Je vais bien. I'm fine.

Allons! (see **aller**)

l' **anglais** (m) English

après after

au at the, to the, in the

au revoir good-bye

aussi also, too

avoir to have

    a has

    J'ai faim! I'm hungry!

bien well

bientôt soon

    À bientôt! See you soon!

la **biologie** biology

bon, bonne good

    Bonne chance! Good luck!

    Bonjour Hello, Good Day

la **chance** luck

la **chimie** chemistry

cinq five

combien how much, how many

comme ci, comme ça so-so, fair

comment how

    Comment vas-tu? How are you? (familiar)

d'accord O.K., agreed

dans in, into

de of

deux two

dix ten

elle (elles) she (they - feminine plural)

ensemble together

est (see **être**)

et and

être to be

    est is

étudier to study

l' **examen** (m) test, examination

la **faim** hunger

    J'ai faim! I'm hungry!

faire to do, to make

    Combien font un et deux? How much is 1 and 2?

    Que fais-tu? What are you doing?

fais (see **faire**)

la **fille** girl

font (see **faire**)

le **français** French

le **garçon** boy

habiter to live (in)

l' **histoire** (f) history

huit eight

il (ils) he, it (they - masculine plural)

je (j') I

la (l') the (feminine)

le (l') the (masculine)

les the (plural)

le **lycée** secondary school, high school

madame ma'am; Mrs.

mademoiselle Miss

maintenant now

marcher to walk

les **math** (f) math

merci thank you, thanks

la **minute** minute

moi me

moins minus; less; fewer; not so

monsieur sir; Mr.

neuf nine

le **nom** name

le **nombre** number

non no

nous we

où where

oui yes

parler to speak

pas (ne...pas) not

passer (un examen) to take (a test)

la **pâtisserie** pastry shop

le **professeur** teacher

quand when

quatre four

que what

qui who, whom, which

rester to remain, to stay

les **sciences** (f) sciences

sept seven
six six
toi you (familiar, singular)
très very
trois three
tu you (familiar, singular)
un one
vais (see **aller**)
vas (see **aller**)
vous you (polite, singular or plural)
zéro zero

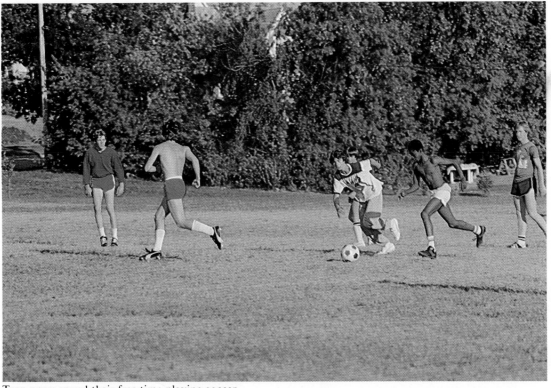

Teen-agers spend their free time playing soccer.

2

DIALOGUE
Au Bois de Boulogne

ERIC: Il fait beau aujourd'hui, n'est-ce pas?

DAVID: Bien sûr, et il fait chaud. Dis donc! Faisons une promenade au Bois de Boulogne!

ERIC: D'accord. C'est une bonne idée! Je finis mes devoirs…maintenant!

DAVID: Super! Est-ce que tu as de l'argent?

ERIC: Oui, j'ai vingt francs.

DAVID: Et moi, quinze francs. Allons au Bois de Boulogne!

DAVID: Il y a des animaux et des canots. Qu'est-ce que tu choisis?

ERIC: Quels animaux y a-t-il?

DAVID: Le Jardin d'Acclimatation a des singes, des ours,* et des oiseaux.

ERIC: Faisons une excursion! Ici, les canots, c'est douze francs cinquante.

DAVID: Bravo, Eric! J'aime bien cette promenade!

ours /urs/

Questions

1. Fait-il beau aujourd'hui?
2. Où David et Eric vont-ils?
3. Est-ce que c'est une bonne idée?
4. Eric, a-t-il de l'argent?
5. Qui a quinze francs?
6. Quels animaux y a-t-il?
7. Qu'est-ce qu'Eric choisit?
8. Qui aime bien cette promenade?

At the Bois de Boulogne

ERIC: It's nice out today, isn't it?

DAVID: For sure, and it's warm. Well, say! Let's go for a walk in the Bois de Boulogne!

ERIC: O.K. That's a good idea! I'm finishing my homework…right now!

DAVID: Great! Do you have any money?

ERIC: Yes, I have twenty francs.

DAVID: And I (have) fifteen francs. Let's go to the Bois de Boulogne!

DAVID: There are animals and boats. What do you choose?

ERIC: What animals are there?

DAVID: The zoo has monkeys, bears and birds.

ERIC: Let's go for a (boat) ride! Here, the boats are twelve francs fifty.

DAVID: Bravo, Eric! I really like this ride!

EXPRESSIONS UTILES

Il fait beau aujourd'hui.	It's nice out today.
Bien sûr.	For sure (certainly).
Il fait chaud.	It's warm (out).
Faisons une promenade!	Let's go for a walk (ride)!
Dis donc!	Well, say!
C'est une bonne idée!	That's a good idea!
Super!	Great!
Est-ce que tu as de l'argent?	Do you have any money?
Il y a…	There are…
Y a-t-il…?	Are there…?

Faisons une promenade! (Paris)

SUPPLÉMENT

1. Les nombres: 11-100

11 = onze
12 = douze
13 = treize
14 = quatorze
15 = quinze
16 = seize
17 = dix-sept
18 = dix-huit
19 = dix-neuf

20 = vingt
21 = vingt et un
22 = vingt-deux

30 = trente
31 = trente et un
32 = trente-deux

40 = quarante
41 = quarante et un
42 = quarante-deux

50 = cinquante
51 = cinquante et un
52 = cinquante-deux

60 = soixante
61 = soixante et un
62 = soixante-deux

70 = soixante-dix
71 = soixante et onze
72 = soixante-douze

80 = quatre-vingts
81 = quatre-vingt-un
82 = quatre-vingt-deux

90 = quatre-vingt-dix
91 = quatre-vingt-onze
92 = quatre-vingt-douze

100 = cent

Combien font dix et vingt? Dix et vingt font trente.

Combien font cinquante-cinq moins quinze? Cinquante-cinq moins quinze reste quarante.

Combien font vingt fois quatre? Vingt fois quatre font quatre-vingts.

Combien font soixante-dix divisé par sept? Soixante-dix divisé par sept font dix.

2. Les animaux

un singe   un ours   un oiseau   un chat

un chien   un daim   un poisson   un cheval

un cochon   une vache   un cygne   une chèvre

3. L'âge

Quel âge avez-vous?	J'ai quatorze ans.
Quel âge as-tu?	J'ai dix-huit ans.
Quel âge a M. Martin?	Il a quarante-cinq ans.
Quel âge a Christine?	Elle a seize ans.
Quel âge a Eric?	Il a vingt et un ans.

4. Le temps

Quel temps fait-il?

Il fait beau. Il fait mauvais. Il fait chaud. Il fait froid. Il fait frais.

Il fait du soleil. Il fait du vent. Il fait nuageux. Il pleut. Il neige.

5. Les saisons

le printemps l'été (m) l'automne (m) l'hiver (m)

Il fait beau
au printemps. Il fait chaud
en été. Il fait frais
en automne. Il fait froid
en hiver.

EXERCICE DE PRONONCIATION

/e/

et	mes	Frédéric
étudie	des	parler
les	lycée	Véronique
idée	zéro	passez

/ɛ/

très	fait	quel
vais	c'est	j'aime
après	j'ai	treize
chèvre	Michelle	examen

Note: This difference between /e/ and /ɛ/ is often neglected by many French speakers in certain words. For example, *fait* is often pronounced /fe/ or /fɛ/.

EXERCICES ORAUX
Combien font…?

1. Combien font cinq et sept?   Cinq et sept font douze.
   Combien font dix et quarante et un?
   Combien font vingt et treize?
   Combien font soixante et trente-cinq?
   Combien font quinze fois trois?
   Combien font cinquante fois deux?

2. Combien font seize moins onze?   Seize moins onze reste cinq.
   Combien font soixante-dix moins trente?
   Combien font vingt-deux moins huit?
   Combien font quatre-vingts moins dix-sept?
   Combien font quatre-vingt-dix divisé par neuf?
   Combien font cent divisé par vingt-cinq?

Les verbes -*er*

3. J'étudie le français. (Nous)   Nous étudions le français.
   Tu parles anglais. (Vous)
   Ils passent l'examen. (Eric)
   Nous marchons ensemble. (Marie et Denis)

Elle regarde les animaux. (Je)
Vous aimez la promenade. (Tu)
David habite Paris. (Nous)

L'âge

4. Quel âge Eric a-t-il? (21)   Il a vingt et un ans.
   Quel âge Marie a-t-elle? (16)
   Quel âge M. Paquette a-t-il? (50)
   Quel âge le singe a-t-il? (3)
   Quel âge Mlle Dupont a-t-elle? (35)

Le temps

5. Fait-il beau aujourd'hui?   Oui, il fait beau aujourd'hui.
   Fait-il du soleil?
   Fait-il frais?
   Fait-il du vent au printemps?
   Pleut-il en automne?
   Neige-t-il en hiver?
   Fait-il chaud en été?

Le verbe *avoir*

6. Tu as de l'argent.   Tu as de l'argent.
   Christine
   Je
   Vous
   Eric et David
   Nous

Le verbe *faire*

7. Elle fait une promenade.   Elle fait une promenade.
   Vous
   Tu
   Ils
   Vincent
   Nous
   Je

Les verbes *-ir*

8. Je finis les devoirs.   Je finis les devoirs.
   Nous
   Isabelle
   Elles
   M. Racette
   Tu
   Vous

9. Il choisit les animaux.   Il choisit les animaux.
   Vous
   Je
   Elle
   M. et Mme Lafleur
   Tu
   Nous

Les questions et les réponses

10. **Formez une question avec *est-ce que*.** (Form a question with *est-ce que*.)
    Tu as de l'argent.   Est-ce que tu as de l'argent?
    Nous faisons une excursion.
    J'ai quinze francs.
    Vous choisissez le canot.
    Le jardin a des ours.
    Il fait beau aujourd'hui.

11. **Formez une question en employant l'inversion.** (Form a question by using inversion.)
    Nous finissons les devoirs.   Finissons-nous les devoirs?
    Tu as vingt francs.
    Vous passez l'examen.
    Il fait chaud.
    Marie et Christine étudient.
    Eric aime la promenade.

12. **Répondez à la question.**
    Finis-tu les devoirs?   Oui, je finis les devoirs.
    Est-ce qu'il fait du vent?
    David aime-t-il la promenade?
    Est-ce que c'est une bonne idée?
    Sophie a-t-elle de l'argent?
    Parlez-vous français?

Free Response

13. Quel âge avez-vous?
    Quel temps fait-il aujourd'hui?
    Quel animal choisissez-vous?
    Quelle saison aimez-vous?
    Où allez-vous?
    Faites-vous les devoirs?

VOCABULAIRE CLÉ POUR LA LECTURE QUI SUIT
(Key vocabulary for the following reading)

Words are defined in the order in which they appear in the upcoming **lecture.** Those words resembling their English counterparts are not listed below (example: **la famille** family).

le **jardin public** park
   ou or
   près de near
le **lac** lake
l' **enfant** (m,f) child
   jouer to play
   avec with
   leur, leurs their
l' **ami, l'amie** friend
le **bateau, les bateaux** boat, boats
la **voile** sail
le **bateau à voile** sailboat
le **bassin** pool
   regarder to look at, to watch
le **Guignol** puppet show
la **marionnette** puppet
   nourrir to feed
la **fleur** flower
la **glace** ice cream
   trouver to find
la **barbe** beard
la **barbe à papa** cotton candy

Les Français vont au jardin public quand il fait beau. (Paris)

LECTURE (Reading Selection)
Au jardin public

En été, quand il fait beau, les Français aiment aller au jardin public. Les familles vont ensemble au jardin. Il y a des chiens aussi dans le jardin public. Ici les personnes font des promenades ou restent près du lac. Les enfants aiment jouer avec leurs amis et avec leurs bateaux à voile dans le bassin. Ils aiment aussi jouer avec des ballons. Ils regardent le *Guignol.* C'est un théâtre de marionnettes. Les enfants aiment regarder le *Guignol.* Ils aiment aussi nourrir les oiseaux, les daims et les chèvres. Les poissons ont faim aussi! Les adultes regardent les fleurs ou parlent avec leurs amis. Quand ils ont faim, ils choisissent une bonne glace. Les enfants trouvent de la barbe à papa.

Questions sur la lecture

1. Où les Français vont-ils quand il fait beau en été?
2. Où restent les personnes?
3. Les enfants, où jouent-ils avec leurs bateaux à voile?
4. Qui aime les ballons?
5. Que regardent les enfants?
6. Quels animaux y a-t-il dans le jardin?
7. Que regardent les adultes?
8. Quand ils ont faim, que choisissent-ils?

Les enfants aiment les ballons. (Paris)

Les enfants trouvent de la barbe à papa. (Paris)

EXERCICES ÉCRITS

I. **Ajoutez l'article défini convenable** *(le, la, l', les)*. (Add the appropriate definite article.)

1. _____ examen
2. _____ math
3. _____ jardin
4. _____ pâtisserie
5. _____ singes
6. _____ promenade
7. _____ lycée
8. _____ idée
9. _____ devoirs
10. _____ chat
11. _____ glace
12. _____ excursion

II. **Répétez l'exercice I. Maintenant ajoutez l'article indéfini convenable** *(un, une, des)*. (Repeat Exercise I. Now add the appropriate indefinite article.)

1. _____ examen
2. _____ math
3. _____ jardin
4. _____ pâtisserie
5. _____ singes
6. _____ promenade
7. _____ lycée
8. _____ idée
9. _____ devoirs
10. _____ chat
11. _____ glace
12. _____ excursion

III. **Écrivez le problème et sa solution en français.**

1. $21 + 50 =$ _____ .
2. $94 - 81 =$ _____ .
3. $3 \times 16 =$ _____ .
4. $66 \div 11 =$ _____ .
5. $37 + 53 =$ _____ .
6. $100 - 76 =$ _____ .

IV. **Choisissez le mot qui complète la phrase.**

1. Est-ce que tu _____ de l'argent?
2. Nous _____ les bateaux ici.
3. Il y _____ des animaux dans le jardin.
4. Les adultes _____ les fleurs.
5. Eric _____ les devoirs maintenant.
6. Les enfants _____ avec leurs amis.
7. David _____ bien la promenade.

a	finit
jouent	aime
trouvons	regardent
as	

V. *Oui* ou *non?* **Si la réponse n'est pas appropriée, écrivez une meilleure réponse.**

1. Il fait beau aujourd'hui, n'est-ce pas?
   Oui, je fais mes devoirs maintenant.
2. Est-ce que tu as de l'argent?
   J'ai quinze francs. Et toi?
3. Qu'est-ce que tu choisis?
   C'est une bonne idée!
4. Quels animaux y a-t-il?
   Il y a des chiens et des ours.
5. Faisons une promenade.
   D'accord.
6. Quel âge as-tu?
   Il a seize ans.

VI. **Écrivez la forme convenable du verbe.**

1. (avoir) Jérôme _____ quinze ans.
2. (avoir) Vous _____ cinquante francs.
3. (avoir) _____-tu faim?
4. (avoir) M. et Mme Bérenger _____ deux enfants.
5. (faire) Quel temps _____-il aujourd'hui?
6. (faire) Nous _____ les devoirs.
7. (faire) Que _____-ils maintenant?
8. (faire) Je _____ une excursion.

VII. **Ajoutez les terminaisons convenables au verbe** *-ir.* (Add the appropriate endings to the *-ir* verb.)

1. Nous fin_____ les devoirs.
2. Je chois_____ la glace.
3. Gérard et Paul nourr_____ les animaux.
4. Chois_____-tu le français ou l'anglais?

5. Maman nourr_____ l'enfant.
6. Fin_____-vous l'examen?
7. Le professeur fin_____ la leçon.
8. Que chois_____-elles à la pâtisserie?

VIII. Répondez en français.
1. Quel temps fait-il aujourd'hui?
2. Quelle saison aimez-vous?
3. Quand pleut-il?
4. Quel temps fait-il en hiver?

IX. Formez une question. Employez *est-ce que*. (Form a question. Use *est-ce que*.)
1. Tu as de l'argent.
2. Il fait du vent.
3. Ils finissent les devoirs.
4. Vous trouvez les canots.
5. J'ai faim.
6. Nous regardons le *Guignol*.

X. Formez une question. Employez l'inversion. (Form a question. Use inversion.)
1. Tu vas au lycée.
2. Elle fait une promenade.
3. Grégoire fait une excursion.
4. Nous allons au jardin ensemble.
5. Les enfants choisissent une glace.
6. Vous aimez Paris.

XI. Choisissez le mot qui complète la phrase.
1. _____fais-tu maintenant?
2. Bonjour, Anne. _____ vas-tu?
3. _____ allez-vous après l'examen?
4. _____ pleut-il?
5. _____ tu choisis?
6. _____ font dix et vingt?

qu'est-ce que   que
quand   comment
combien   où

COIN CULTUREL
Leisure Time Activities

We often think of France in terms of "Gay Paree," that is, in terms of a center of culture where people know how to have a good time. This idea may be more imaginary than real. The French do work hard. Still it's revealing that a French phrase — *bon vivant* — is often used to describe a person who fills his leisure time with gusto.

During their free hours many of the French enjoy the arts, whether popular or of more refined taste. In Paris we find a great love for the *cinéma*. There are more movie theaters, more films representing all nationalities here than in any other city in the world. An individual movie house will show as many as eight films during the same period of time. The audience for a foreign film is widened by showing it in the original version *(v.o.)* with subtitles *(sous-titres)*. Those who attend a movie theater along the *Champs-Élysées* enjoy air-conditioning and comfortable seats. Student attendance is encouraged by discount prices. Two guides to current movies — the "Pariscope" and "L'Officiel des Spectacles" — make it easy to learn about the time and place of a film showing.

There are a variety of theaters which feature drama. The national government subsidizes theaters like the *Comédie Française,* which presents classical plays at prices that all can afford. The *Coupe Chou* puts on more contemporary plays, such as *Le Petit Prince*. It's an intimate playhouse, seating only about sixty people. Dramatic performances are advertised in the "Pariscope" as well as on the colorful *kiosques* found throughout Paris.

Operas and ballets are staged at the Paris *Opéra,* another theater supported by public funds. *Giselle* is one of the ballets often performed during its season, which runs from September through July. Famous Parisian nightclubs such as the *Folies-Bergère* and the *Moulin Rouge* offer another kind of musical and dance entertainment.

The French enthusiasm for music and dance has other outlets, some of which encourage performance as well as appreciation. For a large audience or just for a few friends, they enjoy singing, often while accompanying themselves on the guitar. As in the United States, popular music has a strong hold on teen-agers, whether the songs be French, British or American. They spend much of their money on albums or tapes and look forward to the regular issue of record charts. They also dance at discotheques. The best-known Parisian disco, *Le Palace,* is a converted theater which has a laser show and dancing until 6 a.m.

Young French people love popular music. (Quimper)

Like Americans, the French find pleasure right in their living rooms by watching a lot of television. But programming is offered only during the afternoon and evening. Selection is also limited to three channels, all operated by the government. Many American programs — such as *Drôles de Femmes* ("Charlie's Angels") — find their way to French TV. The French have their own version of the "TV Guide," called "Super Télé."

Public facilities like museums draw the French out of their homes. The *Louvre* is a particular attraction on Sunday, when there is no admission charge. With its temporary exhibits and permanent art collection, the Pompidou Center has its share of visitors. The oceanographic museum in Monaco gives much enjoyment with such displays as its collection of exotic fish. Another place in this region offers diversion of a different sort. It's the giant casino in Monte Carlo where thousands of dollars can be won or lost in a matter of minutes. Its *machines à sous* (slot machines) entertain those of more modest means. The fun of taking a chance leads the French to buy tickets regularly for the *Loterie Nationale,* the nationally-run lottery.

The large variety of shops and restaurants in France also provide relaxation. It's a treat for many to shop or simply to look in store windows. It's fun also to sample the many types of cuisine in cafés and restaurants, where dishes range from native to foreign. Meat or cheese *fondue* appeals to quite a few. Some find it pleasant to linger over a drink at a sidewalk café.

There are many parks *(jardins publics)* for those who like to pass their spare time in natural surroundings. Many older adults find it pleasant to retreat from urban bustle with their newspaper or sewing. Children are often found strolling nearby with their parents. In some parks they will find a small zoo or a pond where little sailboats can be rented. Occasionally, carnival rides will be available. These can take the form of small cars driven under the supervision of a real policeman, or of small boats. Even bumper cars are available for older children. Finally, several parks feature a puppet theater *(Guignol).*

It is not only children who take pleasure in keeping pets, usually cats or dogs. Numbering over eight million in Paris alone, dogs in France are selected partly out of a concern for social prestige. Men take pride in having large breeds. Women prefer tiny ones that can even ride in the subway with their owners. Some cities provide

The French are avid fans of the *cinéma.* (Paris)

obedience classes *(cours de dressage)* in which dogs are rigorously trained. But this doesn't solve the problem of maintaining clean sidewalks. Dog owners must be requested to have their pets use the gutters. Like everyone else, the French find there are few pure delights.

Many of them leave large cities for the country during the traditional August vacation. At this time the joys of travel are mixed with some discomfort. Cars crowd the highways, producing many a traffic jam. Still families venture out in their campers, headed for the numerous campgrounds which afford inexpensive lodgings. A picnic eaten along the road makes the trip less hectic.

Some travelers make their way to the many beaches dotting the French coast. These are always packed with sun worshippers during the summer. Fun in the water has encouraged the construction of modern swimming pools. Tourists drawn to the water enjoy a ride on the *bateaux mouches,* boats which cruise along the Seine River in Paris.

Local festivals also draw many visitors. People there dress up in their regional costumes and take part in folk dances. Some French towns hold parades featuring floats decorated with flowers. A spectacular fireworks display or large parties sometimes climax the festivities.

Many French people find delight in the sheer motion of travel. Young adults often own a *mobylette* (moped) or a motorcycle. More vigorous enjoyment comes from bicycling. This enthusiasm has led to the production of some of the best-made bicycles in the world.

Of all the sports played in France, soccer remains the most popular. Both amateur and professional teams hold matches on Sunday. Many of the French take in a peaceful afternoon of fishing. *Boules* or *pétanque,* a game played with silver balls, is popular with all age groups. Youngsters like to play cards or a running game similar to the American "Duck, duck, goose." They spend many hours in amusement centers with *jeux automatiques* (pinball machines) or with *baby foot* (fusball).

These are only a few of the ways in which the French make use of their leisure time. The *joie de vivre* for which they are famous is still very much apparent when they are at play.

Many hours are spent playing *baby foot*. (Nantes)

GRAMMAIRE

1. The definite article: *le, la, l', les* (the)

In French there are four variations of the definite article, i.e., *le, la, l'* and *les*. The gender (masculine or feminine) and number (singular or plural) of the definite article are the same as that of the following noun. The elision *l'* is used before both masculine and feminine singular nouns beginning with a vowel or silent *h*. You should memorize the gender of each new noun that you learn, for there is no sure way of determining this from context — e.g., *la cravate* is feminine, even though it refers to a man's tie.

> *Examples:* *David aime le jardin public. Tu vas à la pâtisserie.*
> *Je passe l'examen. Elles étudient les math.*

The definite article is always used in French but may sometimes be omitted in English.

> *Examples:* *Le printemps est beau.* Spring is beautiful.
> *J'étudie le français.* I'm studying French.

	Singular		Plural
Masculine	**Feminine**	**Before vowel or silent "h"**	
le	la	l'	les

2. The indefinite article: *un, une, des* (a, an, one, some)

There are three variations of the indefinite article, i.e., *un, une* and *des*. Again the gender and number of the noun determine that of the indefinite article.

> *Examples:* *Nous passons un examen. C'est une bonne idée.*
> *Le Jardin d'Acclimatation a des singes.*

The indefinite article is always used in French but may sometimes be omitted in English.

> *Example:* *Il y a des chiens dans le jardin public.*
> There are (some) dogs in the park.

	Singular	Plural
Masculine	**Feminine**	
un	une	des

3. Present tense of *-ir* verbs

The infinitives of another group of French verbs end in *-ir*, such as *finir* and *choisir*. The infinitive is a combination of the stem and the ending, as we observed when learning *-er* verbs.

> *Example:* INFINITIVE = STEM + ENDING
> *finir* = *fin* + *ir*

To conjugate any regular -*ir* verb in the present tense, take its stem, then add to it the ending appropriate to the subject. The endings are italicized in the following example.

Finir = to finish

SINGULAR	**1st person**	je fin*is*	I finish
	2nd person	tu fin*is*	you finish
	3rd person	il fin*it*	he finishes
		elle fin*it*	she finishes
PLURAL	**1st person**	nous fin*issons*	we finish
	2nd person	vous fin*issez*	you finish
	3rd person	ils fin*issent*	they finish
		elles fin*issent*	they finish

Note: There are three different English translations for *je finis* (I finish, I am finishing, I do finish). There are five written forms of *finir.* (One form is used for the 1st and 2nd persons singular, *je finis, tu finis.*) But three are pronounced the same *(je finis, tu finis, il/elle finit).*

Some other regular -*ir* verbs are:

    choisir = to choose
    nourrir = to feed
    maigrir = to grow thin
    obéir = to obey
    réussir = to succeed, to pass (an exam)

4. **Present tense of the verb *faire***

Faire **(to do, to make) is an irregular verb.**

SINGULAR	**1st person**	je fais	I do/make
	2nd person	tu fais	you do/make
	3rd person	il fait	he does/makes
		elle fait	she does/makes
PLURAL	**1st person**	nous faisons	we do/make
	2nd person	vous faites	you do/make
	3rd person	ils font	they do/make
		elles font	they do/make

Note: We have already learned one of the special meanings of this verb in expressions such as *Combien font deux et six?* How much is two and six? *Faire* is also used with expressions dealing with weather.

> **Examples:** *Quel temps fait-il?* What's the weather like?
> *Il fait beau.* It's nice out.

Other special uses of *faire* include *faire une promenade* (to go for a walk/ride) and *faire une excursion* (to go on an excursion/field trip/outing/ride).

5. Present tense of the verb *avoir*

Avoir (to have) is also an irregular verb.

SINGULAR	1st person	j'ai	I have
	2nd person	tu as	you have
	3rd person	il a	he has
		elle a	she has
PLURAL	1st person	nous avons	we have
	2nd person	vous avez	you have
	3rd person	ils ont	they have
		elles ont	they have

When forming a question by inversion in the third person singular, insert a *t* between the verb and the subject.

> *Example: A-t-il de l'argent?* Does he have some money?

Special uses of *avoir*

a. We have already learned one sense of this verb in the expression *J'ai faim.* I'm hungry.

b. The expressing of age is done with *avoir.*

> *Examples: Quel âge avez-vous?* How old are you?
> *J'ai quatorze ans.* I'm fourteen years old.

c. *Il y a* (there is, there are) and its interrogative form — *y a-t-il* (is there, are there) — use *avoir.*

d. When a person is warm or cold, the verb is *avoir.*

> *Example: J'ai chaud.* I'm warm.

But when the weather is warm or cold, the verb is *faire.*

> *Example: Il fait chaud.* It (the weather) is warm.

6. Formation of questions

The simplest way of asking a question answerable by "yes" or "no" is to raise your voice at the end of a statement.

> *Example: Tu finis les devoirs?*

You can also add *n'est-ce pas* to the end of a statement to form a question.

> *Examples: Il fait beau aujourd'hui, n'est-ce pas?* It's nice out today, isn't it?
>
> *Tu as vingt francs, n'est-ce pas?* You have twenty francs, don't you?

There are two more formal ways of posing a question. The first is by beginning a statement with *Est-ce que.*

> *Example: Est-ce que tu as de l'argent?* Do you have any money?

Est-ce que becomes *Est-ce qu'* before a vowel sound.

> *Example: Est-ce qu'elle a faim?* Is she hungry?

The second way is by inversion (introduced in *Leçon 1*).

> ***Example:*** *Vas-tu au jardin public?*

However, if the subject is a noun, the noun precedes the verb and the attached subject pronoun.

> ***Examples:*** *Marie, va-t-elle au lycée?* Is Marie going to school?
>
> *Les enfants, jouent-ils ensemble?* Are the children playing together?

7. Question words

The following words often begin a question:

Où (where)	*Où vas-tu après l'examen?*
Combien (how much)	*Combien font vingt moins un?*
Comment (how)	*Comment allez-vous?*
Quand (when)	*Quand est l'examen?*

Qu'est-ce que (what) is used when the subject precedes the verb. *Que* (what) is used when the verb precedes the subject.

> ***Examples:*** *Qu'est-ce que tu choisis? Que choisis-tu?*

VOCABULAIRE

l' **adulte** (m) adult
l' **âge** (m) age
l' **ami, l'amie** friend
l' **an** (m) year
l' **animal, les animaux** (m) animal, animals
l' **argent** (m) money
aujourd'hui today
l' **automne** (m) autumn
avec with
le **ballon** balloon
la **barbe** beard
    la barbe à papa cotton candy
le **bassin** pool
le **bateau, les bateaux** boat, boats
    le bateau à voile sailboat
beau, bel, belle beautiful, handsome
    Il fait beau. It's nice out.
bien sûr for sure, of course
le **bois** wood(s)
Bravo! Bravo!
le **canot** (row)boat
ce (c') that, it
c'est it is, that is
ce, cet, cette this, that
cent (one) hundred
le **chat** cat

chaud, chaude warm, hot
    Il fait chaud. It's warm out.
le **cheval** horse
la **chèvre** goat
le **chien** dog
choisir to choose
cinquante fifty
le **cochon** pig
le **cygne** swan
le **daim** deer
de any, some
des some, any; of the (plural)
les **devoirs** (m) homework
Dis donc! Well, say!
divisé divided
dix-huit eighteen
dix-neuf nineteen
dix-sept seventeen
donc therefore
douze twelve
du some, any
en in, into
l' **enfant** (m,f) child
Est-ce que...? Is it that...? (introducing a question)

l' **été** (m) summer
l' **excursion** (f) excursion, ride, field trip, outing
   Faisons une excursion! Let's go on an excursion (ride)!
la **famille** family
   finir to finish
la **fleur** flower
   fois times
   frais, fraîche cool; fresh
le **franc** franc
   froid, froide cold
la **glace** ice cream
le **Guignol** puppet show
l' **hiver** (m) winter
   ici here
l' **idée** (f) idea
   il y a… there is…, there are…
   y a-t-il…? is there…?, are there…?
le **jardin** garden
   le Jardin d'Acclimatation zoo
   le jardin public park
   jouer to play
le **lac** lake
   leur, leurs their
   maigrir to grow thin
   maman mother
la **marionnette** puppet
   mauvais, mauvaise bad; evil
   mes my (plural)
   neiger to snow
   n'est-ce pas? isn't it?
   nourrir to feed
   nuageux cloudy, overcast
   obéir to obey
l' **oiseau, les oiseaux** (m) bird, birds
   onze eleven
   ou or
l' **ours** (m) bear
   par by
la **personne** person
   pleut (see **pleuvoir**)
   pleuvoir to rain
   Il pleut. It's raining.
le **poisson** fish
   près de near
le **printemps** spring
la **promenade** walk; ride
   Faisons une promenade! Let's go for a walk (ride).

   quarante forty
   quatorze fourteen
   quatre-vingt-dix ninety
   quatre-vingts eighty
   quel, quelle which, what
   Qu'est-ce que…? What…? (introducing a question)
   quinze fifteen
   regarder to look at, to watch
   réussir to succeed; to pass (an exam)
la **saison** season
   seize sixteen
le **singe** monkey
   soixante sixty
   soixante-dix seventy
le **soleil** sun
   Super! Great!
   sûr, sûre sure, certain
le **temps** weather
le **théâtre** theater
   treize thirteen
   trente thirty
   trouver to find
   un, une a, an; one
la **vache** cow
le **vent** wind
   vingt twenty
la **voile** sail

3

DIALOGUE
À la gare

ANNE:	Nous voilà enfin à la gare! Quelle heure est-il maintenant?
SANDRINE:	Calme-toi, Anne! Nous ne sommes pas en retard. Il est six heures et demie.
ANNE:	Ah, bon. Notre départ est à sept heures. Où vend-on les billets?
SANDRINE:	Tout droit…au guichet.
L'EMPLOYÉ:	Vous désirez?
SANDRINE:	Nous allons en Suisse…à Genève. Nous voudrions deux billets de deuxième classe aller et retour, s'il vous plaît.
L'EMPLOYÉ:	D'accord, mademoiselle. Des couchettes?
SANDRINE:	Oui, monsieur. Et où attendons-nous le train?
L'EMPLOYÉ:	Vous allez à l'escalier, vous descendez, puis vous attendez sur le quai numéro quatre.
SANDRINE:	Attention, Anne! Il est nécessaire de composter ton billet.
ANNE:	Voilà notre train. Il n'est pas loin.

Questions

1. Anne et Sandrine, sont-elles en retard?
2. Quelle heure est-il maintenant?
3. À quelle heure est leur départ?
4. Où vend-on les billets?
5. Anne et Sandrine, où vont-elles?
6. Quels billets désirent-elles?
7. Où attendent-elles le train?
8. Qu'est-ce qu'il est nécessaire de composter?
9. Est-ce que le train est loin?

At the Railroad Station

ANNE:	Finally, here we are at the railroad station! What time is it now?
SANDRINE:	Calm down, Anne! We aren't late. It's 6:30.
ANNE:	Oh, good. Our departure is at 7:00. Where do they sell the tickets?
SANDRINE:	Straight ahead...at the ticket window.
CLERK:	What would you like?
SANDRINE:	We're going to Switzerland...to Geneva. We'd like two second class round-trip tickets, please.
CLERK:	O.K., miss. Couchettes?
SANDRINE:	Yes, sir. And where do we wait for the train?
CLERK:	You go to the stairs, go down, then wait on platform number four.
SANDRINE:	Watch out, Anne! You must stamp your ticket.
ANNE:	There's our train. It's not far.

EXPRESSIONS UTILES

Nous voilà enfin...	Finally, here we are...
Quelle heure est-il maintenant?	What time is it now?
Nous ne sommes pas en retard.	We aren't late.
Où vend-on les billets?	Where do they sell the tickets?
Tout droit.	Straight ahead.
Vous désirez?	What would you like?
Nous voudrions deux billets.	We'd like two tickets.
Attention!	Watch out!
Il n'est pas loin.	It's not far.

SUPPLÉMENT

1. Quelle heure est-il?

Il est une heure.   Il est deux heures.   Il est midi.   Il est minuit.

2. Quelle heure est-il?

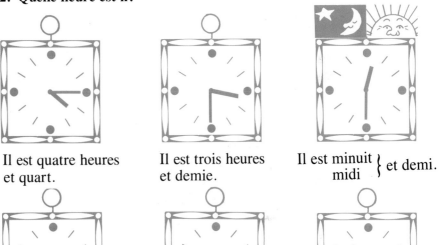

Il est quatre heures et quart.

Il est trois heures et demie.

Il est minuit } et demi.
midi

Il est cinq heures moins le quart.

Il est sept heures dix.

Il est onze heures moins vingt.

3.

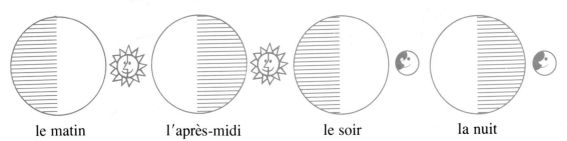

le matin   l'après-midi   le soir   la nuit

4. Qu'est-ce que c'est?

un livre   un cahier   un crayon   un stylo

5. Les pays qui entourent la France sont:
La Belgique
Le Luxembourg
L'Allemagne
La Suisse
L'Italie
L'Espagne

6. Les mers qui entourent la France sont:
La Mer du Nord
La Manche
L'Océan Atlantique
La Mer Méditerranée

7. Les villes principales de la France sont:
Paris
Marseille
Lyon
Toulouse
Nice
Bordeaux

8. Les fleuves importants de la France sont:
La Loire
La Seine
La Garonne
Le Rhône
Le Rhin

9. Les montagnes de la France sont:
Les Alpes
Les Pyrénées
Le Jura
Les Vosges
Le Massif Central

10.

le sud   l'est

l'ouest   le nord

EXERCICE DE PRONONCIATION

/i/

Nice	billets	il
Italie	demie	guichet
six	idée	ici
qui	finir	Christine

EXERCICES ORAUX

La négation

1. Nous sommes en retard.   Nous ne sommes pas en retard.
   Il fait chaud.
   J'aime la promenade.
   Tu as quinze francs.
   Vous descendez l'escalier.
   Ils vont au lycée.
   Je finis les devoirs.
   C'est loin.

2. Finis-tu tes devoirs?   Non, je ne finis pas mes devoirs.
   As-tu seize ans?
   Habites-tu Genève?
   Attends-tu l'employé?
   Es-tu en classe?
   Vas-tu au jardin?

À + l'article défini

3. Je vais à l'école.   Je vais à l'école.
   le lycée
   la gare
   le guichet
   l'escalier
   le jardin public
   l'examen
   le théâtre
   la pâtisserie

4. Tu parles à l'enfant.   Tu parles à l'enfant.
   le garçon
   les amis
   la fille
   les professeurs
   l'employé
   le chien
   la famille

Les prépositions devant les pays et les villes

5. Vas-tu en France?   Vas-tu en France?
   Suisse
   Paris
   Italie
   Luxembourg
   Allemagne
   Belgique
   Genève
   Espagne

Les adjectifs possessifs

6. Mon train est ici.   Mon train est ici.
   ami
   famille
   lycée
   couchette
   école
   chien

7. As-tu ta glace?   As-tu ta glace?
   argent
   bateau à voile
   chat
   billet
   fleur
   stylo

8. André aime son livre.   André aime son livre.
   excursion
   professeur
   classe
   crayon
   oiseau
   idée

9. Monique regarde son jardin.
   voiture
   train
   cheval
   enfant
   cahier
   amie

Monique regarde son jardin.

Les verbes -*ir*

10. Je finis les devoirs. (Vous)
    Elle choisit la glace. (Nous)
    Ils nourrissent les animaux. (Tu)
    Vous obéissez en classe. (Patrick)
    Tu maigris en été. (Vous)
    Nous réussissons au lycée. (Eric
       et David)
    Marie finit les math. (Je)

Vous finissez les devoirs.

Le verbe *être*

11. Elle est à la gare.
    Nous
    Les amis
    Je
    Vous
    Jérôme
    Tu

Elle est à la gare.

12. Es-tu en France?
    Nous
    Brigitte
    Vous
    M. et Mme Dupont
    Denis
    Les filles

Es-tu en France?

Les verbes -*re*

13. On vend les billets.
    Je
    Les adultes
    Vous
    Stéphanie
    Nous
    Tu

On vend les billets.

14. Nous attendons le train.　　　　　　Nous attendons le train.
    David
    Je
    Vous
    M. et Mme Sorel
    Tu
    L'enfant

Free Response

15. Quelle heure est-il maintenant?
    Où êtes-vous?
    Qui attendez-vous?
    Désirez-vous aller en France?
    À quelle heure faites-vous vos devoirs?
    Que vendez-vous?

VOCABULAIRE CLÉ POUR LA LECTURE QUI SUIT

pour in order to; for
le **voyage** trip
　　faire un voyage to take a trip
la **porte** door
l' **horaire** (m) timetable, schedule
　　français, française French
　　monter to get on
l' **intérieur** (m) inside
　　acheter to buy

corail coral
la **voiture** car
　　voyager to travel
la **place** seat
　　réservé, réservée reserved
l' **indication** (f) sign
la **société** company
le **chemin de fer** railroad

beaucoup many, much, a lot (of), lots (of)
le **voyageur** traveler
le **panneau** board, sign
　　chaque each, every
　　déjà already
　　indiquer to indicate
　　que that
　　autre other, another
les **"W.C."** (m) toilets
le **lavabo** sink; washroom

premier, première first
la **fin** end
　　du of the, from the

LECTURE 1

Un voyage dans le train

Pour faire un voyage dans le train, on va à la gare. Près de la porte, il y a les horaires des trains. On monte l'escalier et on arrive à l'intérieur de la gare. Au guichet, on achète un billet. Il est nécessaire de composter le billet.

On attend le train sur le quai. Le train "corail" qui arrive est très long. Il y a des voitures ordinaires et des voitures "corail" qui ont une porte "corail." Aujourd'hui on voyage en deuxième classe. Dans les voitures ordinaires les places réservées sont confortables. Les trains "corail" sont très modernes. Les voitures ont l'indication "S.N.C.F." — Société Nationale des Chemins de Fer Français.

Maintenant, on monte dans la voiture "corail." Il y a beaucoup de voyageurs dans la section non-réservée. Les places sont modernes. On regarde le panneau d'information près de chaque place. On va dans la section réservée. Il y a huit places réservées dans chaque compartiment. Deux voyageurs sont déjà dans ce compartiment. On trouve de la place pour les bagages. Un panneau indique que cette voiture a des couchettes. Dans un compartiment à couchettes, il y a de la place pour six personnes. On regarde le panneau qui indique la température; un autre indique les "W.C." Chaque voiture a un lavabo. Il y a aussi une voiture avec un bar.

On trouve aussi des voyageurs en première classe. Ils ont des places réservées très confortables. À la fin du voyage on descend.

Il est nécessaire de composter le billet. (Biarritz)

Questions sur la lecture

1. Que regarde-t-on près de la porte de la gare?
2. Qu'est-ce qu'on achète au guichet?
3. Que fait-on sur le quai?
4. Quel train arrive?
5. Combien de classes y a-t-il?
6. Les trains "corail," sont-ils modernes?
7. Où y a-t-il beaucoup de voyageurs?
8. Combien de places réservées y a-t-il dans chaque compartiment?
9. Combien de personnes y a-t-il dans un compartiment à couchettes?
10. Est-ce que les places en première classe sont confortables?

On attend le train sur le quai. (Strasbourg)

Aujourd'hui, on voyage en 2e classe. (Bayonne)

EXERCICES ÉCRITS

I. **Quelle heure est-il? Écrivez la phrase.**

1.   2.   3.   4.

5.   6.   7.   8.

II. **Choisissez l'expression qui complète la phrase.**

1. _____ est le pays au sud-ouest de la France.
2. _____ borde la France au sud.
3. Le fleuve au nord de la France est _____.
4. Les montagnes au sud-est de la France sont _____.
5. _____ est une ville sur le Rhône.
6. _____ sont les montagnes près de l'Espagne.
7. Toulouse est sur _____.
8. _____ est le pays à l'est de la France.
9. La mer au nord de la France est _____.
10. _____ est sur la Mer Méditerranée.

La Garonne	Nice	La Manche
Les Alpes	L'Espagne	Les Pyrénées
L'Allemagne	La Seine	
La Mer Méditerranée	Lyon	

III. **Choisissez le mot qui complète la phrase.**

1. J'achète _____ aller et retour.
2. Le voyage est long. Nous désirons des _____.
3. Alain arrive enfin en classe. Il est _____.
4. Quelle _____ est-il maintenant? Il est midi.
5. Où est le guichet? Voilà, c'est _____.
6. On attend le train sur _____.
7. À la gare on regarde _____.
8. Avez-vous une place _____?

le quai	heure
en retard	réservée
couchettes	un billet
l'horaire	tout droit

IV. *Oui* ou *non?* **Si la réponse n'est pas appropriée, écrivez une meilleure réponse.**

1. Quelle heure est-il?
   Il est très loin.
2. Où est la gare?
   Tout droit.
3. Nous voudrions deux billets.
   Première ou deuxième classe?
4. Vous désirez une glace?
   Je suis en retard.
5. Quand fais-tu tes devoirs?
   C'est une bonne idée.
6. Avez-vous une place réservée?
   Ah oui, c'est un long voyage.
7. A-t-il dix francs?
   Il est dix heures et demie.
8. Qui attends-tu?
   Mes amis arrivent bientôt.
9. Comment allez-vous?
   Je vais en Espagne.

V. **Écrivez la forme convenable de l'adjectif possessif.** (Write the appropriate form of the possessive adjective.)

1. (Our) _____ départ est à trois heures.
2. Où achètes-tu (your) _____ billet?
3. (My) _____ couchette est très confortable.
4. (Your, polite) _____ bagages sont ici.
5. (His) _____ amie est dans le jardin.
6. Est-ce qu'ils attendent (their) _____ train?
7. Emmanuelle parle à (her) _____ famille.
8. Je finis (my) _____ devoirs.

VI. **Complétez la phrase. Écrivez le nom et l'adjectif possessif convenable.**

> *Exemple: Je regarde mon livre. Tu regardes* _____ .
> Je regarde mon livre. Tu regardes ton livre.

1. Il vend son billet. Vous vendez _____ .
2. Nous parlons à nos amis. Tu parles à _____ .
3. Anne fait ses devoirs. Les garçons font _____ .
4. Tu aimes tes classes. Marie aime _____ .
5. Vous passez votre examen. Je passe _____ .
6. Roger et Sandrine montent dans leur voiture. Tu montes dans _____ .

VII. **Changez la phrase au négatif.** (Change the sentence to the negative.)

1. Il fait beau aujourd'hui.
2. Nous allons à Paris.
3. J'ai quinze ans.
4. Denis vend son canot.
5. Tu étudies les sciences.
6. Vous choisissez vos amis.
7. Les couchettes sont confortables.
8. Il y a deux personnes ici.

VIII. **Complétez par la forme convenable de *à* + l'article défini.**

1. Vous arrivez _____ gare.
2. Je ne parle pas _____ animaux.
3. Vas-tu _____ école?
4. On achète le billet _____ guichet.
5. Le voyageur va _____ escalier.
6. Les enfants sont _____ jardin.
7. Mireille parle _____ professeurs.
8. Qu'est-ce que tu achètes _____ pâtisserie?

IX. **Complétez par la préposition convenable.**

1. Ils vont _____ Espagne.
2. J'arrive _____ Luxembourg.
3. Fais-tu un voyage _____ Marseille?
4. Eric est _____ Belgique.
5. Nous étudions _____ Suisse, _____ Genève.
6. M. Martin reste _____ France, _____ Paris.
7. Les filles ne maigrissent pas _____ Italie.

X. **Écrivez la forme convenable du verbe -re.**

1. (vendre) Mme Rocher _____ des fleurs.
2. (attendre) Où _____-on le train?
3. (descendre) Nous _____ l'escalier.
4. (attendre) Christine et Pierre, _____-ils leurs amis?
5. (vendre) Qu'est-ce que vous _____ aujourd'hui?
6. (descendre) Roger, où va-t-il? Il _____ .
7. (attendre) J'_____ l'employé.
8. (vendre) Tu ne _____ pas tes livres.

XI. **Écrivez la forme convenable du verbe *être*.**

1. _____-vous confortable?
2. On _____ en retard.
3. Les filles _____ au lycée.
4. Je ne _____ pas sûr.

5. Nous _____ près du Jardin d'Acclimatation.
6. Il _____ sept heures et quart.
7. Tu _____ en classe.
8. _____-il nécessaire d'étudier le français?

RÉVISION (Review)

I. Écrivez la forme convenable du verbe *aller, avoir, faire* ou *être*.

1. Monique _____ seize ans.
2. Comment _____-tu?
3. Quelle heure _____-il?
4. Il _____ du vent.
5. Que _____-vous en classe?
6. Nous _____ au théâtre ce soir.
7. Les enfants _____ faim.
8. Stéphanie et François _____ une promenade ensemble.
9. Je _____ à la gare dans une heure.
10. _____-vous en retard?

II. Écrivez le problème et sa solution en français.

1. $91 - 14 = $ _____ .
2. $16 \times 5 = $ _____ .
3. $38 + 26 = $ _____ .
4. $40 \div 4 = $ _____ .
5. $52 + 43 = $ _____ .
6. $100 - 11 = $ _____ .

III. Répondez en français.

1. En quelle saison pleut-il?
2. En quelle saison neige-t-il?
3. Quel temps fait-il aujourd'hui?
4. Quel temps fait-il en été?
5. Quel temps fait-il en automne?

IV. Formez une question. Employez l'inversion.

> ***Exemple:*** *Il est six heures.*
> Est-il six heures?

1. Nous sommes en retard.
2. Tu attends le train.
3. Marie étudie les math.
4. Vous finissez l'examen.
5. Il va au quai.
6. Mes amis font un voyage.

VOCABULAIRE CLÉ POUR LA LECTURE QUI SUIT

la **superficie** area
　plus more
　petit, petite small, little
l' **état** (m) state
les **États-Unis** (m) United States
　presque almost
　même same
　de from

LECTURE 2
La France (sa géographie)

Cinquante-trois millions de personnes habitent la France. La superficie de la France est quinze fois plus petite que la superficie des États-Unis. La France a presque la même superficie que l'état du Texas. Il y a 1 000 kilomètres du nord au sud et 1 000 kilomètres de l'est à l'ouest de la France. La capitale de la France est Paris.

　　Les pays qui entourent la France sont la Belgique et le Luxembourg au nord-est, l'Allemagne et la Suisse à l'est, l'Italie au sud-est et l'Espagne au sud-ouest. La Mer du Nord et la Manche bordent la France au nord, l'Océan Atlantique à l'ouest et la Mer Méditerranée au sud.

COIN CULTUREL
In the Métro

The *métro* (or *métropolitain*) is the fast, inexpensive subway system in Paris. World famous for its efficiency, cleanliness, modern features and clear directional signs, it consists of thirteen lines with more than 330 stations. You are never more than five hundred yards from a *métro* stop. Ordinarily trains run about every five minutes, coming as often as every minute during rush hours.

Each station is marked above ground by a big, yellow "M." Some stations have retained their original *métropolitain* signs from 1900. A large outdoor subway map helps the traveler find the correct line for his or her destination. Generally you go underground to reach the *métro*.

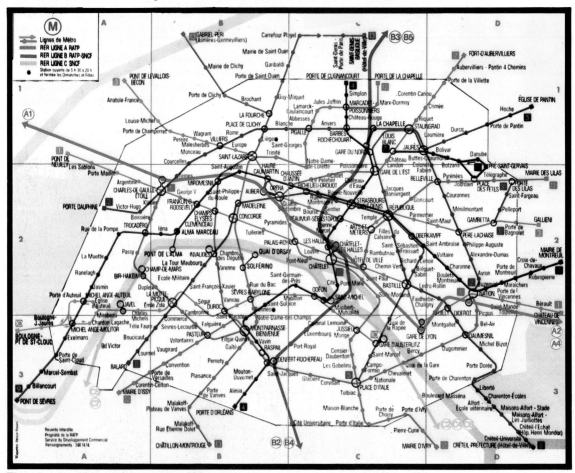

The *métro* has 13 lines and more than 330 stations.

There at the *guichet* you purchase either a first or second class ticket. It is economical and convenient to buy a *carnet* (booklet) of ten tickets. Frequent subway travelers can buy a *carte orange,* entitling them to unlimited rides for one month. You can obtain a ticket from an employee of the *R.A.T.P. (Régie Autonome des Transports Parisiens)* or from a machine. One ticket will take you anywhere you want to go in Paris, though a supplementary fee is charged for a trip to the suburbs. Upon getting your ticket, put it into the stamping machine, retrieve it and step through the turnstile.

After going down some stairs and passing through a corridor, you arrive on the *quai* to wait for your train. You may find that the station, such as the *Franklin D. Roosevelt* stop, has been recently renovated. Most trains now run on rubber wheels, making a quieter and smoother ride possible. Each train *(rame)* contains a first class yellow car, positioned in the middle of four second class blue cars. No different from the other cars, it appeals to those who are willing to pay more to ride in less crowded conditions. Inside any car passengers can follow their journey on the map found over each door, which opens and closes automatically. Others may read, visit, sleep or watch the youthful antics of some of their fellow passengers. The cars contain advertisements for a variety of products. At your stop follow either the sign saying *sortie,* if you wish to exit, or the *correspondance* sign, if you need to change lines.

Let's take a typical subway ride. You are at *Glacière* and want to go to *Odéon.* Each subway line is known by its two end points, which in this case means that you are

You can obtain a ticket from an employee or a machine.

on the *Charles de Gaulle Étoile-Nation* line. To get to your destination, you will need to transfer at the *Montparnasse-Bienvenüe* station. Now follow inside the *Glacière* station the signs for the direction *Charles de Gaulle Étoile,* since you want to go that way to reach your transfer station. (If you stand on the other side of the tracks, the train will take you in the *Nation* direction.) Note that *Glacière* is one of the stops where the *métro* goes above ground. Soon it's time to disembark at *Montparnasse-Bienvenüe* and follow the *correspondance* signs to the next line you want, *Porte de Clignancourt – Porte d'Orléans.* After choosing the *Porte de Clignancourt* direction, you get on this train and finally get off at *Odéon.*

Two express lines *(R.E.R.,* i.e., *Réseau Express Régional)* have lately been added to the *métro.* These serve the suburbs and make fewer stops in the center of Paris than do the other lines. New urban *R.E.R.* stations are modern in design both outside and inside. Various exhibits and a cafeteria attract travelers who have time to spare in their vast transfer areas. There brightly lit signs guide commuters to their destination. A whole line of turnstiles can easily accommodate the rush hour traffic as can the *tapis roulants* (horizontal escalators). The spacious *quais* have seats and plenty of standing room for those waiting for trains. Advertisements decorate the walls. The *R.E.R.* stations in the suburbs, which are above ground, also display colorful advertisements. They form part of the atmosphere surrounding one of the world's finest subway networks.

Some suburban stations display colorful advertisements. (Fontenay-aux-Roses)

GRAMMAIRE

1. Possessive adjectives

A possessive adjective indicates who owns an object, expressed by a noun. It replaces the article in front of the noun and agrees with the noun in gender and number.

> ***Examples:*** *Notre départ est à sept heures.* Our departure is at 7:00.
>
> *Je finis mes devoirs maintenant.* I'm finishing my homework now.

Feminine singular nouns beginning with a vowel or silent "h" use masculine singular possessive adjectives.

> ***Examples:*** *Mon idée est bonne.* My idea is good.
>
> *Ton amie est en retard.* Your friend (feminine) is late.

Remember that the possessive adjective agrees in gender and number with the object possessed, not with the possessor. Her ticket is *son billet* because *billet* is masculine. However, both *son* and *sa* can be translated as either "his" or "her" depending on context.

	Masculine	Feminine	Feminine beginning with vowel or silent "h"	Plural
je	mon	ma	mon	mes
tu	ton	ta	ton	tes
il	son	sa	son	ses
elle	son	sa	son	ses
nous	notre	notre	notre	nos
vous	votre	votre	votre	vos
ils	leur	leur	leur	leurs
elles	leur	leur	leur	leurs

2. Negation

To make a sentence negative, add *ne* before the verb and *pas* after it. When the verb begins with a vowel or silent "h," *ne* becomes *n'*.

> ***Examples:*** *Nous ne sommes pas en retard.* We aren't late.
>
> *Je n'habite pas la France.* I don't live in France.

3. Contractions with *à*

The preposition *à* combines with the definite articles *le* and *les* respectively to form *au* and *aux*. When *à* combines with either *la* or *l'*, there is no change.

Masculine	Feminine	Vowel or silent "h"	Plural
au	à la	à l'	aux

Examples: Je vais au lycée. I'm going to school.

Le train arrive à la gare. The train arrives at the station.

Tu vends le billet à l'enfant. You sell the ticket to the child.

Vous parlez aux garçons. You speak to the boys.

④ Prepositions before names of cities and countries

The preposition *à* precedes the name of a city.

Example: Nous allons à Genève. We're going to Geneva.

The preposition *en* precedes the name of a feminine country, *au* precedes the name of a masculine country and *aux* precedes the name of a plural country.

Examples: Je vais en Suisse. I'm going to Switzerland.

Ils arrivent au Luxembourg. They arrive in Luxembourg.

Pierre fait un voyage aux États-Unis. Pierre takes a trip to the United States.

5. Present tense of *-re* verbs

The infinitives of the final large group of French verbs end in *-re,* such as *attendre, vendre* and *descendre.* The infinitive is a combination of the stem and the ending, as it is in *-er* and *-ir* verbs.

Example: INFINITIVE = STEM + ENDING

$$vendre = vend + re$$

To conjugate any regular *-re* verb in the present tense, take the stem, then add to it the ending appropriate to the subject. The endings are italicized in the following example.

Vendre = to sell

SINGULAR	**1st person**	je vend*s*	I sell
	2nd person	tu vend*s*	you sell
	3rd person	il vend	he sells
		elle vend	she sells
PLURAL	**1st person**	nous vend*ons*	we sell
	2nd person	vous vend*ez*	you sell
	3rd person	ils vend*ent*	they sell
		elles vend*ent*	they sell

Note: There are three different English translations for *je vends* (I sell, I am selling, I do sell). There are five written forms of *vendre.* (One form is used for the 1st and 2nd persons singular, *je vends, tu vends.*) But three are pronounced the same *(je vends, tu vends, il/elle vend).* In the inverted form of the third person singular, the "d" of the verb is pronounced as a "t" (i.e., *vend-il?*).

Some other regular -*re* verbs are:

attendre = to wait for
descendre = to go down, to get off
entendre = to hear
rendre = to return (something)
perdre = to lose

6. Present tense of the verb *être*

Être (**to be**) **is an irregular verb.**

SINGULAR	**1st person**	je suis	I am
	2nd person	tu es	you are
	3rd person	il est	he is
		elle est	she is
PLURAL	**1st person**	nous sommes	we are
	2nd person	vous êtes	you are
	3rd person	ils sont	they are
		elles sont	they are

7. Telling time (a.m. or p.m.)

The French use the numbers 1 through 12 to indicate time from midnight until noon and 13 through 24 to signify the remaining hours of the day. This 24-hour system is used on radio and television as well as in schedules and official announcements where precision about time is important. But in conversational French, when the time of day is evident, it is more common to use the numbers 1 through 12.

Example: It's 6:00. *Il est six heures.*
Il est dix-huit heures.

8. The subject pronoun *on*

The subject pronoun *on* is used with the third person singular form of the verb. *On,* an indefinite pronoun, can mean "one," "we," "they" or "you."

Examples: *Où vend-on les billets?* Where do they sell the tickets?

On va à Nice aujourd'hui. We're going to Nice today.

VOCABULAIRE

à at, in
acheter to buy
ah oh
l' **Allemagne** (f) Germany
aller et retour round trip
l' **après-midi** (m,f) afternoon
arriver to arrive
attendre to wait for
Attention! Watch out!
autre other, another
aux at the, to the, in the (plural)
le **bagage** baggage
le **bar** bar
beaucoup many, much, a lot (of), lots (of)
la **Belgique** Belgium
le **billet** ticket
border to border
le **cahier** notebook
se **calmer** to calm down
Calme-toi! Calm down!
la **capitale** capital
chaque each, every
le **chemin de fer** railroad
la **classe** class
le **compartiment** compartment
composter to stamp
confortable comfortable
corail coral
la **couchette** couchette (berth)
le **crayon** pencil
de from
déjà already
demi, demie half
Il est six heures et demie. It's 6:30.
le **départ** departure
descendre to go down; to get off
désirer to want, to desire, to like
deuxième second
du of the, from the
l' **école** (f) school
l' **employé, l'employée** clerk
en to
enfin finally
en retard late
entendre to hear
entourer to surround
l' **escalier** (m) stairs

l' **Espagne** (f) Spain
l' **est** (m) east
l' **état** (m) state
les **États-Unis** (m) United States
faire un voyage to take a trip
la **fin** end
le **fleuve** river
français, française French
la **France** France
la **gare** railroad station
la **géographie** geography
le **guichet** ticket window
l' **heure** (f) time, hour, o'clock
Quelle heure est-il? What time is it?
l' **horaire** (m) timetable, schedule
important, importante important
l' **indication** (f) sign
indiquer to indicate
l' **information** (f) information
l' **intérieur** (m) inside
l' **Italie** (f) Italy
le **kilomètre** kilometer
le **lavabo** sink; washroom
leur, leurs their
le **livre** book
loin far
long, longue long
le **Luxembourg** Luxembourg
ma my (feminine singular)
la **Manche** English Channel
le **matin** morning
même same
la **mer** sea
la **Mer du Nord** North Sea
la **Mer Méditerranée** Mediterranean Sea
midi noon
le **million** million
minuit midnight
moderne modern
mon my (masculine singular)
la **montagne** mountain
monter to go up; to get on
national, nationale national
ne...pas not
nécessaire necessary
le **nord** north
nos our (plural)

62

notre our (singular)
la **nuit** night
le **numéro** number
l' **océan** (m) ocean
    l'Océan Atlantique (m) Atlantic Ocean
on they, we, you, one
ordinaire ordinary
l' **ouest** (m) west
le **panneau** board, sign
le **pays** country; region; land
perdre to lose
petit, petite small, little
la **place** seat; room; place
plaire to please
    s'il vous plaît please
plus more
la **porte** door
pour in order to; for
premier, première first
presque almost
principal, principale principal
puis then, next
le **quai** quay, platform
le **quart** quarter
    Il est huit heures et quart. It's 8:15.
    Il est neuf heures moins le quart.
      It's 8:45.
que that; than; as
Qu'est-ce que c'est? What is it?
rendre to return (something)
réservé, réservée reserved
retard (see **en retard**)
sa his, her, its (feminine singular)
la **section** section
ses his, her, its (plural)
si if
s'il vous plaît (see **plaire**)
la **société** society; company
le **soir** evening
son his, her, its (masculine singular)
le **stylo** pen
le **sud** south
la **Suisse** Switzerland
la **superficie** area
sur on
ta your (familiar, feminine singular)
la **température** temperature
tes your (familiar, plural)
ton your (familiar, masculine singular)

tout droit straight ahead
le **train** train
vendre to sell
la **ville** city
voilà here is, here are; there is, there are
la **voiture** car
vos your (polite, plural)
votre your (polite, singular)
voudrions (see **vouloir**)
vouloir to want, to wish
    nous voudrions we would like
le **voyage** trip
voyager to travel
le **voyageur** traveler
les **"W.C."** (m) toilets

DIALOGUE
À la maison

PHILIPPE: Maman, où es-tu?

MAMAN: Dans la cuisine. Je fais un grand dîner formidable.

PHILIPPE: Je compte inviter un bon copain à dîner ce soir.

MAMAN: Ça va. Mais tes devoirs?

PHILIPPE: Maman, tu te rappelles? C'est samedi.

MAMAN: Ah oui, c'est ça. Et ce garçon, est-ce un ami de l'école? Comment s'appelle-t-il?

PHILIPPE: C'est un camarade du CES. Il s'appelle Sébastien. Nous jouons au Monopoly après le dîner, ou aux cartes.

MAMAN: Tu te laves les mains avant le dîner, d'accord? Elles sont sales!

PHILIPPE: Oui, je me lave les mains dans la salle de bains…!

MAMAN: Tu invites ta soeur à jouer au Monopoly aussi, Philippe?

PHILIPPE: Bonne idée, maman.

PHILIPPE: Zut, Sébastien! Tu gagnes tout!

Questions

1. Où est maman?
2. Que fait-elle?
3. Philippe, quand est-ce qu'il compte inviter son copain à dîner?
4. Pourquoi Philippe ne fait-il pas ses devoirs ce soir?
5. Comment s'appelle l'ami de Philippe?
6. Que font Philippe et Sébastien après le dîner?
7. Philippe, se lave-t-il les mains?
8. Qui est-ce que Philippe invite aussi à jouer au Monopoly?

At Home

PHILIPPE: Mother, where are you?

MOTHER: In the kitchen. I'm making a fantastic big dinner.

PHILIPPE: I hope to invite a good friend to dinner this evening.

MOTHER: O.K. But your homework?

PHILIPPE: Mother, do you remember? It's Saturday.

MOTHER: Oh, yes, that's right. And is this boy a friend from school? What's his name?

PHILIPPE: He's a friend from the CES. His name is Sébastien. We're playing Monopoly after dinner, or cards.

MOTHER: You're washing your hands before dinner, right? They're dirty!

PHILIPPE: Yes, I'm washing my hands in the bathroom...!

MOTHER: You invite your sister to play Monopoly also, Philippe?

PHILIPPE: Good idea, Mother.

PHILIPPE: Darn it, Sébastien! You're winning everything!

EXPRESSIONS UTILES

Où es-tu?	Where are you?
Ça va.	O.K.
Tu te rappelles?	Do you remember?
C'est ça.	That's right.
Comment s'appelle-t-il?	What's his name?
Il s'appelle…	His name is…
Je me lave les mains.	I'm washing my hands.
Zut!	Darn it!

SUPPLÉMENT

1. M. Bouchard est le père de Colette et de Pierre.

Mme Bouchard est leur mère.

M. et Mme Bouchard sont leurs parents.

Colette et Pierre sont les enfants de M. et Mme Bouchard.

Colette est leur fille et Pierre est leur fils.*

Pierre est le frère de Colette.

Colette est la soeur de Pierre.

M. Sorel est le grand-père de Colette et Pierre.

Mme Sorel est leur grand-mère.

Le frère de M. Bouchard est leur oncle.

La soeur de M. Bouchard est leur tante.

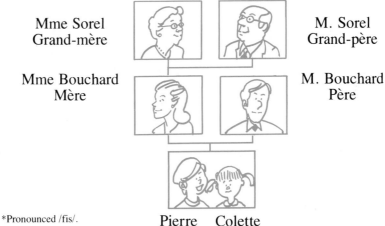

Mme Sorel
Grand-mère

M. Sorel
Grand-père

Mme Bouchard
Mère

M. Bouchard
Père

*Pronounced /fis/.

Pierre   Colette

2. Les pièces d'une maison sont:

la cuisine

la salle à manger

le salon

la chambre à coucher

la salle de bains

3. **Quel jour est-ce aujourd'hui?** C'est aujourd'hui lundi. **Les jours de la semaine sont:** lundi, mardi, mercredi, jeudi, vendredi, samedi et dimanche.

4. **Les mois de l'année sont:** janvier, février, mars, avril, mai, juin, juillet, août, septembre, octobre, novembre et décembre.

5. **La date**

Quelle est la date d'aujourd'hui?

C'est aujourd'hui lundi, le premier novembre.

C'est aujourd'hui mardi, le deux novembre.

C'est aujourd'hui jeudi, le onze février.

EXERCICE DE PRONONCIATION

/y/

tu	sur	étudie
Zut!	adulte	super
du	sud	plus
une	légume	Luxembourg

/u/

tout	Boulogne	trouver
vous	bonjour	voudrions
douze	jouons	nous
ou	retour	couchette

EXERCICES ORAUX

La famille

1. Comment s'appelle le père de Jean?   Comment s'appelle le père de Jean?
   mère
   frère
   soeur
   grand-père
   tante
   grand-mère
   oncle

Les verbes *-re*

2. On vend les billets. (Je)   Je vends les billets.
   Vous descendez l'escalier. (Tu)
   Ils rendent le livre. (Marie)
   Nous perdons de l'argent. (Je)
   Tu attends sur le quai. (Vous)
   Roger entend le professeur.
      (Les garçons)
   Je vends des fleurs. (Nous)

Les jours

3. Quel est le jour après lundi?   Mardi est le jour après lundi.
   Quel est le jour après samedi?
   Quel est le jour avant samedi?
   Quel est le jour après mardi?
   Quel est le jour après dimanche?
   Quel est le jour avant vendredi?

Les mois

4. Quel est le mois avant février?   Janvier est le mois avant février.
   Quel est le mois après mai?
   Quel est le mois avant octobre?
   Quel est le mois après mars?
   Quel est le mois après juillet?
   Quel est le mois avant décembre?

L'accord des adjectifs

5. La France est grande.   La France est grande.
   Christine
   L'homme
   Le théâtre
   La ville
   L'école
   La chambre à coucher
   Le frère

6. Jacques achète un livre français.   Jacques achète un livre français.
   voiture
   société
   bateau
   maison
   crayon
   carte
   cahier

7. Le jardin est grand. (Le chat)   Le chat est grand.
   Le garçon est petit. (La fille)
   La mère est anglaise. (Le père)
   La biologie est importante.
       (Le français)
   Le train est moderne. (La gare)
   Le *Guignol* est bon. (L'idée)
   Le copain est formidable.
       (Le professeur)
   La glace est froide. (Le bassin)

Le pluriel

8. Où est le chat?   Où sont les chats?
   ami
   couchette
   bateau
   animal
   billet
   salle de bains
   stylo

9. Qui trouve l'oiseau?   Qui trouve les oiseaux?
   fille
   horaire
   crayon
   singe
   canot
   porte
   copain

10. Le jour est long.   Les jours sont longs.
    Le lac est chaud.
    La cuisine est grande.
    L'enfant est mauvais.
    La voiture est ordinaire.
    Le salon est confortable.
    Le livre est nécessaire.
    La place est réservée.

Les verbes réfléchis

11. Je me lave les mains.   Je me lave les mains.
    Philippe
    Vous
    Les enfants
    Tu
    Nous
    Ma soeur

12. Maman ne se rappelle pas.   Maman ne se rappelle pas.
    Tu
    Anne et Sandrine
    Vous
    Je
    Mon père
    Nous

La possession

13. C'est la voiture de Sophie.   C'est la voiture de Sophie.
    Mme Lafleur
    François
    Mon oncle
    Maman
    M. Paquette
    Ma grand-mère
    Véronique

De + l'article défini

14. Où sont les stylos de la fille?

    le garçon
    les professeurs
    l'employé
    la tante
    les enfants
    le père
    la famille

Où sont les stylos de la fille?

15. Gérard est près de la porte.

    le lycée
    la gare
    les chevaux
    l'océan
    la voiture
    le train
    les bagages

Gérard est près de la porte.

Free Response

16. Comment s'appelle votre ami?
    Quel jour est-ce aujourd'hui?
    Quelle est la date d'aujourd'hui?
    Vous lavez-vous les mains?
    Avez-vous un frère ou une soeur?
    Qui invitez-vous à dîner?

VOCABULAIRE CLÉ POUR LA LECTURE QUI SUIT

la **campagne** countryside
vieux, vieil, vieille old
la **pierre** stone
assez rather
le **mouton** sheep
passer to pass (by)
devant in front of, before
    (referring to place)

aider to help
sert (see **servir**)
servir to serve

papa dad
quatrième fourth
cinquième fifth
noir, noire black

la **fois** time
par per
le **marché** market
le **légume** vegetable
l' **oeuf** (m) egg
la **volaille** poultry, fowl
l' **homme** (m) man
peser to weigh
le **canard** duck
le **lapin** rabbit

LECTURE 1
La famille Cheutin

La famille Cheutin est parisienne. Il y a cinq personnes dans cette famille. Ils habitent Paris mais chaque été ils vont à la campagne au sud de la France. Ils ont une vieille maison en pierre. Leur maison de campagne est assez grande et très pittoresque. Dans la maison il y a une cuisine, un salon, quatre chambres à coucher et une salle de bains. Chaque matin et chaque soir les moutons passent devant leur porte.

M. Cheutin, le papa, est journaliste parisien. Mme Cheutin est professeur. Ils ont trois enfants. Leur fils Philippe a treize ans. Il est en classe de quatrième au CES. Leur fille Isabelle a douze ans. Elle est en classe de cinquième. Leur petite fille Jeanne a huit ans. Elle est à l'école primaire. Les enfants ont un beau chat noir qui s'appelle Minou.

Une fois par semaine la famille va au marché. Aujourd'hui ils achètent des légumes frais. Papa choisit des oeufs. Puis ils vont au grand marché de la volaille. On regarde un homme qui pèse des canards. À l'intérieur du marché il y a beaucoup d'autres canards. Une fille vend ses lapins. La famille Cheutin choisit un beau lapin pour le dîner du soir.

À la maison, papa aide maman à faire une salade dans la cuisine. Au dîner, il sert du lapin à maman.

Questions sur la lecture

1. Combien de personnes y a-t-il dans la famille Cheutin?
2. Où vont-ils chaque été?
3. Que fait M. Cheutin?
4. Comment s'appellent les enfants?
5. Quel âge ont-ils?
6. Les enfants, ont-ils un chat?
7. Quand est-ce que la famille va au marché?
8. Qu'est-ce que la famille achète pour le dîner?

Une fois par semaine la famille va au marché. (Toulouse)

EXERCICES ÉCRITS

I. **Complétez par le mot convenable.**

1. Ma mère et mon père sont mes _____ .
2. Leur fils est mon _____ .
3. Leur fille est ma _____ .
4. La mère de mon père est ma _____ .
5. Le père de ma mère est mon _____ .
6. Le frère de ma mère est mon _____ .
7. La soeur de mon père est ma _____ .

tante	parents	oncle
frère	grand-mère	
grand-père	soeur	

II. **Complétez par la pièce convenable.**

1. Je me lave les mains dans _____ .
2. Les enfants font leurs devoirs dans _____ .
3. Maman fait le dîner dans _____ .
4. La famille parle avec leurs amis dans _____ .
5. Papa sert le dîner dans _____ .

la cuisine	le salon
la salle de bains	la salle à manger
la chambre à coucher	

III. **Écrivez les mots qui complètent la séquence.** (Write the words which complete the sequence.)

1. lundi, _____ , mercredi, _____ vendredi, samedi, _____
2. janvier, _____ , mars, _____ , mai, juin, _____ , _____ , septembre, _____ , novembre, _____

IV. **Quelle est la date d'aujourd'hui? C'est aujourd'hui...**

1. the fourteenth of July
2. the first of January
3. the twenty-fifth of December
4. the thirty-first of March
5. the second of June

V. **Écrivez la forme convenable de l'adjectif.**

1. La famille habite une (large) _____ maison.
2. Mon ami est (French) _____ .
3. C'est une (good) _____ idée.
4. Aujourd'hui le soleil est très (hot) _____ .
5. Est-ce que cette place est (reserved) _____ ?
6. Nous voudrions un (other) _____ billet.
7. Qui va acheter cette voiture (black) _____ ?
8. Ma soeur n'est pas (beautiful) _____ .

VI. Écrivez la phrase au pluriel.

Exemple: *Mon frère est grand.*

Mes frères sont grands.

1. L'examen est important.
2. Son amie est anglaise.
3. Votre tante est petite.
4. Le bateau est vieux.
5. La fleur est belle.
6. Le cochon est sale.
7. Ma copine est formidable.
8. La couchette est longue.

VII. Écrivez la forme convenable du verbe réfléchi. (Write the appropriate form of the reflexive verb.)

1. (s'appeler) Mon père _____ _____ Charles.
2. (se laver) Nous _____ _____ avant le dîner.
3. (se calmer) Tu _____ _____ après l'examen.
4. (se rappeler) Zut! Je ne _____ _____ pas.
5. (s'appeler) Comment _____ _____-vous?
6. (se laver) Les enfants _____ _____ bien.
7. (se calmer) Nous _____ _____ quand le professeur arrive.
8. (s'appeler) Les chats _____ _____ Minou et Zéphyr.
9. (se laver) Marc, _____ _____-il les mains?
10. (se rappeler) Pourquoi ne _____ _____-tu pas?

VIII. Complétez par la forme convenable de *de* + l'article défini.

1. On descend à la fin _____ voyage.
2. Le premier jour _____ semaine est lundi.
3. J'habite près _____ école.
4. Avril est le quatrième mois _____ année.
5. Quelle voiture _____ train a les places réservées?
6. Les noms _____ enfants sont Fabrice et Laurent.
7. L'idée _____ fille n'est pas mauvaise.
8. L'histoire _____ États-Unis est importante.

IX. Écrivez l'expression qui indique la possession.

1. Voici le stylo _____ Pierre.
2. Qui a la carte _____ professeur?
3. Marie est la soeur _____ mon amie.
4. Où est la voiture _____ M. Bouchard?
5. Ce sont les ballons _____ enfants.
6. Elle regarde la carte _____ Sébastien.

7. C'est l'école _____ fille.

8. On ne trouve pas le billet _____ employé.

X.   Indiquez le mot associé. (Indicate the associated word.)

_____ 1. jour   a. treize

_____ 2. gare   b. quai

_____ 3. heure   c. Marseille

_____ 4. mois   d. mercredi

_____ 5. nombre   e. hiver

_____ 6. saison   f. août

_____ 7. ville   g. Pyrénées

_____ 8. montagne   h. midi

XI.   Écrivez une phrase logique en employant les mots clés qui sont indiqués. (Write a logical sentence, using the key words that are indicated.)

> *Exemple:* *Chantal / arriver / gare*
> Chantal arrive à la gare.

1. Je / faire / devoirs / après / dîner

2. Philippe / se laver / mains

3. M. Sorel / être / père / Monique

4. Quand / aller / vous / théâtre

5. Avoir / tu / argent

6. Ils / ne / passer / pas / examen

7. Où / attendre / on / train

8. Nous / choisir / petit / voiture

XII.   Répondez en français.

1. Comment s'appellent vos parents?

2. Combien de pièces y a-t-il dans votre maison?

3. Qui fait le dîner dans votre famille?

4. Faites-vous les devoirs avant ou après le dîner?

5. Où vous lavez-vous les mains?

6. Jouez-vous aux cartes avec vos amis?

RÉVISION

I. Écrivez la forme convenable du verbe indiqué.

1. (aimer) François, _____-il la glace?
2. (réussir) Je _____ en classe.
3. (entendre) _____-vous le train qui arrive?
4. (obéir) On _____ au professeur.
5. (voyager) Mes amies _____ près de la mer.
6. (finir) Nous ne _____ pas le livre.
7. (perdre) Je _____ mon crayon.
8. (parler) _____-tu français quand tu es en Suisse?
9. (descendre) Les voyageurs _____ du train.
10. (marcher) Nous _____ près du fleuve.

II. Quelle heure est-il? Écrivez la phrase.

1.   2.   3.   4.   5.   6.

III. Complétez par la forme convenable de *à* + l'article défini.

1. Nous allons _____ jardin public.
2. Elles parlent _____ employé.
3. En été la famille fait un voyage _____ États-Unis.
4. Tu joues aux cartes _____ maison.
5. Le professeur est _____ lycée.
6. Restez-vous _____ pâtisserie?
7. Je parle _____ amis.
8. On arrive _____ école à huit heures.

IV. Écrivez la forme convenable de l'adjectif possessif.

1. (My) _____ amie s'appelle Suzanne.
2. Finis-tu (your) _____ devoirs?
3. Qui a (their) _____ livre?
4. (Her) _____ stylo est près du crayon.
5. (Our) _____ maison est confortable.
6. Aimez-vous (your) _____ petit frère?
7. (His) _____ copains sont en retard.
8. (Our) _____ professeurs parlent français.
9. (My) _____ soeur a faim.
10. Tu attends (your) _____ train sur le quai.

Formez une question en employant une expression interrogative à la place des mots en italique. (Form a question, using an interrogative expression in place of the italicized words.)

> *Exemple:* *Jean* parle français.
> Qui parle français?

1. Nous allons *au lycée*.
2. Deux et sept font *neuf*.
3. L'examen est *à trois heures*.
4. Marie vend *son billet*.
5. Il fait *beau* aujourd'hui.
6. Denis va *bien*.
7. Ils finissent leurs devoirs *maintenant*.
8. *Maman* n'a pas faim.

VOCABULAIRE CLÉ POUR LA LECTURE QUI SUIT

autrefois formerly
était was (imperfect tense of **être**)
parce que (parce qu') because
garder to keep, to guard
toujours still
quelquefois sometimes
voici here is, here are

sa plus grande its largest
se trouver to be, to be located

LECTURE 2
La France (provinces et villes)

La France métropolitaine est divisée en quatre-vingt-quinze départements. Mais autrefois elle était divisée en trente-quatre provinces. Les provinces sont importantes aujourd'hui parce qu'elles gardent toujours leurs traditions et quelquefois leur dialecte. Voici douze provinces et leurs villes principales.

La Flandre est au nord de la France près de la Belgique. Sa plus grande ville s'appelle Lille. La Normandie se trouve au nord-ouest de la France sur la Manche. Sa capitale était Rouen. La Manche et l'Océan Atlantique entourent la Bretagne. Rennes est une ville importante de la Bretagne.

À l'ouest de la France sur l'Océan Atlantique se trouve le Poitou. Poitiers est sa ville principale. L'Océan Atlantique borde aussi la Guyenne au sud-ouest de la France. Sa plus grande ville s'appelle Bordeaux.

Au centre de la France se trouve l'Auvergne. Une ville importante de l'Auvergne s'appelle Clermont-Ferrand. Le Lyonnais est à l'est de l'Auvergne. Lyon était sa capitale. L'Italie borde le Dauphiné. Sa ville principale s'appelle Grenoble.

La Bourgogne se trouve aussi au centre de la France. Dijon est sa plus grande ville. La Franche-Comté borde la Suisse à l'est de la France. Sa capitale était Besançon.

L'Alsace est à l'est de la France près de l'Allemagne. Une ville importante de l'Alsace s'appelle Strasbourg. La Lorraine se trouve au nord-est de la France. La Belgique, le Luxembourg et l'Allemagne bordent cette province. Nancy est sa ville principale.

Lille est la ville principale de la Flandre.

Dijon était la capitale de la Bourgogne.

Besançon est à l'est de la France.

COIN CULTUREL
Housing

Like in the United States, housing units in France are of various types, including private homes, apartment buildings, dormitories and hotels. The style of these units depends significantly on their geographical location.

New home construction dots the French landscape. An attractive, modern single-family dwelling costs about the same as its American counterpart.

Let's examine a typical new three-bedroom home of this kind, which is usually found in the suburbs. Upon opening the front door, we enter the *vestibule* equipped with large closets. In the kitchen, facilities include a sink, stove and work area. The family eats informal meals in the *cuisine* which has storage space in the cabinet against the wall. The more formal *salle à manger* offers a view of the outdoors. The *salon* features a fireplace and furniture *(meubles)* in a style similar to that of those pieces in all the rooms. Two separate rooms make up a French bathroom, unlike an American one which usually consists of a single room. The first and larger room *(salle de bains)* contains the sink *(lavabo)* and bathtub. The other room has just the toilet *(les toilettes)*. Of the three *chambres à coucher,* two have single beds. Pillows in the first bedroom resemble American ones; but in the second bedroom there is one long pillow rolled in the French style. This room includes a study area with ample drawer space. The master bedroom with its double bed carries out a light-colored wood motif.

Many French people prefer living in apartments. Modern apartment houses are found both in the center of cities and in the suburbs. The sixteenth district *(arrondissement)* of Paris is known as the fashionable residential area, where monthly apartment rentals are very high. Some of its apartment buildings, constructed on small pillars, have ornamental pools.

Interesting apartment complexes have sprung up throughout France. In Marseilles the famous architect Le Corbusier built quite some time ago *La Cité Radieuse,* a total living unit for two thousand persons. On the French Riviera apartment houses, such as those in Cannes, line the coast. On the *Baie des Anges* near Nice, we find the distinctively shaped *Marina.* The Alpine city of Grenoble features *Les Trois Tours,* three expensive apartment buildings constructed about the time of the city's Winter Olympics in 1968.

As we already know, French *lycée* students living away from home can stay in *foyers* (dormitories). A typical student room includes a bed, desk, chairs and shelves. The room also has a *bidet* and *lavabo.* However, the *W.C.* is located down the hall and is shared with other students. French toilet paper is not always as luxurious as that in the United States. Students as well as tourists may stay in *centres d'accueil* in Paris. These modern accommodations have bathrooms in each room, containing a toilet and sink as well as a hand-operated shower *(douche).* American students studying at the *Université de Paris* may stay at the *Fondation des États-Unis* at the *Cité Universitaire.* Other French universities, such as the one in Grenoble, have modern dormitories on the campus.

The French and tourists alike often stay in hotels. Outside each one appears a blue sign with an "H" for "hotel" and a certain number of stars. A government rating service awards between one and five stars to them, depending on their quality of accommodations and price. Hotels range from inexpensive ones in the Parisian student quarter to the luxurious *Hôtel Ritz.* Other famous Parisian hotels include the five star *Grand Hôtel* near the *Opéra,* with its elegant *Café de la Paix,* and the *Hôtel George V* near the *Champs-Élysées.* Like the United States, France has international chain hotels of its own, one of which is the modern *Novotel.*

The geographical location of French houses determines their appearance. It is comparable to the regional influences we notice on American homes. New England residences, for instance, differ in style and construction materials from those in Southern California.

The dark brick exterior of many homes in *Flandre* reveals their northern location and makes them resemble those in the Netherlands or Britain. (Interestingly, individual homes are all within the same basic building.) Urban homes in *Normandie* have Norman style architecture characterized by a white stucco exterior, which is decorated with dark wooden trim often in an "X" shape. Farm houses in *Normandie* have the same features as well as sloped roofs. White dwellings dot the *Bretagne* coast of Northern France. In one of its cities, Quimper, wood adorns the façades of immaculately-kept older residences. Some modern Breton homes have thatched roofs like those of olden times.

In Southwestern France the hilly and rocky terrain has influenced the style of houses. Some houses here have been built right into the rock. The entire village of St. Cirq-Lapopie has been preserved as an historical site. However, new homes continue to spring up nearby. Along the Mediterranean coast family dwellings of cream-colored stucco have flat roofs. Flowers adorn the balconies, and awnings offer protection from the sun. Houses along the coast are built on the colorful red rock. Older buildings in *Dauphiné* have red-tiled roofs. These red roofs are also popular in *Franche-Comté*. Some residences in *Bourgogne* date from the fifteenth century. The Kammerzell House in Strasbourg — a beautiful tourist attraction from the fifteenth and sixteenth centuries — is dark brown with wooden trim. Tourists flock to see these interesting examples of French architecture.

This living room (*salon*) features a fireplace and modern furniture. (Noyal-sur-Vilaine)

Many homes in Normandy have a white stucco exterior and dark wooden trim.

The *Marina,* near Nice, is an example of modern architecture.

GRAMMAIRE

1. Agreement of adjectives

Adjectives agree in gender and number with the nouns they describe. (We remember that definite articles, indefinite articles and possessive adjectives also agree with their nouns in gender and number.)

Examples: *Je fais un grand dîner.* I'm making a big dinner.
C'est une bonne idée! That's a good idea!

To form the feminine of most adjectives, add an *e* to the masculine form.

Examples: *petit* *petite*
français *française*
réservé *réservée*

Note: In the feminine the final consonant sound is pronounced.

But if the masculine form of an adjective ends in *e*, there is no change in the feminine.

Examples: *sale* *sale*
autre *autre*

However, there are many adjectives which have irregular feminine forms. Some common ones are:

bon	*bonne*
frais	*fraîche*
long	*longue*
parisien	*parisienne*
quel	*quelle*

Beau (beautiful, handsome), *vieux* (old) and *nouveau* (new) have three forms in the singular.

Masculine	Masculine before a vowel or silent "h"	Feminine
beau	bel	belle
vieux	vieil	vieille
nouveau	nouvel	nouvelle

Examples: *C'est un beau jardin.* That's a beautiful garden.
Mon grand-père est un vieil homme. My grandfather is an old man.
Nous habitons une nouvelle maison. We live in a new house.

2. Plurals

a. Nouns

The plural of most nouns is formed by adding an *s* to the singular form.

> *Examples:* billet   billets
> carte   cartes

Nouns ending in *s* do not change in the plural.

> *Examples:* mois   mois
> pays   pays

However, some nouns have irregular plural forms. Nouns ending in *eau* add *x* to form the plural.

> *Examples:* bateau   bateaux
> oiseau   oiseaux

Most ending in *al* change *al* to *aux* in the plural.

> *Examples:* cheval   chevaux
> animal   animaux

b. Adjectives

Most adjectives, like nouns, form their plurals by adding *s* to the singular form.

> *Examples:* important   importants
> noire   noires

But some adjectives also have irregular plural forms. Adjectives ending in *s* or *x* do not change in the masculine plural.

> *Examples:* anglais   anglais
> vieux   vieux

Adjectives ending in *eau* add *x* to form the masculine plural.

> *Examples:* beau   beaux
> nouveau   nouveaux

Those ending in *al* change *al* to *aux* in the masculine plural.

> *Examples:* national   nationaux
> principal   principaux

3. Present tense of reflexive verbs

A reflexive verb conveys an action performed on the subject of the verb. Reflexive verbs are preceded by reflexive pronouns which refer to their subjects. Many common reflexive verbs are *-er* verbs. Conjugate them as you would an *-er* verb; but remember to include the appropriate reflexive pronoun.

> *Example:* Infinitive = **se laver** = to wash (oneself)

SINGULAR	**1st person**	je me lav*e*	I wash (myself)
	2nd person	tu te lav*es*	you wash (yourself)
	3rd person	il se lav*e*	he washes (himself)
		elle se lav*e*	she washes (herself)
PLURAL	**1st person**	nous nous lav*ons*	we wash (ourselves)
	2nd person	vous vous lav*ez*	you wash (yourself/ yourselves)
	3rd person	ils se lav*ent*	they wash (themselves)
		elles se lav*ent*	they wash (themselves)

Notes: The reflexive pronouns for the third person singular and plural are the same (i.e., *se*). These pronouns for the *nous* and *vous* forms of the verb are *nous* and *vous*, respectively.

The definite article is used with parts of the body after verbs such as *se laver.*

Example: *Je me lave les mains maintenant.* I'm washing my hands now.

The reflexive pronoun precedes the verb in a negative sentence.

Example: *Je ne me couche pas avant minuit.* I don't go to bed before midnight.

In a question formed by inversion, the subject pronoun follows the verb and is attached to it by a hyphen; and the reflexive pronoun remains in front of the verb.

Examples: *Te rappelles-tu?* Do you remember?
Comment s'appelle-t-il? What's his name?

Some other regular reflexive verbs are:

se calmer = to calm down
se trouver = to be, to be located
se coucher = to go to bed
s'amuser = to have a good time
s'habiller = to get dressed

4. Present tense of the reflexive verbs *s'appeler* and *se rappeler*
   ***S'appeler* (to be named, to call oneself) and *se rappeler* (to remember — conjugated like *s'appeler*) are irregular verbs.**

SINGULAR	1st person	je m'appelle	my name is…
	2nd person	tu t'appelles	your name is…
	3rd person	il s'appelle	his name is…
		elle s'appelle	her name is…
PLURAL	1st person	nous nous appelons	our name is…
	2nd person	vous vous appelez	your name is…
	3rd person	ils s'appellent	their name is…
		elles s'appellent	their name is…

5. Possession

To show possession in English, we add " 's " to the name of the owner. However, the French use the object + *de* + the owner.

> ***Examples:***
> | | |
> |---|---|
> | *le livre de Marie* | Marie's book |
> | *la tante de M. Pichette* | Mr. Pichette's aunt |
> | *le billet de mon ami* | my friend's ticket |

6. Contractions with *de*

The preposition *de* combines with the definite articles *le* and *les* respectively to form *du* and *des*. When *de* combines with *la* or *l'*, there is no change.

Masculine	Feminine	Vowel or silent "h"	Plural
du	de la	de l'	des

> ***Examples:*** *C'est un camarade du CES.* He's a friend from the CES.
>
> *Où est le cahier de la fille?* Where is the girl's notebook?
>
> *Est-ce une copine de l'école?* Is she a friend from school?
>
> *Le chien est l'ami de l'homme.* The dog is man's friend.
>
> *Voici les noms des garçons.* Here are the boys' names.

VOCABULAIRE

aider to help

s' **amuser** to have a good time

anglais, anglaise English

l' **année** (f) year

août August

s' **appeler** to be named, to call oneself

Comment s'appelle-t-il? What's his name?

assez rather; enough

autrefois formerly

avant before (referring to time)

avril April

ça (cela) that

Ça va. That's fine. (That's) O.K. Things are fine.

C'est ça. That's right.

le (la) **camarade** good friend, comrade

la **campagne** countryside

le **canard** duck

la **carte** card; map

le **centre** center, middle

le **CES** secondary school (**Collège d'Enseignement Secondaire**)

la **chambre** room, bedroom

la chambre à coucher bedroom

cinquième fifth

compter to intend; to count; to hope

le **copain**, la **copine** friend, pal

se **coucher** to go to bed

la **cuisine** kitchen

la **date** date

le **département** department

devant in front of, before (referring to place)

le **dialecte** dialect

dimanche Sunday

dîner to have dinner, to dine

le **dîner** dinner

était was (imperfect tense of **être**)

février February

la **fille** daughter

le **fils** son

la **fois** time

formidable fantastic, great

le **frère** brother

gagner to win; to earn

garder to keep; to guard

grand, grande big, large, tall

la **grand-mère** grandmother

le **grand-père** grandfather

s' **habiller** to get dressed

l' **homme** (m) man

inviter to invite

janvier January

jeudi Thursday

le **jour** day

le **journaliste** journalist

juillet July

juin June

le **lapin** rabbit

se **laver** to wash (oneself)

le **légume** vegetable

lundi Monday

mai May

la **main** hand

mais but

la **maison** house, home

maman mother

le **marché** market

mardi Tuesday

mars March

me myself

mercredi Wednesday

la **mère** mother

métropolitain, métropolitaine metropolitan

le **mois** month

le **Monopoly** Monopoly

le **mouton** sheep

noir, noire black

nous ourselves

nouveau, nouvel, nouvelle new

novembre November

octobre October

l' **oeuf** (m) egg

l' **oncle** (m) uncle

papa dad

par per

parce que (parce qu') because

les **parents** parents; relatives

parisien, parisienne Parisian

passer to pass (by)

le **père** father

peser to weigh
la **pièce** room; play
la **pierre** stone
pittoresque picturesque
le (la, les) **plus** (+ **adjectif**) the most…
pourquoi why
primaire primary, elementary
la **province** province
quatrième fourth
quelquefois sometimes
se **rappeler** to remember
la **salade** salad
sale dirty
la **salle** room
    la **salle à manger** dining room
    la **salle de bains** bathroom
le **salon** living room
samedi Saturday

se himself, herself, oneself, themselves
la **semaine** week
septembre September
sert (see **servir**)
servir to serve
la **soeur** sister
la **tante** aunt
te yourself
toujours still; always
tout, tous everything, all
la **tradition** tradition
se **trouver** to be, to be located
vendredi Friday
vieux, vieil, vieille old
voici here is, here are
la **volaille** poultry, fowl
vous yourself, yourselves
Zut! Darn it! (slang)

En été les Cheutin vont à la campagne au sud de la France. (St. Cirq-Lapopie)

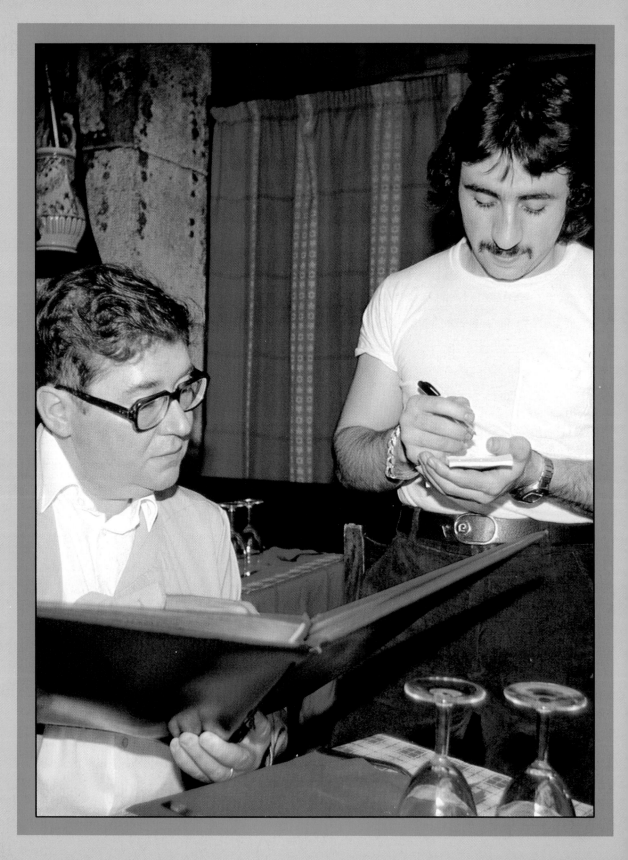

5

DIALOGUE
Au restaurant

LE GARÇON: Bonjour, monsieur. Désirez-vous regarder la carte?

M. CHEUTIN: Merci, monsieur. Commençons par des hors-d'oeuvre. Je préfère la saucisse. Puis apportez-moi un steak avec des pommes de terre.

LE GARÇON: Le steak — saignant, à point ou bien cuit?

M. CHEUTIN: Je prends le steak à point, s'il vous plaît.

LE GARÇON: Et comme boisson? Vous prenez du vin, de la bière, de l'eau minérale...?

M. CHEUTIN: Donnez-moi un peu de vin rouge.

LE GARÇON: Voilà le steak. Bon appétit!

M. CHEUTIN: J'ai encore faim. Qu'est-ce que vous suggérez comme dessert? De la glace?

LE GARÇON: Notre glace maison est grande, avec beaucoup de fruits.

M. CHEUTIN: Oh, là! Vous avez raison. Tant pis pour mon régime!

Questions

1. Où est M. Cheutin?
2. Qu'est-ce que M. Cheutin regarde?
3. Que préfère-t-il comme hors-d'oeuvre?
4. Comment désire-t-il son steak?
5. Qu'est-ce qu'il y a comme boisson?
6. Quelle boisson prend-il?
7. M. Cheutin, a-t-il encore faim?
8. Est-ce que la glace maison est grande?

At the Restaurant

WAITER:	Hello, sir. Would you like to look at the menu?
M. CHEUTIN:	Thank you, sir. Let's begin with some hors d'oeuvre. I prefer sausage. Then bring me a steak with potatoes.
WAITER:	The steak — rare, medium or well done?
M. CHEUTIN:	I'll have the steak medium, please.
WAITER:	And as a beverage, you'll have wine, beer, mineral water...?
M. CHEUTIN:	Give me a little red wine.
WAITER:	Here's the steak. Enjoy your meal!
M. CHEUTIN:	I'm still hungry. What do you suggest for dessert? Ice cream?
WAITER:	Our house specialty is large with lots of fruit.
M. CHEUTIN:	Oh, dear! You're right. Too bad for my diet!

EXPRESSIONS UTILES

Commençons par...	Let's begin with...
Apportez-moi un steak.	Bring me a steak.
Saignant, à point ou bien cuit?	Rare, medium or well done?
Je prends...	I'll have...
Donnez-moi un peu de vin rouge.	Give me a little red wine.
Bon appétit!	Enjoy your meal! (Eat well!)
Qu'est-ce que vous suggérez?	What do you suggest?
Vous avez raison.	You're right.
Tant pis!	Too bad!

SUPPLÉMENT

1. Les repas

Le matin on mange le petit déjeuner.
À midi on mange le déjeuner.
L'après-midi on mange le goûter.
Le soir on mange le dîner.

2. La nourriture

la pomme

la banane

la tarte

l'omelette

les tomates

les frites

les haricots verts

le croissant

le pain

le fromage

le veau

le potage

le lait

le café

la viande

3. L'argent français

Il y a 100 centimes dans 1 franc.

Il y a les pièces de

1 centime	1 franc
5 centimes	2 francs
10 centimes	5 francs
20 centimes	10 francs
½ franc (50 centimes)	

Il y a les billets de

10 francs
20 francs
50 francs
100 francs
500 francs
1000 francs

4. Les nombres ordinaux

premier (première), deuxième, troisième, quatrième, cinquième,
sixième, septième, huitième, neuvième, dixième, onzième,
douzième, treizième, quatorzième, quinzième, seizième,
dix-septième…vingtième, vingt et unième…
Nous attendons sur le premier quai.
J'ai la première couchette.

EXERCICE DE PRONONCIATION

/o/

au	bocaux	numéro
saucisse	haricots	aujourd'hui
l'eau	oiseau	chaud
beaucoup	aussi	canots

/ɔ/

notre	école	sommes
hors-d'oeuvre	copain	promenade
comme	comment	océan
potage	octobre	porte

EXERCICES ORAUX

La nourriture

1. J'aime beaucoup le steak.   J'aime beaucoup le steak.
   glace
   frites
   vin
   eau minérale
   hors-d'oeuvre
   fromage
   haricots verts
   viande

2. Préférez-vous le café ou le lait?   Je préfère…
   Préférez-vous le croissant ou le pain?
   Préférez-vous la bière ou l'eau?
   Préférez-vous la pomme ou la banane?
   Préférez-vous les fruits ou la tarte?
   Préférez-vous le potage ou l'omelette?
   Préférez-vous la saucisse ou le veau?

Les nombres ordinaux

3. Formez le nombre ordinal convenable.

   Exemple: deux   deuxième

   cinq
   un
   neuf
   une
   seize

quatre
vingt et un
dix

4. Quel est le huitième mois?   Août est le huitième mois.
   Quel est le sixième mois?
   Quel est le onzième mois?
   Quel est le troisième mois?
   Quel est le septième mois?
   Quel est le douzième mois?

Les verbes réfléchis

5. Il se lave les mains. (Nous)   Nous nous lavons les mains.
   Je ne me rappelle pas. (Tu)
   Vous vous couchez à minuit. (Christine)
   Les garçons s'amusent en classe. (Je)
   Te calmes-tu? (Vous)
   Paris se trouve en France. (Les Alpes)
   Elles s'habillent. (Nous)

L'impératif

6. Tu étudies les math.   Étudie les math!
   Tu parles français.
   Tu vas au lycée.
   Tu finis tes devoirs.
   Tu vends la voiture.
   Tu t'amuses au théâtre.
   Tu passes l'examen.

7. Vous achetez trois cahiers.   Achetez trois cahiers!
   Vous aidez vos amis.
   Vous choisissez un canot.
   Vous rendez le livre.
   Vous faites une promenade.
   Vous vous habillez.
   Vous mangez des légumes.

8. Nous allons à l'école.   Allons à l'école!
   Nous nourrissons les animaux.
   Nous descendons ici.
   Nous invitons nos copains.
   Nous nous lavons les mains.
   Nous faisons le dîner.
   Nous jouons aux cartes.

9. Commençons maintenant!   Ne commençons pas maintenant!
   Couchez-vous à dix heures!
   Composte ton billet!
   Maigrissez!
   Monte dans la voiture!
   Perds tes crayons!
   Voyageons ensemble!

Le partitif

10. Le garçon apporte du vin.   Le garçon apporte du vin.
    salade
    frites
    eau minérale
    steak
    tarte
    hors-d'oeuvre
    poisson
    omelette

11. Nous voudrions du café.   Nous voudrions du café.
    tomates
    eau
    vin
    pommes de terre
    dessert
    glace
    potage
    bière

12. Y a-t-il du lapin?   Non, il n'y a pas de lapin.
    Y a-t-il des bananes?
    Y a-t-il de la salade?
    Y a-t-il du lait?
    Y a-t-il de l'omelette?
    Y a-t-il des haricots verts?
    Y a-t-il du pain?
    Y a-t-il de la glace?
    Y a-t-il du fromage?

13. Prenez-vous des légumes?   Non, je ne prends pas de légumes.
    Prenez-vous de la saucisse?
    Prenez-vous des fruits?
    Prenez-vous du canard?
    Prenez-vous de la viande?

Prenez-vous des oeufs?
Prenez-vous du veau?
Prenez-vous des croissants?
Prenez-vous de l'eau minérale?

Les verbes irréguliers

14. J'achète une voiture. (Nous)   Nous achetons une voiture.
    Que suggérez-vous? (Tu)
    Ils pèsent les légumes. (Vous)
    Tu manges au restaurant. (Nous)
    Vous vous appelez Dominique. (La fille)
    Nous commençons le dîner. (Je)
    Elle préfère l'été. (Les garçons)

Le verbe *prendre*

15. Tu prends la carte.   Tu prends la carte.
    Valérie
    Les hommes
    Vous
    Je
    Nous
    Mes tantes

16. Vous ne prenez pas de pain.   Vous ne prenez pas de pain.
    Ma soeur
    Je
    Nous
    Les enfants
    Tu
    Philippe

Les expressions de quantité

17. Donnez-moi du dessert. (plus)   Donnez-moi plus de dessert.
    Je désire du vin. (un peu)
    Vous prenez de la glace. (beaucoup)
    Les professeurs donnent des devoirs.
       (tant)
    Manges-tu des frites? (assez)
    Maman apporte de la salade. (moins)
    Nous voudrions de l'eau. (un peu)
    Chantal regarde des garçons. (beaucoup)
    Avez-vous des soeurs? (Combien)

Free Response

18. À quelle heure prenez-vous le dîner?

Préférez-vous le steak saignant, à point ou bien cuit?

Mangez-vous beaucoup?

Qu'est-ce que vous aimez comme boisson?

Les Français, commencent-ils par des hors-d'oeuvre ou de la salade?

Votre professeur, a-t-il raison?

VOCABULAIRE CLÉ POUR LA LECTURE QUI SUIT

la **confiture** jam
souvent often
la **prune** plum
laver to wash (something)
propre clean
le **couteau** knife
couper to cut
enlever to remove
le **noyau, les noyaux** pit, pits
(stone, stones)
ouvrir to open
le **sucre** sugar
verser to pour
la **bassine** pan
le **cuivre** copper

allumer to light
la **cuisinière** stove
tourner to turn
l' **écume** (f) foam, froth
le **bocal, les bocaux** jar, jars

toute all, whole
gros, grosse big, large; fat
la **tranche** slice
couvrir to cover
fier, fière proud

LECTURE 1
Isabelle fait de la confiture

Isabelle verse du sucre dans la bassine de cuivre.
(Beauregard)

Isabelle aide souvent sa mère dans la cuisine de leur maison de campagne. Aujourd'hui Isabelle va faire de la confiture de prunes pour sa famille. Pour commencer elle lave les prunes dans l'eau froide. Maintenant les prunes sont propres. Puis elle prend un couteau. Elle coupe les prunes en deux avec ce couteau. Elle enlève les noyaux. Isabelle ouvre le sucre. Il est nécessaire d'avoir beaucoup de sucre pour faire de la confiture de prunes. Elle verse du sucre dans la bassine de cuivre. Il est important d'avoir une bassine de cuivre pour faire de la bonne confiture.

Après ça elle allume la cuisinière. Elle tourne le sucre et les prunes dans la bassine de cuivre. Puis elle enlève l'écume de la confiture. Elle lave les bocaux dans l'eau chaude. Pour finir elle verse la confiture dans les bocaux.

Toute la famille a faim. Les Cheutin* comptent manger de la confiture de prunes maintenant. Isabelle a un gros pain frais. Elle coupe une

*Note that French does not pluralize family names.

96

tranche de pain et couvre la tranche avec de la confiture. Elle donne une tranche de pain à son frère Philippe et à son ami Sébastien. Les deux garçons mangent du pain et de la confiture avec appétit. Isabelle est fière de sa confiture de prunes.

Questions sur la lecture

1. Qui aide souvent maman dans la cuisine?
2. Qu'est-ce qu'Isabelle va faire aujourd'hui?
3. Que fait-elle pour commencer?
4. A-t-elle beaucoup de sucre ou un peu de sucre?
5. Dans quelle bassine fait-elle de la confiture?
6. Est-ce qu'elle allume la cuisinière?
7. Où verse-t-elle la confiture?
8. Quand est-ce que les Cheutin comptent manger de la confiture?
9. Combien de pain Isabelle coupe-t-elle?
10. Comment les deux garçons mangent-ils?

EXERCICES ÉCRITS

I.   **Complétez par le mot convenable.**

1. En France on mange des _____ pour le petit déjeuner.
2. La _____ est un dessert qui est froid.
3. On fait une _____ avec des oeufs.
4. Les _____ sont des pommes de terre très bonnes.
5. La _____ et la _____ sont deux fruits.
6. Comme boisson les Français aiment beaucoup le _____ .
7. Comme boisson les enfants américains aiment le _____ .
8. Les _____ et les _____ sont deux légumes.
9. Le _____ et le _____ sont deux viandes.
10. Après le repas en France on prend du _____ .

vin	lait	banane
glace	croissants	veau
steak	haricots verts	tomates
omelette	café	
pomme	frites	

II.   **Écrivez ces nombres ordinaux.**

Exemple: 3e troisième

1. 9^e
2. 1er

3. 16^e
4. 5^e
5. 1ère
6. 10^e
7. 2^e
8. 4^e

III. **Changez au négatif.**
1. Parlez anglais!
2. Aide ton père!
3. Vendons la maison!
4. Habillez-vous!
5. Va au jardin public!
6. Commençons les devoirs!
7. Descendez ici!
8. Coupe le pain!

IV. **Écrivez la forme convenable du verbe à l'impératif.**
1. (Maman parle à Isabelle.) "Isabelle, (allumer) _____ la cuisinière!"
2. (Denis parle à ses amis.) "(Faire) _____ une excursion!"
3. (Le professeur parle à François.) "François, (finir) _____ l'examen!"
4. (Papa parle à sa fille.) "(Se coucher) _____ à neuf heures!"
5. (M. Cheutin parle au garçon.) "Monsieur, (apporter) _____ du pain, s'il vous plaît!"
6. (Mme Cheutin parle à ses amies.) "(Aller) _____ ensemble au marché!"
7. (M. Racette parle à Jeanne.) "Jeanne, (rendre) _____ le livre maintenant!"
8. (Mme Bouvier parle à M. Bouvier.) "(Prendre) _____ moins de légumes!"

V. **Choisissez *du, de la, de l', de, d'* ou *des*.**
1. Je prends _____ bière.
2. Apportez-moi _____ frites.
3. Elle ne mange pas _____ tomates.
4. Avez-vous _____ saucisse?
5. Y a-t-il _____ eau?
6. Nous n'avons pas _____ lait.
7. Donnez-moi _____ veau, s'il vous plaît.
8. Voici _____ hors-d'oeuvre pour vous, Michelle.
9. Il n'y a pas _____ glace.
10. Nous voudrions _____ poisson.

VI. **Choisissez l'article défini ou le partitif. Attention aux verbes!**

1. Toute la famille aime _____ confiture.
2. Suzanne prend _____ légumes.
3. Préférez-vous _____ fromage ou _____ pommes?
4. Le garçon apporte _____ steak.
5. Quels enfants aiment _____ haricots verts?
6. Maman donne _____ viande à Jean.
7. Je voudrais _____ café.
8. Il préfère _____ salade.
9. Ce restaurant a _____ croissants.
10. Qui n'aime pas _____ dessert?

VII. **Écrivez la forme convenable du verbe.**

1. (commencer) Nous _____ par des hors-d'oeuvre.
2. (préférer) Les enfants _____ le lait.
3. (acheter) Qu'est-ce que tu _____?
4. (s'appeler) Je _____ _____ Sylvie.
5. (suggérer) Que _____-vous comme boisson?
6. (voyager) En été nous _____ en Espagne.
7. (enlever) Isabelle _____ les noyaux.
8. (peser) M. Duval _____ les canards.

VIII. **Complétez par la forme convenable du verbe _prendre_.**

1. Anne et Sandrine _____ le train "corail."
2. Je ne _____ pas de poisson.
3. Qui _____ le livre de biologie?
4. Nous _____ le dîner à huit heures.
5. _____-tu la voiture ce soir?
6. Vous _____ souvent des oeufs.
7. Marie _____ ses livres quand elle va au lycée.
8. _____-ils beaucoup de vin rouge?

IX. **Récrivez la phrase en employant l'adverbe de quantité indiqué.**
(Rewrite the sentence, using the indicated adverb of quantity.)

1. Donnez-moi du potage. (beaucoup)
2. Charles prend de l'eau minérale. (un peu)
3. Des frites, Frédéric? (Moins)
4. Les Français mangent du fromage. (tant)
5. Avez-vous des frères? (Combien)
6. J'ai de la tarte. (assez)
7. Y a-t-il de la neige? (moins)
8. Les singes mangent des bananes. (beaucoup)

X. **Complétez par le verbe convenable.**

Isabelle _____ de la confiture de prunes. Elle _____ les prunes dans l'eau. Puis elle _____ les prunes en deux, et elle _____ les noyaux. Elle _____ le sucre. Après ça elle _____ du sucre dans la bassine.

Elle _____ la cuisinière. Elle _____ le sucre et les prunes dans la bassine. Elle _____ la tranche de pain avec de la confiture. La famille _____ avec appétit.

allume	fait	ouvre
coupe	lave	tourne
couvre	mange	verse
enlève		

XI. *Oui* ou *non?* Si la réponse n'est pas appropriée, écrivez une meilleure réponse.

1. Désirez-vous regarder la carte?
   Non, merci. Je prends du café. C'est tout.
2. Que prenez-vous comme hors-d'oeuvre?
   Donnez-moi un steak, s'il vous plaît.
3. Avez-vous assez d'argent?
   J'ai cinquante francs.
4. Quels légumes aimez-vous?
   J'adore les croissants.
5. À quelle heure mangez-vous le petit déjeuner?
   Nous mangeons le petit déjeuner à quatre heures.
6. Prenez-vous du dessert?
   Non, ce n'est pas bon pour mon régime.
7. Comme viande qu'est-ce que vous désirez?
   Donnez-moi des haricots verts.

XII. **Répondez en français.**

1. Votre professeur, donne-t-il beaucoup de devoirs?
2. Est-ce que la nourriture au lycée est bonne?
3. Comment aimez-vous le steak?
4. Vous et votre famille, mangez-vous souvent au restaurant?
5. Vous êtes dans un restaurant français. Que choisissez-vous?
6. Qu'est-ce que vous prenez comme boisson?

RÉVISION

I. Écrivez la forme convenable du verbe réfléchi.

1. (s'appeler) Mes parents _____ _____ Alain et Claire.
2. (se laver) _____ _____-vous souvent?
3. (s'habiller) Olivier _____ _____ avant le petit déjeuner.
4. (se calmer) Pourquoi ne _____ _____-tu pas?
5. (se coucher) Nous _____ _____ après dix heures.
6. (se rappeler) Tant pis! Je ne _____ _____ pas.
7. (se trouver) Toulouse _____ _____ sur la Garonne.
8. (s'amuser) Je _____ _____ beaucoup aujourd'hui.

II. Complétez par le jour ou le mois convenable.

1. Le premier mois de l'année est _____.
2. Le quatrième jour de la semaine est _____.
3. Le neuvième mois de l'année est _____.
4. Le douzième mois de l'année est _____.
5. Le deuxième jour de la semaine est _____.
6. Le huitième mois de l'année est _____.
7. Le cinquième jour de la semaine est _____.
8. Le septième jour de la semaine est _____.
9. Le troisième mois de l'année est _____.
10. Le sixième mois de l'année est _____.

III. Écrivez la forme convenable de l'adjectif.

1. Regardez la (new) _____ maison!
2. Vont-ils à un restaurant (French) _____?
3. Est-ce que votre salade est (fresh) _____?
4. Patrick et moi, nous sommes de (old) _____ amis du lycée.
5. Ces jardins publics sont très (beautiful) _____.
6. Les garçons font une (long) _____ promenade.
7. La famille Martin achète une voiture (green) _____.
8. Où sont les (other) _____ animaux?
9. Sébastien, tes devoirs sont (good) _____!
10. Oh, là! Cette glace est très (cold) _____.

IV. Récrivez ces phrases à la forme négative.

1. Anne est en retard.
2. Allons-nous au marché ce matin?
3. Les enfants se couchent à huit heures.
4. Mangeons ici!
5. Mireille, réussit-elle à l'examen?

6. Philippe et Isabelle jouent aux cartes.
7. Papa aide maman dans la cuisine.
8. Pourquoi avez-vous faim?
9. Couche-toi!
10. Le garçon apporte la carte.

V. Indiquez le mot associé.

_____ 1. le frère	a. le repas
_____ 2. la carte	b. la saison
_____ 3. la tarte	c. le restaurant
_____ 4. la salle de bains	d. l'argent
_____ 5. le déjeuner	e. le lycée
_____ 6. le franc	f. le dessert
_____ 7. le veau	g. les oeufs
_____ 8. la chimie	h. la soeur
_____ 9. le printemps	i. la viande
_____ 10. l'omelette	j. la pièce

VOCABULAIRE CLÉ POUR LA LECTURE QUI SUIT

traverser to cross
se **jeter** to flow, to empty, to throw itself

le **château, les châteaux** castle, castles

puissant, puissante powerful, strong
le **pont** bridge
célèbre famous

entre between, among
le **barrage** dam

le **pic** peak
élevé, élevée high

haut, haute high

bas, basse low
la **neige** snow
le **mont** mount, mountain
blanc, blanche white
le **téléphérique** cable car

LECTURE 2
La France (fleuves et montagnes)

Les cinq fleuves principaux de la France sont la Seine, la Loire, la Garonne, le Rhône et le Rhin. La Seine est le fleuve le plus navigable de France. Elle traverse Paris et la Normandie, puis se jette dans la Manche.

La Loire est le plus long fleuve de France. Elle traverse Tours et le pays des châteaux. Amboise et son château se trouvent sur la Loire. Elle passe par Nantes et puis se jette dans l'Océan Atlantique.

La Garonne, au sud-ouest de la France, traverse Toulouse et le grand port de Bordeaux. Elle se jette dans l'Océan Atlantique par un estuaire qui s'appelle la Gironde.

Le Rhône, le fleuve le plus puissant de France, prend sa source en Suisse. Il traverse Lyon. Au sud il passe par Avignon avec son pont célèbre. Il se jette dans la Mer Méditerranée par un delta.

Le Rhin est entre la France et l'Allemagne. Le Rhin et aussi le Rhône ont des barrages qui donnent de l'énergie.

Les montagnes principales de la France sont les Vosges, le Jura, les Alpes, le Massif Central et les Pyrénées. Les Vosges sont près de l'Allemagne. Elles sont vieilles. Ses pics ne sont pas élevés.

Le Jura, au sud des Vosges, est près de la Suisse. Ces montagnes sont plus hautes que les Vosges.

Les Alpes sont en France, en Suisse et en Italie. Ce sont les montagnes les plus élevées d'Europe. Dans les Basses Alpes les montagnes sont élevées; mais dans les Hautes Alpes les pics sont encore plus élevés. Il y a des lacs près des montagnes. La neige couvre toujours les pics. Près de la Suisse les pics sont très hauts. Le Mont Blanc est le pic le plus élevé d'Europe. Il est toujours blanc. Près du Mont Blanc il y a des glaciers. Souvent on monte les Alpes par téléphérique. Les pics sont formidables. On aime marcher dans la neige des Alpes.

Le Massif Central, au centre de la France, est très vieux. Ses pics sont verts et ne sont pas hauts.

Les Pyrénées se trouvent entre la France et l'Espagne. Les Français aiment faire des excursions dans les Pyrénées. Il y a des pics très élevés, et la campagne est pittoresque. Ces pics ont aussi de la neige en été.

La Seine traverse Paris.

COIN CULTUREL
Cuisine and Table Manners

French cuisine is internationally famous. The French take pride in carefully preparing tasty, attractive dishes and maintain a distinctive table etiquette.

Bread is their most important food staple. Housewives buy it in the shape of long, crusty *baguettes* from retail stores, where they are delivered fresh and hot every morning. Cut into thick slices called *tranches,* they accompany each course of the meal. Bread usually comes with butter only at breakfast.

This meal, *le petit déjeuner,* is of continental style. In addition to long pieces of bread, it may include *croissants* and *café au lait.* If served at a hotel, it may be delivered to the room and consist of a piece of bread, butter, jam, a *croissant* and perhaps a pitcher of hot chocolate. (The price of a hotel room often covers breakfast.) *Brioches* may be the treat at a special breakfast, at home or elsewhere. The fluffy, buttery rolls resemble large muffins.

Served around noon, the traditional *déjeuner* has seven courses: *hors-d'oeuvre, entrée, plat principal, salade, fromage, fruit* and *dessert.* However, a meal this elaborate would probably be prepared only when the whole family gets together for a leisurely lunch. (Working people may eat a simple *déjeuner,* such as a sandwich at a *café,* if they don't return for a home-cooked meal.)

The first course generally consists of *crudités* (raw vegetables), *saucisse* or maybe *melon glacé* (chilled cantaloupe).

The *entrée* prepares the way for the main dish. At this course the French enjoy *pizza* just as Americans do. They may eat *spaghetti, omelettes, quiche* or fish as the *entrée,* which in an American restaurant is the main dish.

The *plat principal* features meat, fish or fowl. Like Americans, the French feast upon a large, juicy steak cooked just right. They also dine on *gigot normand,* leg of mutton cooked Normandy style. The chief course can be *crêpes* too, thin pancakes which contain a variety of fillings, usually composed of meat or cheese. Potatoes or other vegetables accompany the *plat principal.* A serving of *pommes dauphines,* deep-fried potato puffs, is particularly delicious.

The French, like Americans, enjoy large, juicy steaks. (Paris)

The *salade* then follows, contrary to the American custom of having a salad before the main dish. Moreover, the French do not toss a salad with other things, as we do in the United States. It consists of several greens seasoned only with oil and vinegar.

Next comes the cheese course, which may include *camembert* and *bleu de Bresse,* only two of the more than three hundred varieties of cheese native to France.

Fruit, pastry or ice cream complete the meal. Specifically, it may end with giant strawberries, topped with *crème chantilly* (whipped cream) or *crème fraîche* (similar to American sour cream). Large banana splits also delight those who still have room for dessert. Famous French pastries are tempting as well. A glance at any *pâtisserie* window confirms how wide the choice can be. Who can resist a *tarte aux fraises* (strawberry pie) or a *baba au rhum* (rum-soaked sponge cake)? *Choux à la crème* (cream puffs) are equally delectable. So are the cakes associated with Southwestern France, which include apple-filled *croustade* and cream-filled *gâteau basque*. In all regions fruit pies have no upper crust but seldom has an American tourist been heard to object.

For special occasions, the French enjoy dining in a fine restaurant, though it probably wouldn't be *Maxim's*. This world-renowned restaurant caters to those with expensive tastes as does *Le Doyen,* also found in Paris. Most restaurants use a menu posted outside or painted on their window to guide prospective diners. Inside, patrons make their selections from a menu in hand. It sometimes lists a large assortment of seafood and meat. In nice weather it's pleasant to sample such food in the open air.

France has its share of places for light, casual eating. A fast meal or snack is available at McDonald's. Self-service cafeterias are also popular, particularly with students. The French often have a sandwich, while standing at the counter of some small restaurant or bar. It could be the American favorite — the hot dog — which takes on a different look when popped into part of a *baguette*. On many street corners, vendors sell *crêpes,* whose fillings range from sugar, jam and butter to eggs and cheese. Other stands offer French fries and sausages. The nut-filled candy found at such stands attracts many children. A roadside vendor offers enough attractions to make long-distance travelers stop.

At the famous *Poilâne* bakery in Paris, one can watch the making of apple pies and bread. Once baked and put in the windows, the pies quickly disappear. Snatched up as fast are beautifully decorated, large loaves of *pain de campagne. Fauchon,*

A *pâtisserie* offers tempting pastries.

another well-known Parisian food store, specializes in prepared food of all kinds which it proudly displays. Blood sausage and lobster are included in the offerings of this elegant delicatessen.

French table manners differ from American ones in several ways. At breakfast the French drink their *café au lait* or *chocolat* (hot chocolate) from bowls when at home. However, restaurants serve beverages in cups, as we do in the United States. Americans will find the French table setting unusual. It has the fork to the left of the plate with the tines pointed downward. The knife and large spoon (again facing downward) go to the right of the plate while the smaller spoon lies horizontally above it. The French leave their bread beside the plate rather than on it. And it is *de rigueur* to leave both hands on the table during the meal, as opposed to the American habit of leaving the unoccupied hand in the lap. When food is cut, the fork stays in the left hand and the knife is in the right. Americans tend to switch the fork to the right hand after cutting and while eating. The French use the knife to push food onto the fork. In eating cheese, they use the knife in the right hand to cut it and put the piece on bread held in the opposite hand.

For the French, eating is one of the great pleasures of life. They sit down to their evening meal later than do Americans, beginning the *dîner* quite often at 8:00. Unlike Americans, they then devote several hours to savoring the cuisine, spiced by the company of family and close friends.

The *Poilâne* bakery in Paris sells decorated loaves of *pain de campagne.*

Café au lait, or chocolate, is sipped from a bowl.

GRAMMAIRE

1. Command forms

a. Affirmative

There are three types of commands in French — the *tu, vous* and *nous* forms of the verb. You use *tu* in giving an order to a close friend or family member, *vous* in addressing someone older or one whom you don't know well and *nous* in speaking to a group which includes yourself. To form a command, simply drop the subject pronoun and use the verb alone. For -*er* verbs, drop the final *s* from the *tu* form.

Examples:		
	Étudie!	Study!
	Étudiez!	Study!
	Étudions!	Let's study!
	Finis!	Finish!
	Finissez!	Finish!
	Finissons!	Let's finish!
	Rends le livre!	Return the book!
	Rendez le livre!	Return the book!
	Rendons le livre!	Let's return the book!

To form commands for reflexive verbs, drop the subject pronoun and place the reflexive pronoun after the verb. Join the pronoun and verb by means of a hyphen. The reflexive pronoun *te* becomes *toi* when it follows the verb.

Examples:		
	Amuse-toi!	Have a good time!
	Amusez-vous!	Have a good time!
	Amusons-nous!	Let's have a good time!

b. Negative

To make a command negative, put *ne* (or *n'*) before the verb and *pas* after it.

Examples:		
	Ne marche pas!	Don't walk!
	Ne marchez pas!	Don't walk!
	Ne marchons pas!	Let's not walk!

For reflexive verbs the reflexive pronoun precedes the verb. *Ne* precedes the reflexive pronoun and *pas* follows the verb.

Examples:		
	Ne te couche pas!	Don't go to bed!
	Ne vous couchez pas!	Don't go to bed!
	Ne nous couchons pas!	Let's not go to bed!

2. The partitive

a. Affirmative

To express "some" or "any" in French, you use the partitive. The partitive is composed of *de* + the definite article. (Refer to *Leçon 4, Grammaire 6,* for these forms.)

Examples: *Vous prenez du vin?* You'll have (some) wine?

Le garçon apporte de la salade. The waiter brings (some) salad.

Y a-t-il de l'eau minérale? Is there (any) mineral water?

Commençons par des hors-d'oeuvre. Let's begin with (some) hors d'oeuvre.

Note that in English "some" is often unexpressed; but in French it must be said. When you say "Bring me French fries" *(Apportez-moi des frites),* you don't mean you want all the French fries in the world. You want only part (i.e., "some") of all existing French fries; hence, we have the term "partitive."

EXCEPTION: For the verbs *aimer* or *préferer,* the definite article alone (not *(also détester-* the partitive) precedes the noun. Example: *J'aime le café.* I *to hate)* like coffee. Here you mean that you like coffee in general, not just "some" coffee. The definite article indicates you like the "whole" thing.

b. Negative

In the negative the partitive changes from *du, de la (de l')* or *des* to just *de* or *d'*.

Examples: *Nous ne voudrions pas de pain.* We wouldn't like (any) bread.

Il n'y a pas de légumes. There aren't any vegetables.

EXCEPTION: After the verbs *aimer* or *préferer,* use the definite article. You are still speaking in general and referring to a thing in its entirety.

Example: *Elle ne préfère pas les oeufs.* She doesn't prefer eggs.

3. Orthographically changing verbs

Some *-er* verbs have spelling irregularities.

a. Verbs ending in *-cer*

Verbs such as *commencer* (to begin) add a cedilla to the final *c (ç)* when this *c* precedes an *a, o* or *u*.

Example: *Nous commençons.*

b. Verbs ending in *-ger*

Verbs such as *manger* (to eat), *voyager* (to travel) and *nager* (to swim) add a silent *e* after the *g* which precedes an *a, o* or *u*.

Examples: *Nous mangeons.*
Nous voyageons.
Nous nageons.

c. Verbs ending in *-érer*

Verbs such as *préférer* (to prefer) and *suggérer* (to suggest) change *é* to *è* when the following vowel is not pronounced. This occurs in all singular forms and the third person plural of the present tense.

	préférer	suggérer
je	préfère	suggère
tu	préfères	suggères
il/elle	préfère	suggère
nous	préférons	suggérons
vous	préférez	suggérez
ils/elles	préfèrent	suggèrent

d. Verbs ending in -e + consonant + er

Verbs such as s'appeler (to be named), se rappeler (to remember), jeter (to throw) and se jeter (to flow, to empty, to throw itself) double the final stem consonant when the following vowel is not pronounced. This occurs in all singular forms and the third person plural of the present tense.

	s'appeler	se rappeler	jeter	se jeter
je	m'appelle	me rappelle	jette	me jette
tu	t'appelles	te rappelles	jettes	te jettes
il/elle	s'appelle	se rappelle	jette	se jette
nous	nous appelons	nous rappelons	jetons	nous jetons
vous	vous appelez	vous rappelez	jetez	vous jetez
ils/elles	s'appellent	se rappellent	jettent	se jettent

Other verbs such as acheter (to buy), peser (to weigh), se lever (to get up) and enlever (to remove, to take off) change e to è when the following vowel is not pronounced. This occurs in all singular forms and the third person plural of the present tense.

	acheter	peser	se lever	enlever
je (j')	achète	pèse	me lève	enlève
tu	achètes	pèses	te lèves	enlèves
il/elle	achète	pèse	se lève	enlève
nous	achetons	pesons	nous levons	enlevons
vous	achetez	pesez	vous levez	enlevez
ils/elles	achètent	pèsent	se lèvent	enlèvent

4. Present tense of the verb prendre

Prendre (to take) is an irregular verb.

SINGULAR	1st person	je prends	I take
	2nd person	tu prends	you take
	3rd person	il prend	he takes
		elle prend	she takes
PLURAL	1st person	nous prenons	we take
	2nd person	vous prenez	you take
	3rd person	ils prennent	they take
		elles prennent	they take

When applied to food, *prendre* can also mean "to have."

>**Example:** *On prend le dîner à huit heures.* We have dinner at 8:00.

5. Expressions of quantity

Certain adverbs expressing quantity are followed by *de* or *d'*. They include:

assez	enough
beaucoup	much, many, a lot (of), lots (of)
combien	how much, how many
moins	less; fewer; not so
un peu	a little, a few
*plus**	more
tant	so much, so many

>**Examples:** *Donnez-moi un peu de vin rouge.* Give me a little red wine.
>
>*J'ai beaucoup de devoirs.* I have a lot of homework.
>
>*Combien de frères as-tu?* How many brothers do you have?

Plus in this case is pronounced /plys/.

VOCABULAIRE

à point (cuit à point) medium (meat)
allumer to light
l' **appétit** (m) appetite
    Bon appétit! Enjoy your meal! Eat well!
✶ **apporter** to bring
la **banane** banana
le **barrage** dam
bas, basse low
la **bassine** pan
la **bière** beer
le **billet** bill (money)
blanc, blanche white
le **bocal, les bocaux** jar, jars
la **boisson** drink, beverage
le **café** coffee; café
la **carte** menu

célèbre famous
le **centime** centime (1/100 franc)
le **château, les châteaux** castle, castles
comme as, like
commencer to begin
la **confiture** jam
✶ **couper** to cut
le **couteau** knife
✶ **couvrir** to cover
le **croissant** crescent roll
la **cuisinière** stove
    cuit, cuite cooked, done
le **cuivre** copper
le **déjeuner** lunch
    le petit déjeuner breakfast
le **delta** delta
le **dessert** dessert

110

dixième tenth
dix-septième seventeenth
donner to give
douzième twelfth
l' **eau** (f) water
   l'eau minérale (f) mineral water
l' **écume** (f) foam, froth
élevé, élevée high
encore again; still, yet
l' **énergie** (f) energy
enlever to remove, to take off
entre between, among
l' **estuaire** (m) estuary
l' **Europe** (f) Europe
fier, fière proud
les **frites** (f) French fries
le **fromage** cheese
le **fruit** fruit
le **garçon** waiter
la **glace maison** house specialty ice cream
le **glacier** glacier
le **goûter** snack
gros, grosse big, large; fat
les **haricots verts** (m) green beans
haut, haute high
les **hors-d'oeuvre** (m) hors d'oeuvre, appetizers
huitième eighth
jeter to throw
se **jeter** to flow, to empty, to throw itself
là there
   Oh, là! Oh, dear!
le **lait** milk
laver to wash (something)
se **lever** to get up
manger to eat
minéral, minérale mineral
le **mont** mount, mountain
nager to swim
navigable navigable
la **neige** snow
neuvième ninth
la **nourriture** food
le **noyau, les noyaux** pit, pits (stone, stones)
l' **omelette** (f) omelette
onzième eleventh
ordinal, ordinale ordinal
ouvrir to open
le **pain** bread
(un) peu (a) little, (a) few

le **pic** peak
la **pièce** coin
la **pomme** apple
   la pomme de terre potato
le **pont** bridge
le **port** port
le **potage** soup
préférer to prefer
prendre to take; to have (referring to food)
propre clean
la **prune** plum
puissant, puissante powerful, strong
quatorzième fourteenth
quinzième fifteenth
la **raison** reason
   avoir raison to be right
le **régime** diet
le **repas** meal
le **restaurant** restaurant
rouge red
saignant, saignante rare (meat)
la **saucisse** sausage
seizième sixteenth
septième seventh
sixième sixth
la **source** source
souvent often
le **steak** steak
le **sucre** sugar
suggérer to suggest
tant so much, so many
   Tant pis! Too bad!
la **tarte** pie
le **téléphérique** cable car
la **terre** earth, ground
la **tomate** tomato
tourner to turn
tout, toute, tous, toutes all, whole
la **tranche** slice
traverser to cross
treizième thirteenth
troisième third
le **veau** veal
verser to pour
vert, verte green
la **viande** meat
le **vin** wine
vingt et unième twenty-first
vingtième twentieth

LECTURE
On va à la discothèque

Martine et Valérie sont de bonnes amies. Elles sont parisiennes et elles ont dix-sept ans. Elles vont à un lycée qui se trouve au centre de Paris. Au lycée elles sont en classe de première. Elles étudient les math, les sciences, l'anglais et le français. Elles aiment beaucoup l'anglais et un jour elles comptent voyager aux États-Unis.

C'est aujourd'hui samedi. Après les math Martine trouve Valérie devant le lycée. Elles parlent de ce qu'elles vont faire ce soir. Martine préfère faire une promenade après le dîner et aller dans un café pour prendre une boisson. Mais Valérie a plus d'énergie. Elle propose d'aller dans une nouvelle discothèque pour danser. Elle aime bien danser. Il y a des garçons du lycée qui vont aussi aller à cette discothèque ce soir. (Voilà pourquoi Valérie suggère la discothèque.) Enfin Martine est d'accord.

Après le dîner à neuf heures du soir, Martine arrive à la maison de Valérie. Après, elles vont ensemble à la discothèque; mais c'est assez loin. Enfin elles prennent le métro. Elles voyagent pendant un quart d'heure, et puis elles arrivent à la discothèque. Il y a quelques personnes devant la porte. On entend la musique qui est très forte. Martine et Valérie achètent deux billets au guichet. C'est trente francs pour chaque personne. Elles ouvrent la porte.

Il n'y a pas beaucoup de lumière à l'intérieur et il fait très chaud. La salle n'est pas grande. Après quelques minutes elles trouvent leurs amis du lycée. On passe tant de disques américains! La musique est formidable. Elles dansent souvent avec leurs amis et elles s'amusent bien. À une heure du matin il est temps d'aller à la maison. Martine et Valérie disent "Au revoir" et "À bientôt" à leurs amis.

Questions sur la lecture

1. Martine et Valérie, quel âge ont-elles?
2. Où se trouve leur lycée?
3. Qu'est-ce qu'elles étudient?
4. Martine, que préfère-t-elle faire ce soir?
5. Qui aime bien danser?
6. Pourquoi Valérie suggère-t-elle la discothèque?
7. À quelle heure les deux filles vont-elles à la discothèque?
8. Prennent-elles la voiture?
9. Combien de temps sont-elles dans le métro?
10. Comment est la musique à la discothèque?
11. Y a-t-il beaucoup de lumière dans la discothèque?
12. La salle, est-elle grande ou petite?
13. Quels disques passe-t-on?
14. Avec qui Martine et Valérie dansent-elles?
15. Quand disent-elles "Au revoir" à leurs amis?

EXERCICES

I. **Choisissez la réponse convenable.**

Dialogue A

Bonjour, Mme Duval. Est-ce que Christine est à la maison?

1. Non, merci.
2. Je vais bien, merci. Et vous?
3. Oui, elle est dans sa chambre.
4. Oui, elle est à la gare.

Dialogue B

J'ai faim. Allons à la pâtisserie!

1. Tant pis!
2. C'est une bonne idée!
3. À bientôt!
4. Je n'aime pas les légumes.

Dialogue C

Quel temps fait-il aujourd'hui?

1. Je n'ai pas le temps.
2. Nous sommes en retard.
3. Il est huit heures et quart.
4. Il fait un peu froid.

Dialogue D

Joues-tu aux cartes ce soir?

1. Non, je fais mes devoirs.
2. Oui, je regarde la carte.
3. Bien sûr. Commençons par des tomates.
4. Non, tu n'as pas raison.

Dialogue E

Que prenez-vous comme boisson?

1. Donnez-moi des frites.
2. Je préfère la glace.
3. Apportez-moi du vin.
4. Je prends du potage.

II. **Choisissez le mot convenable qui complète la question** (*qu'est-ce que, que, quand, où, comment, combien, pourquoi* **ou** *qui*).

1. _____ s'appelle ton frère?
2. _____ fais-tu après l'examen?
3. _____ d'argent avez-vous?
4. _____ est la gare, s'il vous plaît?
5. _____ êtes-vous en retard, mademoiselle?
6. _____ va à la disco?
7. _____ tu choisis?
8. _____ finis-tu tes devoirs?
9. _____ font dix et douze?
10. _____ Pierre mange comme hors-d'oeuvre?

III. **Choisissez l'expression qui complète la phrase.**

1. _____ est la capitale de la France.
2. _____ est un pays à l'est de la France.
3. _____ est une province au nord-ouest de la France.
4. _____ est une ville dans les Alpes.
5. _____ est le fleuve qui traverse Lyon.
6. _____ sont des montagnes très élevées.
7. _____ est le plus long fleuve de France.
8. _____ est un port au sud-ouest de la France.
9. _____ est le pic le plus élevé d'Europe.
10. _____ est une province à l'est de la France.

Grenoble	Bordeaux	Le Mont Blanc
Les Pyrénées	La Bretagne	L'Alsace
Paris	La Loire	La Suisse
Le Rhône		

IV. **Ajoutez l'article défini, l'article indéfini ou le partitif.**

1. Faisons _____ promenade après le dîner!
2. Donnez-moi _____ poisson.
3. J'étudie _____ histoire.
4. Les enfants aiment _____ glace.
5. Avez-vous _____ argent?
6. Nous attendons sur _____ quai numéro deux.
7. Dans le Jardin d'Acclimatation il y a _____ ours.
8. Sébastien est _____ bon copain.
9. Au marché j'achète _____ fruits.
10. Marie se lave _____ mains.
11. Mes amis arrivent dans _____ heure.
12. Nous regardons _____ carte au restaurant.
13. Il n'y a pas _____ fromage.

V. **Écrivez la forme convenable du verbe *aller, avoir, faire, être* ou *prendre*.**

1. _____-tu faim?
2. Bonjour, monsieur. Comment _____-vous?
3. Il _____ du vent.
4. Je _____ le dîner au restaurant.
5. Il _____ minuit.
6. Nous _____ un voyage en Italie.
7. Regarde les chiens! Ils _____ sales!
8. Vous (n') _____ pas raison.
9. Martine et Valérie, _____-elles le métro?
10. Je _____ très bien aujourd'hui.

VI. **Complétez par la forme convenable d'un verbe *-er, -ir* ou *-re* qui est régulier. On vous donne la première lettre du verbe.**
(Complete with the appropriate form of a regular *-er, -ir* or *-re* verb. You are given the first letter.)

1. On ne m_____ pas quand on mange beaucoup.
2. Nous é_____ le français au lycée.
3. Isabelle a_____ sa mère dans la cuisine.
4. Vous a_____ le train sur le quai.
5. Tu g_____ souvent quand tu joues au Monopoly.
6. Les garçons l_____ la voiture quand il fait beau.
7. Zut! Je ne r_____ pas aux examens de math!
8. Qu'est-ce que vous c_____ comme dessert?
9. On v_____ les billets au guichet.
10. J'e_____ bien le professeur parce qu'il parle très fort.

VII. Écrivez une question en employant une expression interrogative à la place des mots en italique.

1. Il est *neuf heures*.
2. Le professeur s'appelle *M. St Onge*.
3. Ils prennent *du lait* comme boisson.
4. Monique a *trois frères*.
5. On mange *au restaurant* ce soir.
6. *L'employé* est en retard.
7. Il fait chaud *en juillet*.

VIII. Choisissez le mot convenable.

1. On va à la _____ pour danser.
2. Je couvre la tranche de pain avec de la _____.
3. Beaucoup de _____ traversent la Seine à Paris.
4. Nous n'habitons pas la ville; nous habitons la _____.
5. À la gare les voyageurs regardent (l') _____.
6. Au jardin public les petits garçons jouent avec leurs _____.
7. Mon grand-père a une longue _____.
8. Les filles font leurs devoirs dans leurs _____.
9. Pour aller dans ma chambre, il est nécessaire de monter (l') _____.
10. Patrick apporte des _____ à son amie Mireille.
11. La famille se lave les mains dans le _____.
12. Je préfère nager dans la _____.
13. Le plus grand _____ en France est le déjeuner.
14. Il y a sept jours dans une _____.
15. J'achète des _____ parce que j'aime beaucoup la musique.

bateaux à voile	escalier	confiture
lavabo	repas	barbe
disques	fleurs	cahiers
campagne	discothèque	ponts
semaine	horaire	mer

IX. Indiquez le contraire. (Indicate the opposite.)

_____	1. noir	a.	bas
_____	2. jour	b.	beaucoup
_____	3. vendre	c.	blanc
_____	4. avant	d.	hiver
_____	5. commencer	e.	petit
_____	6. haut	f.	acheter
_____	7. été	g.	vieux
_____	8. grand	h.	nuit
_____	9. peu	i.	après
_____	10. nouveau	j.	finir

X. **Situation A**

M. et Mme Pitot dînent dans un petit restaurant ce soir. Ils mangent des crêpes et de la salade. Le garçon apporte du fromage. Ils prennent du vin blanc. Comme dessert ils choisissent de la glace. Les Pitot mangent avec appétit et trouvent la nourriture formidable. Après le repas ils prennent du café.

Questions

1. Où les Pitot dînent-ils ce soir?
2. Qu'est-ce qu'ils mangent?
3. Qui apporte du fromage?
4. Quand prennent-ils du café?

Situation B

C'est aujourd'hui samedi. Ce matin Guillaume se lève à sept heures. Il se lave les mains et il s'habille. Puis il prend le petit déjeuner avec sa famille dans la salle à manger. Guillaume va au lycée avec son copain Bernard. Ils arrivent devant la porte du lycée à huit heures.

Questions

1. Que fait Guillaume après sept heures?
2. Avec qui mange-t-il le petit déjeuner?
3. Comment s'appelle son copain?
4. À quelle heure les deux amis arrivent-ils à l'école?

XI. *Oui* ou *non?* **Si la réponse n'est pas appropriée, écrivez une meilleure réponse.**

1. Comment allez-vous?
   Je vais à la discothèque.
2. Aimes-tu la musique très forte?
   Comme ci, comme ça. Et toi?
3. Lève-toi, mon fils!
   Ne te rappelles-tu pas? C'est dimanche.
4. Comment s'appelle ton copain?
   Oui, c'est un ami du lycée.
5. Où est le train qui va à Genève?
   Tout droit…au guichet.
6. Allons ensemble au théâtre!
   Mais je n'ai pas d'argent.
7. Quel jour de la semaine est-ce aujourd'hui?
   C'est aujourd'hui le premier.
8. Gagnez-vous quand vous jouez aux cartes?
   Non, je n'ai pas de chance.

EXPRESSIONS UTILES

Here are some useful conversational phrases in French:

Parlez-vous français?	Do you speak French?
Parlez-vous anglais?	Do you speak English?
Je parle un peu français.	I speak a little French.
Parlez plus lentement, s'il vous plaît.	Speak more slowly, please.
Répétez, s'il vous plaît.	Repeat, please.
Où habitez-vous?	Where do you live?
J'habite les États-Unis.	I live in the United States.
Je suis américain.	I am American (male).
Je suis américaine.	I am American (female).
Je m'appelle…	My name is…
Pardon, monsieur.	Excuse me, sir.
Où se trouve la gare?	Where is the railroad station?

CULTURAL NOTES

Greetings

Bonjour!
(Hello! Good Day!)

the greeting used most commonly throughout the day.

Salut!
(Hi!)

a more informal greeting, often used by teen-agers.

Allô!
(Hello!)

a word used on the telephone.

Bonsoir!
(Good Evening!)

a greeting used in the evening (i.e., from around 6 p.m. on).

Au revoir!
(Good-bye!)

the most commonly used farewell. It literally means "until we see each other again."

À bientôt!
(See you soon!)

a more informal farewell, used when you expect to see someone again soon.

Bonne nuit!
(Good Night!)

a phrase used among good friends and relatives before going to bed.

Telephone

Most Americans tend to take the telephone for granted. A phone is never far away and calling someone is a fast, simple operation with direct dialing and touch-tone phones. However, travelers in France (as well as the natives) may experience frustration with its telephone system. The *PTT (Postes et Télécommunications),* a government monopoly, runs the telephone system.

The French do not always have a phone in their homes, unlike most Americans who have at least one phone per family. The long waiting period between ordering and receiving a phone and high installation cost in France account for its smaller number of phones. People living in newer residences may be lucky enough to get a phone in a week; but those in older buildings may have to wait over a year. Installation fees are in the hundreds of dollars.

When people without a home phone need to call, they usually head for a pay phone, a neighborhood café or the post office. Pay phone booths can be found on the sidewalks of the country's larger cities. At a local café you must ask the waiter for a *jeton* (token) to operate the phone. Post offices have many coin-operated phones; but people must stand in line to use them, and several always seem to be out of order.

To place a local call from a pay phone, you follow the clearly posted directions:

1. Lift the receiver.
2. Put your money in the slot (½ franc for local calls with no time limit).
3. Wait for the dial tone *(la tonalité)*.
4. Dial the number. If you don't know the number, you can either look it up in the telephone directory *(l'annuaire du téléphone)* or call information *(les renseignements)*. The number for information is 12.

Coin phone booths can be found on the sidewalks. (Paris)

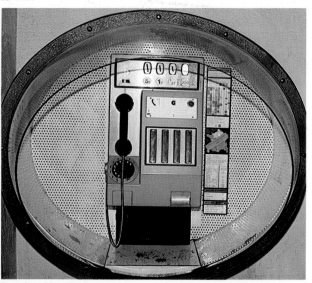

People without a home phone usually head for a coin phone.

When answering the phone, you may say, for example, *Allô, oui? J'écoute* (I'm listening) or *Ici M. Martin*. When asking for someone else, you would say, for instance, *Je voudrais parler à Mme Durocher, s'il vous plaît* (I'd like to speak to Mme Durocher, please). The person who transfers your call would say *Je vous passe Mme Durocher* (I'll transfer you to Mme Durocher).

Operator-assisted long-distance calls can be made from post offices. Person-to-person calls are *préavis,* and collect calls are *P.C.V.* You should first know the area code *(l'indicatif)*. There will always be a waiting period between when the call is placed and when it gets through. The wait can run from five minutes to several hours. Direct-dialed long-distance calls can be made without operator assistance at public *téléphones automatiques*. To call the United States, for instance, you dial 19 + 1 + the area code + the local number. The number of 1 franc coins you put in the phone determines how long you can talk. Five francs will buy only about ten seconds. To continue the conversation, you must insert more coins.

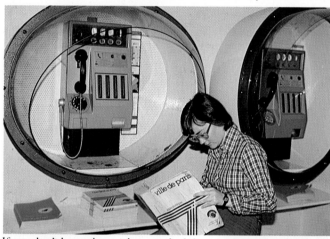

If you don't know the number, you look it up in the *annuaire*.

You lift the receiver, then put the money in the slot.

VOCABULAIRE

américain, américaine American
danser to dance
dire to say, to tell
la **discothèque (disco)** discotheque
disent (see **dire**)
le **disque** record
fort, forte loud; strong
lentement slowly
la **lumière** light

le **métro** subway
la **musique** music
pardon excuse me
passer to play (records)
pendant during
proposer to propose
quelques some, several, a few
répéter to repeat
le **temps** time

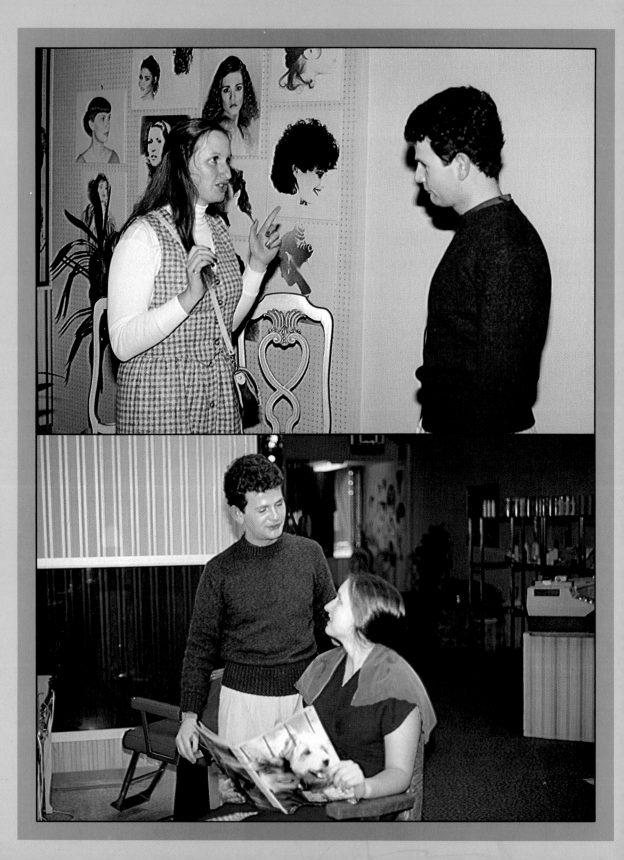

DIALOGUE
Chez le coiffeur

CHANTAL:	Je voudrais un shampooing et une coupe, s'il vous plaît, monsieur.
LE COIFFEUR:	D'accord. Heureusement je peux couper vos cheveux tout de suite. Comment les voulez-vous?
CHANTAL:	Je les veux plus courts; mais ne coupez pas trop, seulement un peu.
LE COIFFEUR:	Bon, alors mettez cette blouse bleue. Puis vous pouvez aller au lavabo.
LE COIFFEUR:	Est-ce que l'eau est trop chaude?
CHANTAL:	Non, c'est tellement agréable.
LE COIFFEUR:	C'est fait, le shampooing. Suivez-moi, mademoiselle.
CHANTAL:	Pouvez-vous couper mes cheveux comme dans cette revue?
LE COIFFEUR:	Oui, je peux le faire facilement.
CHANTAL:	Je pense que c'est assez court.
LE COIFFEUR:	Maintenant je vais employer le séchoir.
CHANTAL:	C'est chouette! Je l'aime beaucoup.

Questions

1. Où est Chantal?
2. Qu'est-ce qu'elle veut?
3. Quand le coiffeur peut-il couper les cheveux de Chantal?
4. La blouse, est-elle blanche?
5. Où va Chantal?
6. Comment est l'eau?
7. Qui va employer le séchoir?
8. Chantal, aime-t-elle ses cheveux?

At the Hairdresser's

CHANTAL:	I would like a shampoo and haircut, please, sir.
HAIRDRESSER:	O.K. Fortunately I can cut your hair right away. How do you want it?
CHANTAL:	I want it shorter; but don't cut too much, only a little.
HAIRDRESSER:	Good, then put on this blue smock. Next you can go to the sink.
HAIRDRESSER:	Is the water too hot?
CHANTAL:	No, it's very pleasant.
HAIRDRESSER:	The shampoo is done. Follow me, miss.
CHANTAL:	Can you cut my hair like in this magazine?
HAIRDRESSER:	Yes, I can do it easily.
CHANTAL:	I think it's short enough.
HAIRDRESSER:	Now I'm going to use the dryer.
CHANTAL:	It's neat! I like it a lot.

EXPRESSIONS UTILES

Je voudrais un shampooing et une coupe.	I would like a shampoo and haircut.
Tout de suite!	Right away!
Ne coupez pas trop!	Don't cut too much!
C'est tellement agréable.	It's very pleasant.
C'est fait.	It's done.
Suivez-moi.	Follow me.
Je peux le faire.	I can do it.
C'est chouette!	It's neat!
Je l'aime beaucoup.	I like it a lot.

Je voudrais un shampooing et une coupe.

C'est fait! (Monaco)

SUPPLÉMENT

1. Les vêtements

Que portez-vous aujourd'hui?   Aujourd'hui je porte

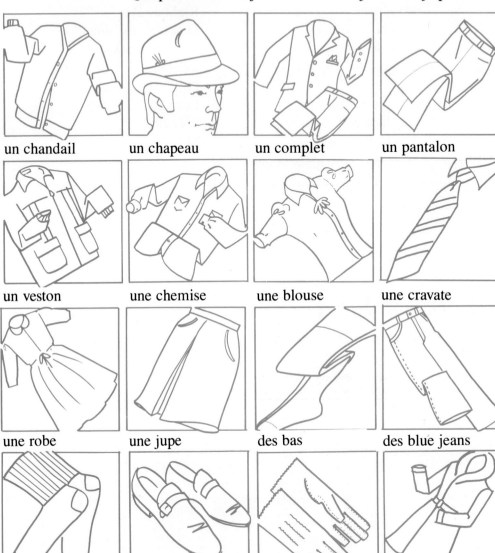

un chandail

un chapeau

un complet

un pantalon

un veston

une chemise

une blouse

une cravate

une robe

une jupe

des bas

des blue jeans

des chaussettes

des chaussures

des gants

un manteau

2. Les couleurs
blanc, blanche
bleu, bleue
brun, brune
gris, grise
noir, noire

le mouchoir - handkerchief
la ceinture - belt

vert, verte

jaune

orange

rouge

La neige est blanche.

La mer est bleue.

Le cheval est brun.

La barbe du grand-père
est grise.

Le chat est noir.

La salade française est verte.

La banane est jaune.

Le soleil est orange.

Les tomates sont rouges.

3. Les instruments

le piano   la flûte   la clarinette   le violon   la guitare   la trompette

De quel instrument jouez-vous?

Je joue du violon.

Je joue du piano.

Je joue de la clarinette.

Je joue de la flûte.

Je joue de la guitare.

Je joue de la trompette.

EXERCICE DE PRONONCIATION

/ɑ̃/

comment	prends	avant
seulement	encore	franc
pense	Maman	Sandrine
saignant	grand	trente

/ɛ̃/

américain	faim	singe
maintenant	Cheutin	examen
peinture	inviter	train
vin	copain	vingt

EXERCICES ORAUX

Les vêtements

1. Je porte une blouse.   Je porte une blouse.
   pantalon
   chemise
   chaussures
   chapeau
   blue jeans
   jupe
   complet
   bas

2. Chantal achète un chapeau.   Chantal achète un chapeau.
   gants
   chandail
   blouse
   chaussettes
   robe
   cravate
   veston
   manteau

Les couleurs

3. Il choisit une chemise verte.   Il choisit une chemise verte.
   bleu
   gris
   rouge
   blanc
   noir
   jaune
   brun
   orange

Les instruments

4. Joues-tu de la clarinette?   Joues-tu de la clarinette?
   violon
   trompette
   piano
   flûte
   guitare

Les verbes

5. Voulez-vous danser?
   manger des frites
   parler français
   faire une promenade
   aller en France
   rendre le livre
   réussir
   jouer du piano

   Voulez-vous danser?

6. Je ne peux pas nager.
   finir les devoirs
   passer l'examen
   aider maman
   entendre le professeur
   marcher très loin
   vendre la voiture
   couper la tarte

   Je ne peux pas nager.

7. Tu dois apporter les disques.
   acheter des légumes
   prendre le dîner
   laver les vêtements
   ouvrir la porte
   nourrir les animaux
   regarder l'horaire
   descendre

   Tu dois apporter les disques.

Le partitif

8. Veux-tu de la confiture?
   sucre
   légumes
   glace
   potage
   hors-d'oeuvre
   fromage
   frites
   eau minérale

   Veux-tu de la confiture?

Le verbe *vouloir*

9. Paul veut du vin.   Paul veut du vin.
   Mes parents
   Je
   Vous
   Le professeur
   Tu
   Nous
   Marie et Nicole

Le verbe *pouvoir*

10. Je peux le faire.   Je peux le faire.
    Le coiffeur
    Nous
    Tu
    Les Cheutin
    Monique
    Vous
    Mes amis

Le verbe *devoir*

11. Philippe doit étudier.   Philippe doit étudier.
    Les enfants
    Vous
    Je
    Ma soeur
    Nous
    Tu
    Christine et Sophie

Les objets directs

12. Vous aimez les math.   Vous les aimez.
    l'anglais
    la campagne
    vos copains
    Roger
    les tomates
    l'été
    les blue jeans
    la neige

13. Nous trouvons les stylos.　　　　　　　Nous les trouvons.
    le cahier
    le restaurant
    nos amis
    M. Racette
    la voiture
    l'école
    les disques
    Christine

14. Je ne finis pas le dîner.　　　　　　　Je ne le finis pas.
    la bière
    l'histoire
    les devoirs
    le repas
    le livre
    la salade
    les frites
    l'examen

15. Elle veut prendre le train.　　　　　　Elle veut le prendre.
    les billets
    la voiture
    le déjeuner
    les crayons
    la revue
    le ballon
    les fleurs
    le métro

Les adverbes

16. Formez un adverbe avec l'adjectif.
    heureux　　　　　　　　　　　　　　heureusement
    seul
    tel
    facile
    lent
    autre
    sûr

Chez

17. Tu vas chez Martine.

Tu vas chez Martine.

le coiffeur
les Cheutin
Patrick
ton oncle
M. Delorme
le professeur
tes copains
le boulanger

Free Response

18. Allez-vous souvent chez le coiffeur?
    Avez-vous les cheveux courts ou longs?
    Employez-vous le séchoir chaque jour?
    Que portez-vous aujourd'hui?
    Quelle couleur préférez-vous?
    De quel instrument jouez-vous?

VOCABULAIRE CLÉ POUR LA LECTURE QUI SUIT

l' **exemple** (m) example
  par exemple for example
  travailler to work
le **produit** product
  seul, seule alone

la **douane** customs
le **douanier, la douanière**
  customs officer
le **marin** sailor
le **soldat** soldier
la **poste** mail; post office
    le préposé des postes
    mailman
l' **élève** (m,f) student, pupil
le **jardinier** gardener
la **police** police
    l'agent de police (m)
    policeman
la **rue** street

le **marchand, la marchande**
  merchant
le **magasin** store
le **vendeur, la vendeuse** seller;
  salesclerk
le **boucher** butcher
la **boucherie** butcher shop
le **boulanger, la boulangère**
  baker
la **boulangerie** bakery
le **bouquiniste** second-hand
  book dealer

le **danseur, la danseuse** dancer
l' **acteur, l'actrice** actor, actress
  jouer to act, to play a role
la **peinture** painting

l' **avocate** (f) lawyer
la **cour** courtyard
    la cour de justice court
les **affaires** (f) business
    l'homme d'affaires (m)
    business man
le **bureau** office
le (la) **secrétaire** secretary
la **banque** bank
le **banquier** banker
l' **hôtelier, l'hôtelière**
    hotel keeper
le **fermier** farmer
la **ferme** farm
le **pêcheur** fisherman

LECTURE 1
Les professions

Comme aux États-Unis, il y a beaucoup de professions en France. Par exemple, les Français travaillent pour le gouvernement; ils vendent un produit; ils sont dans les arts; ou ils travaillent seuls.

Un grand nombre de personnes travaillent pour le gouvernement national ou municipal. Quand vous arrivez en France, il est nécessaire de passer par la douane où se trouve le douanier. Il regarde votre passeport. À la gare, l'employé vend des billets aux personnes qui veulent prendre le train. Au service militaire il y a des marins qui portent des chapeaux pittoresques. Les soldats sont aussi importants en France. Le préposé des postes apporte des lettres et des cartes à la maison. Les professeurs travaillent aussi pour le gouvernement national. Quelquefois ils font des excursions avec leurs élèves. Le jardinier, un employé municipal, travaille dans les jardins avec des fleurs. Les agents de police sont nécessaires dans les rues.

Beaucoup de Français vendent des produits. Au marché, la marchande vend des légumes. Une personne qui vend un produit dans un magasin s'appelle une vendeuse. Le boucher travaille à la boucherie où il coupe la viande. On trouve un boulanger à la boulangerie où il fait le pain et les tartes. À Paris les bouquinistes sont près de la Seine. Ils vendent de vieux livres.

Dans les arts il y a des musiciens qui font de la musique. Quelques musiciens jouent de la guitare. Les belles danseuses comme les filles aux Folies-Bergère dansent chaque soir. Un acteur joue dans les pièces de théâtre. Un artiste fait des peintures.

Les avocates travaillent dans les cours de justice. Elles portent de longues robes noires. Un homme d'affaires travaille dans un bureau avec une secrétaire. Dans une banque où l'on*garde beaucoup d'argent, on trouve un banquier. L'hôtelier est à l'hôtel où il donne des chambres aux voyageurs. Le fermier travaille à la ferme, quelquefois avec des animaux. Le pêcheur se trouve près des lacs ou des mers où il trouve des poissons. Au restaurant le garçon apporte la carte et sert les repas. Dans la cuisine on trouve le chef qui fait de la bonne nourriture. Le coiffeur donne un shampooing ou une coupe.

*An *l'* appears between these two vowel sounds to aid pronunciation. It has no meaning.

Questions sur la lecture

1. Pour quels gouvernements les Français peuvent-ils travailler?
2. Qui travaille à la douane?
3. Quelles sont deux professions au service militaire?
4. Qu'est-ce que le préposé des postes apporte?
5. Que fait le jardinier?
6. Les agents de police, où sont-ils nécessaires?
7. Comment s'appelle une personne qui vend un produit?
8. Que fait le boucher?
9. Où trouve-t-on le boulanger?
10. Quelles sont deux professions dans les arts?
11. De quelle couleur sont les robes des avocates?
12. Qui travaille dans un bureau?
13. Qu'est-ce qu'un hôtelier fait?
14. Comment s'appelle une personne qui travaille à la ferme?

Le jardinier travaille dans les jardins avec des fleurs. (Quimper)

EXERCICES ÉCRITS

I. Complétez par le mot convenable.

1. Quand vous êtes chez le coiffeur, vous mettez une _____.
2. En hiver on porte un _____.
3. Quand il fait froid, on couvre ses mains avec des _____.
4. Un homme d'affaires porte un _____.
5. L'avocat, qui travaille à la cour de justice, porte une longue _____.
6. Les élèves aiment beaucoup porter des _____.
7. Quand on marche beaucoup, il est important d'avoir de bonnes _____.
8. Au lycée un élève porte souvent un _____ et un _____.

chandail	chaussures	manteau
robe	blouse	blue jeans
gants	pantalon	complet

II. Complétez par la couleur convenable dans la forme convenable.

1. Ce livre de français est _____.
2. Le _____ et le _____ sont les couleurs principales du vingt-cinq décembre.
3. Le _____ et le _____ sont deux vins français.
4. Le _____ est entre le noir et le blanc.
5. Au printemps la campagne est _____.
6. La Mer Méditerranée est très _____.
7. Un steak à point est _____.
8. Un oeuf a deux couleurs, le _____ et le _____.
9. Le trente et un octobre aux États-Unis, les enfants coupent un légume qui est _____ et il y a beaucoup de chats _____.

III. Écrivez la forme convenable du verbe.

1. Les élèves (must) _____ étudier.
2. (Can) _____-tu nager?
3. Les Cheutin (want to) _____ manger tout de suite.
4. Je (am able) _____ aller à la discothèque.
5. Chantal (has to) _____ finir ses devoirs.
6. Nous (like to) _____ faire une promenade quand il fait beau.
7. (Can) _____-vous entendre la musique?
8. On (must) _____ se laver les mains avant le dîner.

IV. **Complétez par la forme convenable du verbe.**

1. Le coiffeur peut (cut) _____ vos cheveux dans dix minutes.
2. Veux-tu (use) _____ mon séchoir?
3. On doit (put on) _____ un chandail quand il fait froid.
4. Ils aiment le (do) _____ .
5. Nous devons (follow) _____ l'agent de police.
6. Vous ne voulez pas (work) _____ dimanche.
7. Je peux (play) _____ de la guitare.
8. Les filles veulent (dance) _____ avec François.

V. **Complétez par la forme convenable du verbe *vouloir*.**

1. Guy et Pierre _____ acheter des chemises.
2. _____-vous faire un voyage en France?
3. L'artiste _____ vendre ses peintures.
4. Tu ne _____ pas rester à la maison.
5. Nous _____ dîner au restaurant.
6. Je ne _____ pas de salade.
7. Isabelle _____ aider maman.
8. Les enfants _____ aller au *Guignol*.

VI. **Complétez par la forme convenable du verbe *pouvoir*.**

1. On ne _____ pas être en retard.
2. Les élèves ne _____ pas passer l'examen aujourd'hui.
3. Je _____ le faire.
4. Gérard ne _____ pas trouver son stylo.
5. Nous _____ apporter nos nouveaux disques.
6. _____-tu enlever les noyaux?
7. Les marins _____ beaucoup voyager.
8. Vous _____ nourrir les chèvres.

VII. **Complétez par la forme convenable du verbe *devoir*.**

1. Je _____ laver la voiture.
2. Vous _____ manger des légumes.
3. Où _____-on aller pour acheter un billet?
4. Michel et Claire ne _____ pas prendre trop de vin.
5. Nous _____ parler français en classe.
6. Tu _____ traverser ce pont.
7. Maman _____ allumer la cuisinière.
8. Les Carrier _____ se trouver à Nice aujourd'hui.

VIII. Récrivez la phrase en remplaçant par un pronom l'objet direct indiqué en italique. (Rewrite the sentence, replacing by a pronoun the direct object indicated in italics.)

1. Je regarde *la porcelaine*.
2. Ne prenons pas *le dîner* à la maison!
3. Isabelle coupe *la pomme*.
4. Tu étudies *le français*.
5. Ils peuvent finir *les devoirs*.
6. Apportez *la carte*, s'il vous plaît!
7. Vous ne rendez pas *votre livre*.
8. J'achète *les billets*.
9. Nous aidons *notre mère*.
10. Mireille n'entend pas *ses parents*.

IX. Répondez à la question en remplaçant l'objet direct par un pronom.

1. Aimez-vous le café?
2. L'enfant, nourrit-il les animaux?
3. Passent-ils les examens?
4. Trouvons-nous la maison des Martin?
5. Commences-tu le déjeuner?
6. Roger et Corine, attendent-ils le métro?
7. Perdez-vous l'argent?
8. Papa, veut-il vendre la voiture?
9. Invitons-nous nos copains?
10. Portes-tu ton nouveau pantalon?

X. Complétez par l'adverbe indiqué.

1. (Fortunately) _____ David n'est pas en retard.
2. Je finis mes devoirs (easily) _____ .
3. Donnez-moi (only) _____ un peu de frites, s'il vous plaît.
4. Il fait (so) _____ froid en janvier.
5. Nous marchons très (slowly) _____ .
6. Vous prenez le train (surely) _____ .

XI. Récrivez la phrase en employant *chez*.

1. Je suis à la maison de Jean.
2. Nous allons au bureau de Mme Blanche.
3. Tu étudies à la maison de ton ami.
4. Qu'est-ce que vous choisissez au magasin du boucher?
5. Elle prend le dîner à la maison de sa soeur.
6. L'élève marche lentement au bureau du professeur.
7. Restez-vous à la maison des Darmond?

XII. Indiquez le mot associé.

_____ 1. le coiffeur	a.	la nourriture
_____ 2. le secrétaire	b.	l'argent
_____ 3. le chef	c.	le pain
_____ 4. le boucher	d.	la pièce
_____ 5. l'artiste	e.	le bureau
_____ 6. le banquier	f.	la viande
_____ 7. le boulanger	g.	le passeport
_____ 8. l'acteur	h.	la chambre
_____ 9. l'hôtelier	i.	les cheveux
_____ 10. le douanier	j.	la peinture

XIII. Répondez en français.

1. Qu'est-ce que votre professeur porte aujourd'hui?
2. Quels vêtements achetez-vous au magasin?
3. De quelle couleur est la voiture de votre famille?
4. Quel(s) musicien(s) préférez-vous?
5. Combien de fois allez-vous chez le coiffeur chaque année?
6. Qu'est-ce que vous voulez être un jour? (une profession)

RÉVISION

I. Choisissez de, d', de la, de l', du ou des.

1. Où est la cravate _____ homme?
2. Quelle est la profession _____ votre mère?
3. La carte _____ restaurant se trouve sur la porte.
4. Comment s'appelle le frère _____ Nathalie?
5. La couleur _____ pomme est rouge.
6. On regarde les passeports _____ voyageurs à la douane.
7. La chemise _____ Olivier est blanche.
8. Nous allons près _____ jardin public.

II. Écrivez la forme convenable de l'article défini ou du partitif.

1. Apportez-moi _____ veau, s'il vous plaît.
2. Qui aime _____ croissants?
3. Il n'y a pas _____ dessert.
4. Maman donne _____ légumes aux enfants.
5. Nous mangeons _____ glace.
6. Mon oncle n'aime pas _____ potage.
7. Les élèves n'ont pas _____ devoirs ce soir.
8. Prenez-vous souvent _____ eau minérale?

III. Récrivez la phrase en employant l'expression de quantité indiquée.

1. Mon petit frère prend des frites. (tant)
2. Choisissez-vous des pommes? (Combien)
3. Je veux manger du fromage. (plus)
4. Avez-vous de l'eau? (assez)
5. Papa donne de la salade à Jean. (un peu)
6. Ce restaurant sert des omelettes. (beaucoup)
7. Il y a des chiens à Paris. (trop)
8. Nous avons de l'argent. (assez)

IV. Écrivez la forme convenable du verbe à l'impératif.

1. (Chantal parle au coiffeur.) "(Couper) _____ seulement un peu, s'il vous plaît!"
2. (M. Duval parle à ses élèves.) "(Commencer) _____ maintenant!"
3. (La marchande parle à Mme Fournier.) "(Acheter) _____ mes poissons!"
4. (Jeanne parle à ses amies.) "(Passer) _____ des disques!"
5. (Mme Bouchard parle à son fils.) "Ne (perdre) _____ pas ton argent!"
6. (L'agent de police parle à André.) "Ne (traverser) _____ pas la rue!"
7. (Maman parle à Jacques.) "(Choisir) _____ des chaussettes!"
8. (Papa parle à Denis.) "(S'habiller) _____-_____ tout de suite!"

V. Choisissez la définition convenable. (Choose the appropriate definition.)

_____ 1. allumer   a. le produit d'un oiseau
_____ 2. le château   b. l'oiseau qui nage
_____ 3. le lait   c. faire de la lumière
_____ 4. le pont   d. où vous vous lavez les mains
_____ 5. puissant   e. traverse un fleuve
_____ 6. le camarade   f. être au régime
_____ 7. l'oeuf   g. la grande maison
_____ 8. le lavabo   h. dans quelques minutes
_____ 9. le quai   i. le produit d'une vache
_____ 10. le cygne   j. où vous attendez le train
_____ 11. maigrir   k. fort
_____ 12. bientôt   l. le bon ami

VI. Écrivez une phrase appropriée en employant les mots clés qui sont indiqués.

1. Nous / manger / trop / glace
2. Je / acheter / chemise / vert
3. Les Darmond / vouloir / voyager / Suisse
4. Se coucher / vous / minuit
5. Aimer / tu / nouveau / disques
6. Vous / prendre / tomates / et / viande
7. Isabelle / être / fier / bon / confiture
8. Quand / pouvoir / vous / aller / discothèque

VOCABULAIRE CLÉ POUR LA LECTURE QUI SUIT

le **pâté** paste, spread
   le pâté de foie gras goose liver paste
la **moutarde** mustard
le **blé** wheat
le **champ** field

le **vignoble** vineyard
le **raisin** grape

la **porcelaine** china
la **soie** silk
la **mode** fashion, style

économique economical
le **pneu** tire

le **charbon** coal
l' **usine** (f) factory

LECTURE 2
Les produits de France

La France est célèbre pour beaucoup de produits. Nous pouvons trouver aux États-Unis un grand nombre de ses produits. Par exemple, il y a la nourriture, les boissons, le parfum, les vêtements, les voitures et d'autres produits de l'industrie.

Au nord-ouest de la France, en Normandie, il y a beaucoup de vaches qui donnent du lait. On emploie le lait pour faire le fromage. Le pâté de foie gras est un hors-d'oeuvre célèbre. Au sud-ouest du pays, le pâté de foie gras est une industrie importante. On fait la moutarde près de la ville de Dijon. Le blé est nécessaire pour faire le pain. Il y a de grands champs de blé au nord de la France.

Dans presque toutes les sections du pays, il y a des vignobles. On emploie les raisins pour faire le vin blanc et le vin rouge. Au nord-est de la France, près de Reims, on fait du bon champagne. L'eau minérale est importante aussi, comme aux États-Unis.

Les Américaines achètent souvent du parfum français. On fait le parfum au sud-est de la France. La belle porcelaine est un autre produit important. On aime aussi le cristal, qu'on regarde dans les beaux magasins. On emploie la soie pour faire des vêtements. La soie est une industrie importante à Lyon. Toutes les filles aiment regarder les vêtements français. La mode française est célèbre dans tous les pays. On fait aussi les vêtements et les chaussures de sports.

Les voitures sont un autre produit important de la France. Les petites voitures sont très économiques et ne prennent pas beaucoup de place. Dans le Massif Central, on fait les pneus pour les voitures. On vend des pneus aussi aux États-Unis. Beaucoup de personnes achètent des bicyclettes françaises.

Parce qu'il y a un grand nombre de forêts en France, le bois est un produit important. Le charbon est nécessaire aux industries au nord-est de la France. Les grandes usines qui se trouvent dans cette section du pays, l'emploient pour faire beaucoup de produits.

Un beau produit français est le cristal. (Paris)

La soie est une industrie importante à Lyon.

On emploie les raisins pour faire le vin blanc et le vin rouge.

COIN CULTUREL
Fashion

France has long been famous throughout the world for its fashions. The French pay careful attention to what they wear, whether it be designer outfits or simply everyday apparel.

French youth are anxious to follow the latest fads. Young women enjoy wearing bib overalls *(salopettes)*. Teen-age girls generally go to school in slacks or jeans, as is the custom in the United States. American-made jeans are very popular with French youth; but their price is almost double that in the United States. French girls have made long tee shirts the latest style. Like many fads, they are quite expensive. These tee shirts are worn plain, belted at the waist or with a knot at the side. (With their slim figures, French teen-agers can wear such clothes well.) Every girl carries a purse *(sac),* which is usually tiny with a long shoulder strap crossing the body. Currently, some girls wear ankle socks with high-heeled shoes.

The French also follow customs in dress which are less of a passing fancy. Many women who live in small cities dress in slacks while at home or when they go out. But Parisian women usually wear skirts or dresses when they leave home. Women prefer lengths that are well below the knee, either in straight skirts or in those which are more loosely fitted. They wear blazer-type jackets in many materials year-round. To them quality rather than quantity seems to be important. They have fewer clothes than do Americans. But they are of better quality and last longer. French women also differ from their counterparts in the United States with regard to footwear. Americans tend

French girls find long tee shirts very stylish. (Bordeaux)

142

to choose their everyday shoes for comfort, whereas most French women prefer the look of high-heeled shoes. It is rare to see a stylish woman with flat shoes.

Teen-age boys dress during their leisure hours much as they do in the United States, that is, in tee shirts and jeans. But they tend to wear their pants tighter than do Americans, and they often leave their shirts partially unbuttoned. A typical university student often wears a wool blazer with jeans. Young men's pants are always of a solid color. Plaid, striped or colorful trousers remain almost unheard of.

As the center of high fashion *(haute couture)*, Paris houses the boutiques of many leading designers *(couturiers)* such as Christian Dior. Most are found along the *Rue du Faubourg St-Honoré*. World-wide attention focuses on the presentations of their fall and spring collections. Yves Saint Laurent's *Rive Gauche* boutique — one of the many elegant stores on this street — attracts wealthy clients as well as those just content to gaze at the window displays. Inside, many racks of stylish crushed velvet, pleated skirts line the walls. Knickers in wool or corduroy and chic, long dresses are also prominently displayed. One of his most popular styles — the Chinese look — is shown in colorful, quilted jackets with Mandarin collars.

Continuing down this street, we find besides the shops of Emanuel Ungaro and Gucci that of Ted Lapidus. At Lapidus silk — the most popular fabric for women's clothing — is used for blouses and dresses. The latest Lapidus fashions in long winter coats include a white fox and a reversible beige coat lined with mink.

At the nearby boutique of André Courrèges, noted for his vibrant, youthful clothes, summer fashions feature a brightly colored, long sweater with drawstring waist as well as a delicate, short cocktail dress. His newest winter collection highlights a vest and skirt combination of wool with contrasting leather trim. Courrèges also makes matching leather handbags. The care with which the French buy such accessories typifies their devotion to fashion.

At the boutique of one leading fashion designer, women can buy elegant silk blouses.

GRAMMAIRE

1. Modal auxiliaries

Modal auxiliaries (sometimes called helping verbs) help to set the mood of the sentence in which they occur. Let's take one sentence in English and substitute a different modal auxiliary each time.

> I want to go to the store.
>
> I can (am able to) go to the store.
>
> I must (have to) go to the store.
>
> I like to go to the store.

As you can see, the meaning or "mood" in each of these sentences is different. The same is true in French.

> *Je veux aller au magasin.*
>
> *Je peux aller au magasin.*
>
> *Je dois aller au magasin.*
>
> *J'aime aller au magasin.*

Vouloir (to want, to wish), *pouvoir* (can, to be able), *devoir* (must, to have to) and *aimer* are common modal auxiliaries. It is important to remember that an infinitive always follows the conjugated modal auxiliary. When the verb is in the negative, *ne* precedes the modal auxiliary and *pas* follows it.

> ***Example:*** *Il ne doit pas être en retard.* He must not be late.

In an interrogative sentence, the subject and modal auxiliary are inverted.

> ***Example:*** *Pouvez-vous couper mes cheveux?* Can you cut my hair?

2. Present tense of the verb *vouloir*

Vouloir (to want, to wish) is an irregular verb.

SINGULAR	**1st person**	je veux	I want
	2nd person	tu veux	you want
	3rd person	il veut	he wants
		elle veut	she wants
PLURAL	**1st person**	nous voulons	we want
	2nd person	vous voulez	you want
	3rd person	ils veulent	they want
		elles veulent	they want

The conditional tense of *vouloir* is often used in polite conversation. Two forms in this tense we have already learned are *je voudrais* (I would like) and *nous voudrions* (we would like).

3. Present tense of the verb *pouvoir*

Pouvoir (can, to be able) is an irregular verb.

SINGULAR	1st person	je peux	I can
	2nd person	tu peux	you can
	3rd person	il peut	he can
		elle peut	she can
PLURAL	1st person	nous pouvons	we can
	2nd person	vous pouvez	you can
	3rd person	ils peuvent	they can
		elles peuvent	they can

4. Present tense of the verb *devoir*

Devoir (must, to have to) is an irregular verb.

SINGULAR	1st person	je dois	I must
	2nd person	tu dois	you must
	3rd person	il doit	he must
		elle doit	she must
PLURAL	1st person	nous devons	we must
	2nd person	vous devez	you must
	3rd person	ils doivent	they must
		elles doivent	they must

5. Direct object pronouns

a. Affirmative

A direct object is a word or words which can answer the question "who" or "what" asked of the verb. For example, in the sentence "I find the ticket," the word "ticket" is the direct object because it can answer the question "What do I find?" The French equivalent *(Je trouve le billet)* also has a direct object *(billet)*. In both French and English, a pronoun can substitute for a direct object. The pronoun "it" can replace "the ticket" in our example. Likewise, the pronoun *le* can replace *le billet* so that we have *Je le trouve*. *Le* precedes the verb, as do all direct object pronouns. Here are the third person direct object pronouns:

Direct Objects	Direct Object Pronouns	
masculine	le	him, it
feminine	la	her, it
plural	les	them

Note: *Le* and *la* become *l'* when the verb begins with a vowel or silent *h*. These pronouns are the same as the definite articles.

> *Examples:* *Il rend le livre. Il le rend.*
> He returns the book. He returns it.
> *Nous regardons la lettre. Nous la regardons.*
> We look at the letter. We look at it.
> *Je nourris les chats. Je les nourris.*
> I feed the cats. I feed them.
> *Tu aimes la glace. Tu l'aimes.*
> You like ice cream. You like it.

b. Negative

When the verb is in the negative, the direct object pronoun precedes the verb.

> *Example:* *Elle ne passe pas le disque. Elle ne le passe pas.*
> She doesn't play the record. She doesn't play it.

c. Interrogative

In an interrogative sentence using inversion, the direct object pronoun precedes the verb.

> *Example:* *Comment voulez-vous votre steak? Comment le voulez-vous?*
> How do you want your steak? How do you want it?

d. Imperative (command)

In a sentence that gives a command, the direct object pronoun immediately follows the verb and is attached to it by a hyphen.

> *Example:* *Porte tes gants! Porte-les!* Wear your gloves! Wear them!

In the negative form of an imperative sentence, the direct object pronoun precedes the verb.

> *Example:* *Ne traversez pas la rue! Ne la traversez pas!*
> Don't cross the street! Don't cross it!

e. Modal auxiliaries

In a sentence with a modal auxiliary, the direct object pronoun precedes the infinitive.

> *Example:* *Je peux couper vos cheveux maintenant. Je peux les couper maintenant. Je ne peux pas les couper maintenant.*
> I can cut your hair now. I can cut it now. I can't cut it now.

6. Formation of adverbs

To form a regular adverb, you usually take the feminine form of the related adjective. Then to it you add *-ment* (translated as "-ly" in English).

Masculine Adjectives	Feminine Adjectives	Adverbs
heureux	heureuse	heureusement
seul	seule	seulement
facile	facile	facilement
tel	telle	tellement
lent	lente	lentement
autre	autre	autrement
sûr	sûre	sûrement

7. *Chez*

The preposition *chez* means "to/at the place of" someone. This place can be a home or business.

Examples: *Je vais chez Paul.* I'm going to Paul's (house).

Chantal est chez le coiffeur. Chantal is at the hairdresser's.

VOCABULAIRE

l' **acteur, l'actrice** actor, actress
les **affaires** (f) business
    l'homme d'affaires (m) business man
    agréable pleasant, agreeable
    alors then; so
l' **art** (m) art
l' **artiste** (m) artist
    autrement otherwise
l' **avocat, l'avocate** lawyer
la **banque** bank
le **banquier** banker
le **bas** stocking
la **bicyclette** bicycle
le **blé** wheat
    bleu, bleue blue
la **blouse** blouse, smock
les **blue jeans** (m) jeans
le **boucher** butcher
la **boucherie** butcher shop
le **boulanger, la boulangère** baker
la **boulangerie** bakery
le **bouquiniste** second-hand book dealer
    brun, brune brown
le **bureau** office; desk
le **champ** field
le **champagne** champagne
le **chandail** sweater
le **chapeau** hat
le **charbon** coal
la **chaussette** sock
la **chaussure** shoe
le **chef** chef
la **chemise** shirt
les **cheveux** (m) hair
    chez to/at the place of (someone)
    chouette neat, nice (slang)
la **clarinette** clarinet
le **coiffeur, la coiffeuse** hairdresser
le **complet** suit
la **couleur** color
la **coupe** haircut
la **cour** yard
    la cour de justice court
    court, courte short
la **cravate** necktie
le **cristal** crystal
le **danseur, la danseuse** dancer

    devoir must, to have to
la **douane** customs
le **douanier, la douanière** customs officer
    économique economical
l' **élève** (m,f) student, pupil
    employer to use, to employ
l' **exemple** (m) example
    par exemple for example
    facile easy
    facilement easily
    fait done, made
la **ferme** farm
le **fermier** farmer
la **flûte** flute
la **forêt** forest
le **gant** glove
le **gouvernement** government
    gris, grise grey
la **guitare** guitar
    heureusement happily, fortunately
    heureux, heureuse happy, glad; fortunate
l' **hôtel** (m) hotel
l' **hôtelier, l'hôtelière** hotel keeper
l' **industrie** (f) industry
l' **instrument** (m) instrument
le **jardinier** gardener
    jaune yellow
    jouer to act, to play a role
la **jupe** skirt
    la (l') her, it
    le (l') him, it
    lent, lente slow
    les them
la **lettre** letter
le **magasin** store
le **manteau** coat
le **marchand, la marchande** merchant
le **marin** sailor
    mettez (see **mettre**)
    mettre to put, to place; to put on (clothing)
    militaire military
la **mode** fashion, style
la **moutarde** mustard
    municipal, municipale municipal
le **musicien, la musicienne** musician
    orange orange
le **pantalon** pants, trousers

le **parfum** perfume
le **passeport** passport
le **pâté** paste, spread
    le pâté de foie gras goose liver paste
le **pêcheur** fisherman
la **peinture** painting
  penser to think
le **piano** piano
le **pneu** tire
la **police** police
    l'agent de police (m) policeman
la **porcelaine** china
  porter to wear; to carry
la **poste** mail; post office
    le préposé des postes mailman
  pouvoir can, to be able
le **produit** product
la **profession** profession, occupation
le **raisin** grape
la **revue** magazine
la **robe** dress; robe
la **rue** street
le **séchoir** dryer
le (la) **secrétaire** secretary

le **service** service
  seul, seule alone; only
  seulement only
le **shampooing** shampoo
la **soie** silk
le **soldat** soldier
le **sport** sport
  suivez (see **suivre**)
  suivre to follow
  sûrement surely
  tel, telle such
  tellement so, very
  tout de suite right away, immediately
  travailler to work
la **trompette** trumpet
  trop too much, too many; too
l' **usine** (f) factory
le **vendeur, la vendeuse** seller; salesclerk
le **veston** jacket, blazer
les **vêtements** (m) clothes, clothing
le **vignoble** vineyard
le **violon** violin
  voudrais (see **vouloir**)
    je voudrais I would like

André Courrèges is a famous fashion designer. (Paris)

7

DIALOGUE
À la plage

FRANÇOISE: Regarde cette belle plage!

BRIGITTE: C'est sensas! J'adore les flots bleus de l'océan et le sable blanc.

FRANÇOISE: Il y a une foule de touristes ici — des Français et aussi des Espagnols.

BRIGITTE: J'ai chaud! Je vais plonger tout de suite dans l'eau. Vas-tu m'accompagner, Françoise?

FRANÇOISE: Est-ce que l'eau froide te plaît?

BRIGITTE: Oui, elle me plaît beaucoup.

FRANÇOISE: Qu'est-ce que tu vas faire maintenant?

BRIGITTE: Je vais écrire des cartes postales. Et toi?

FRANÇOISE: Je vais lire mon nouveau roman. Écris-tu à ton ami?

BRIGITTE: Non, je vais lui écrire une longue lettre demain. Maintenant j'écris une carte à ma petite soeur.

Questions

1. Où sont Françoise et Brigitte?
2. Qu'est-ce que Brigitte adore?
3. Combien de personnes y a-t-il sur la plage?
4. Brigitte, quand va-t-elle plonger dans l'eau?
5. Brigitte, est-ce que l'eau froide lui plaît?
6. Qui va lire un roman?
7. Pourquoi Brigitte n'écrit-elle pas à son ami?
8. À qui écrit-elle maintenant?

At the Beach

FRANÇOISE: Look at this beautiful beach!

BRIGITTE: It's sensational! I adore the blue waves of the ocean and the white sand.

FRANÇOISE: There's a crowd of tourists here — French and also Spanish.

BRIGITTE: I'm warm! I'm going to dive into the water right away. Are you going to come with me, Françoise?

FRANÇOISE: Do you like the cold water?

BRIGITTE: Yes, I like it a lot.

FRANÇOISE: What are you going to do now?

BRIGITTE: I'm going to write some postcards. And you?

FRANÇOISE: I'm going to read my new novel. Are you writing to your boyfriend?

BRIGITTE: No, I'm going to write him a long letter tomorrow. Now I'm writing a card to my little sister.

EXPRESSIONS UTILES

C'est sensas!	It's sensational!
J'ai chaud!	I'm warm!
Je vais plonger dans l'eau.	I'm going to dive into the water.
Vas-tu m'accompagner?	Are you going to come with me?
Est-ce que…te plaît?	Do you like…?
Elle (il) me plaît beaucoup.	I like it a lot.
Qu'est-ce que tu vas faire maintenant?	What are you going to do now?
Je vais écrire (lire)…	I'm going to write (read)…
Écris-tu à ton ami?	Are you writing to your boyfriend?

Elle va écrire des lettres à ses amis.

SUPPLÉMENT

1. Quels sports aimez-vous?

J'aime l'alpinisme.   J'aime le basket-ball.   J'aime le cyclisme.   J'aime le football.   J'aime la natation.   J'aime le ski.

J'aime le golf.   J'aime le hockey.   J'aime le patinage.   J'aime le ski nautique.   J'aime le tennis.

2. Jouez-vous au basket-ball?

Oui, je joue au basket-ball.
Non, je joue au football (golf, hockey, tennis).

3. Quelques autres pays sont:

L'Angleterre   Le Mexique
Le Canada   La Russie
La Chine   Le Sénégal

4.

Le pays	La personne qui habite le pays
L'Allemagne	Allemand, Allemande*
L'Angleterre	Anglais, Anglaise
La Belgique	Belge
Le Canada	Canadien, Canadienne
La Chine	Chinois, Chinoise
L'Espagne	Espagnol, Espagnole
La France	Français, Française
L'Italie	Italien, Italienne
Le Luxembourg	Luxembourgeois, Luxembourgeoise
Le Mexique	Mexicain, Mexicaine
La Russie	Russe
Le Sénégal	Sénégalais, Sénégalaise
La Suisse	Suisse

*When the nationality is expressed as an adjective, it is not capitalized. But expressed as a noun, it is capitalized.

EXERCICE DE PRONONCIATION

/ø/

bl**eu**	**veut**	j**eu**di
Europe	pn**eu**	**oeufs**
p**eux**	h**eureux**	pl**eut**
chev**eux**	p**eu**	d**eux**

/œ/

s**oeur**	coiff**eur**	fl**eu**ve
s**eul**	p**eu**vent	h**eure**
act**eur**	déj**eu**ner	fl**eur**
v**eu**lent	hors-d'**oeu**vre	l**eur**

EXERCICES ORAUX

Les sports

1. Je préfère le ski.   Je préfère le ski.
   basket-ball
   natation
   hockey
   tennis
   golf
   patinage
   cyclisme
   football

2. Jouez-vous au tennis?   Jouez-vous au tennis?
   golf
   basket-ball
   football
   hockey

Les pays

3. La France est un beau pays.
   Canada
   Italie
   Chine
   Suisse
   Sénégal
   Angleterre
   Belgique
   Mexique

   La France est un beau pays.

4. Elle veut voyager en Angleterre.
   Luxembourg
   Allemagne
   Italie
   Mexique
   Russie
   Espagne
   Canada
   France

   Elle veut voyager en Angleterre.

5. **Donnez le nom des personnes qui habitent chaque pays:**
   La France
   L'Allemagne
   Le Mexique
   Le Canada
   L'Espagne
   L'Angleterre
   La Chine
   Le Sénégal
   L'Italie

   les Français

Le futur proche

6. Qu'est-ce que tu vas faire?
   vous
   mes copains
   Brigitte
   nous
   les enfants
   le professeur
   je

   Qu'est-ce que tu vas faire?

7. **Changez la phrase au négatif.**

Tu vas accompagner ta soeur.   Tu ne vas pas accompagner ta soeur.
François va lire son roman.
Vous allez aider maman.
Le coiffeur va couper vos cheveux.
Je vais employer le séchoir.
Nous allons nous lever.
Ils vont descendre l'escalier.
Tu vas aller chez Marie.
Allez-vous jouer au Monopoly?

8. **Changez la phrase au futur proche.**

Je plonge dans l'eau.   Je vais plonger dans l'eau.
Elle prend le train.
Nous achetons la voiture.
Mes parents mangent au restaurant.
Finissez-vous vos devoirs?
Philippe invite son camarade.
On danse dans une disco.
Tu écris des cartes postales.
Je me couche à dix heures.

9. **Changez la phrase au présent.**

Nous allons travailler ce soir.   Nous travaillons ce soir.
Maman va apporter du potage.
Vas-tu commencer maintenant?
Les enfants vont choisir des pommes.
Sophie va s'habiller tout de suite.
Je ne vais pas traverser la rue.
Vous allez dîner à huit heures.
Nous allons passer des disques.
Tu vas rendre le roman à Jean.

Les objets indirects

10. Je parle à Sylvie.   Je lui parle.
    à M. Paquette
    au vendeur
    à mes amis
    à Eric
    à Brigitte et à Christine
    à maman
    aux Cheutin
    aux élèves

11. Tu donnes le livre à Marc.   Tu lui donnes le livre.
    à ta soeur
    à tes copains
    à Mme Lebrun
    à Véronique
    aux enfants
    à papa
    à Georges et à Denis
    au professeur

12. Nous devons parler à Claire.   Nous devons lui parler.
    Je veux plaire à mes parents.
    Ils vont lire à leurs enfants.
    Tu peux donner le cahier à Maurice.
    Vous aimez parler à vos camarades.
    Elle va rendre les examens aux élèves.
    Je dois obéir à mon professeur.
    Tu ne veux pas écrire à ton ami.
    Nous pouvons rendre la carte
        à l'homme.

13. Vous ne rendez pas le disque à Jean.   Vous ne lui rendez pas le disque.
    Tu ne parles pas aux filles.
    Je ne donne pas le stylo à Philippe.
    Elle n'écrit pas à son oncle.
    Nous ne lisons pas le livre aux enfants.
    Pierre n'obéit pas à son père.
    L'eau ne plaît pas à Françoise.
    Les Racette ne parlent pas à leurs amis.
    Vous ne donnez pas l'examen aux
        élèves.

Les objets *me, te, nous* et *vous*

14. Ce restaurant plaît à moi.   Ce restaurant me plaît.
    à vous
    à toi
    à nous
    à toi et à Dominique
    à moi et à papa
    à vous et à vos amis
    à Gérard et à nous

Les adjectifs

15. Nous lisons un livre. (long)   Nous lisons un long livre.
    français
    facile
    grand
    bon
    nouveau
    formidable
    bleu
    autre

16. Vous invitez vos amis. (bon)   Vous invitez vos bons amis.
    J'achète une robe. (vert)
    Nous habitons une maison. (vieux)
    Ils vendent leur voiture. (beau)
    Elle danse avec un garçon. (italien)
    Donnez-moi de l'eau! (froid)
    Manges-tu cette pomme? (petit)
    M. Renoir est un artiste. (important)
    Martine est la fille des Duval. (seul)

Le verbe *mettre*

17. Elle met le livre sur le bureau.   Elle met le livre sur le bureau.
    Michel et André
    Tu
    Vous
    Christophe
    Nous
    Je
    Les élèves

Le verbe *dire*

18. Ils disent "Bonjour" au professeur.   Ils disent "Bonjour" au professeur.
    Je
    Sandrine
    Tu
    Nous
    Les élèves
    Vous
    Mon frère

Le verbe *lire*

19. Nous lisons un roman.
    Victor
    Vous
    Tu
    Bernard et Anne
    Je
    Mes camarades
    Papa

Nous lisons un roman.

Le verbe *écrire*

20. Tu écris à Jérôme.
    Frédéric
    Mes parents
    Ma tante
    Je
    Vous
    Les Cloutier
    Nous

Tu écris à Jérôme.

Free Response

21. Allez-vous souvent à la plage en été?
    À qui écrivez-vous une lettre?
    Quel roman lisez-vous?
    Quel sport préférez-vous?
    Jouez-vous au tennis?
    Qu'est-ce que vous allez faire maintenant?

VOCABULAIRE CLÉ POUR LA LECTURE QUI SUIT

le **match** game, match
  le match de hockey hockey game
répondre to answer
demander to ask

le **choix** choice
  longtemps a long time

quitter to leave (a place or a person)
se **rencontrer** to meet
l' **arrêt** (m) stop
  l'arrêt d'autobus (m) bus stop
l' **autobus** (m) bus
le **coin** corner
la **patinoire** skating rink
  la patinoire de hockey hockey rink
à côté de next to, by, along
l' **oratoire** (m) oratory
le **musée** museum
  historique historical

mineur, mineure minor (junior league)
l' **arbitre** (m) referee
le **disque** (hockey) puck
le **joueur, la joueuse** player
  le joueur de centre center (hockey)
la **ligne** line
  vite fast, swiftly
l' **ailier** (m) wing (player)
  droit, droite right
l' **équipe** (f) team
  pousser to shoot
le **but** goal
la **passe** play
  marquer un but to score
  contre to (in a score)
  lever to raise, to lift
le **bâton de hockey** hockey stick

LECTURE 1
Au match de hockey

Claudette est une fille canadienne qui habite Montréal. Elle va téléphoner à son ami Paul. Paul répond au téléphone. Elle lui demande s'il veut l'accompagner au match de hockey ce soir. Il dit que oui.

Claudette quitte l'appartement de sa famille. Paul et elle se rencontrent à l'arrêt d'autobus au coin de la rue. Ils attendent l'autobus pendant quelques minutes. Quand il arrive, ils montent dans l'autobus pour aller à la patinoire de hockey. Ils passent à côté de l'Oratoire Saint-Joseph et du Musée Historique.

Enfin ils arrivent à la patinoire de hockey. Paul est heureux parce que c'est Claudette qui va acheter les billets au guichet. Le match qu'ils vont regarder est un match de hockey mineur. Paul et Claudette trouvent leurs places. Le match va commencer. L'arbitre jette le disque entre les deux joueurs de centre à la ligne bleue. Nos deux amis doivent regarder le match attentivement. L'action va très vite et il n'est pas facile de suivre le disque. L'ailier droit de l'équipe en blanc pousse le disque près du but. Il réussit une passe spectaculaire, et marque un but. C'est maintenant deux contre deux. Paul et Claudette disent "Bravo!" Les joueurs lèvent leurs bâtons de hockey. À la fin du match, l'équipe en blanc réussit à gagner. Paul et Claudette sont très heureux.

Après le match ils ont faim. Alors ils décident de manger dans le restaurant "Bar B-Q". Avant d'entrer dans ce restaurant, ils lisent la carte. À l'intérieur ils font leurs choix. Paul et Claudette s'amusent beaucoup. Ils parlent du match et de leur lycée. Ils attendent longtemps la nourriture. Après leur goûter Paul dit "Au revoir" et "À bientôt" à Claudette devant le restaurant.

Questions sur la lecture

1. Quelle ville est-ce que Claudette habite?
2. À qui va-t-elle téléphoner?
3. Que demande Claudette à Paul?
4. Paul et Claudette, où est-ce qu'ils se rencontrent?
5. Où vont-ils?
6. Pourquoi est-ce que Paul est heureux?
7. Qu'est-ce que Paul et Claudette trouvent?
8. Qui jette le disque entre les deux joueurs de centre?
9. Pourquoi Paul et Claudette doivent-ils regarder le match attentivement?
10. Qui marque un but?
11. Qu'est-ce que les autres joueurs font quand leur copain marque un but?
12. Est-ce que Paul et Claudette sont heureux?
13. Dans quel restaurant vont-ils manger?
14. Que dit Paul à Claudette devant le restaurant?

Ils vont regarder un match de hockey mineur. (Montréal)

Paul et Claudette disent "Bravo!" (Montréal)

EXERCICES ÉCRITS

I. **Choisissez le sport convenable.**

1. C'est le sport que l'on fait dans l'eau.
2. C'est le sport où l'on emploie un disque.
3. C'est le sport où l'on monte des montagnes.
4. C'est le sport où l'on emploie une bicyclette.
5. C'est le sport où l'on emploie des skis dans l'eau.
6. C'est le sport que l'on fait sur le lac en hiver.
7. C'est le sport d'hiver où l'on descend des montagnes.
8. C'est le sport que les Français préfèrent.

le ski	le hockey
l'alpinisme	le ski nautique
la natation	le cyclisme
le football	le patinage

II. **Complétez par la forme convenable de *à* ou *de* + l'article défini.**

1. Les enfants jouent _____ Monopoly.
2. Les Français aiment jouer _____ football.
3. Mon frère joue _____ trompette.
4. Jouez-vous _____ cartes après le dîner?
5. Je joue bien _____ piano.
6. Les copains jouent _____ guitare.
7. Veux-tu jouer _____ tennis avec moi?
8. Presque tous les garçons français jouent _____ football.

III. **Choisissez le pays convenable.**

1. _____ est au sud des États-Unis.
2. _____ est au nord des États-Unis.
3. _____ est un pays à l'est de la France où l'on trouve les Alpes.
4. _____ est un pays au sud de l'Europe où l'on parle français.
5. _____ est un pays près de la Chine.
6. _____ est un pays au nord de la France.
7. _____ est un pays près de la Russie.
8. Le pays entre le Canada et le Mexique s'appelle _____ .

La Chine	Le Mexique
les États-Unis	La Russie
L'Angleterre	La Suisse
Le Sénégal	Le Canada

IV. **Choisissez la réponse convenable.**
1. Les Américains parlent _____.
2. Les _____ habitent l'Espagne.
3. Les Chinois habitent _____.
4. On parle _____ en Russie.
5. Les _____ habitent le Sénégal.
6. Les Allemands parlent _____.
7. Les Canadiens habitent _____.
8. On parle _____ en Italie.
9. Les _____ habitent l'Angleterre.
10. Les Mexicains parlent _____.

la Chine	espagnol
italien	russe
anglais	le Canada
allemand	Anglais
Sénégalais	Espagnols

V. **Écrivez la phrase au futur proche.** (Write the sentence in the immediate future.)
1. Elle lit la lettre de Louise.
2. Est-ce que tu m'accompagnes?
3. Vous vous amusez à la disco.
4. Employons-nous notre livre de français aujourd'hui?
5. Je porte mon nouveau chandail.
6. Les élèves travaillent en classe.
7. Cet homme n'enlève pas son chapeau.
8. Quel disque choisissez-vous?

VI. **Écrivez une phrase appropriée au futur proche en employant les mots clés qui sont indiqués. Ces mots ne sont pas en ordre.** (Write an appropriate sentence in the immediate future using the key words that are indicated. These words are not in order.)
1. tu / maintenant / qu'est-ce que / faire / aller
2. jouer / frère / je / avec / aller / cartes
3. bicyclette / pourquoi / aller / vendre / vous
4. avant / se laver / dîner / aller / mains / nous
5. classe / aller / élèves / français / parler
6. légumes / choisir / maman / marché / quel / aller
7. en retard / filles / aller / est-ce que / être
8. attendre / nous / gare / notre / italien / aller / amis

VII. **Récrivez la phrase en remplaçant par un pronom l'objet indirect indiqué en italique.**

1. Vous donnez la lettre *à votre tante*.
2. Disons "Au revoir" *aux professeurs!*
3. Je dois écrire une carte *à Fabrice*.
4. Chérie ne rend pas les gants *à sa soeur.*
5. Le boulanger parle *aux Cheutin.*
6. Nous allons lire la carte *aux enfants.*
7. Les touristes obéissent toujours *à l'agent de police.*
8. Est-ce que ce pantalon plaît *à Anne?*
9. Tu rends l'argent *à tes parents.*
10. Ne donnez pas de frites *aux petits garçons!*

VIII. **Employez *me, moi, te, nous* ou *vous* comme object direct ou indirect.**

1. (me) Aidez-_____ !
2. (us) Notre nouvelle maison _____ plaît.
3. (you, familiar) Le vendeur _____ donne ton argent.
4. (you, formal) Le professeur _____ rend votre examen.
5. (me) Mon ami _____ invite à un grand dîner.
6. (us) Jacqueline _____ trouve devant le lycée.
7. (me) Papa, achète-_____ de la glace!
8. (you, formal) Je _____ entends bien.
9. (us) Apportez-_____ la carte, s'il vous plaît!
10. (you, familiar) Tes copains _____ attendent à la disco.

IX. **Récrivez la phrase avec la forme convenable de l'adjectif devant ou après le nom en italique.**

1. (hot) Il se lave les mains dans l'*eau*.
2. (big) Il y a un *jardin public* près de ma maison.
3. (old) Je ne veux pas porter mes *gants*.
4. (Russian) Comment s'appelle cette *danseuse?*
5. (brown) Mets tes *chaussures* tout de suite, Claire!
6. (picturesque) Regardez cette *plage!*
7. (good) Lis-tu un *roman?*
8. (small, black) Est-ce que tous les artistes parisiens ont une *barbe?*
9. (new) Qui est l'*acteur* dans la pièce?
10. (French) Peut-on acheter du *pain* aux États-Unis?

X. **Complétez par la forme convenable du verbe *mettre*.**

1. Qu'est-ce que tu vas _____ ?
2. _____ votre manteau dans la voiture!
3. Elle _____ la confiture dans les bocaux.
4. Je _____ un chandail quand il fait froid.
5. Ils ne _____ pas de sucre dans leur café.
6. Papa _____ des pommes dans la salade.
7. Nous _____ cent francs dans la banque.
8. _____-tu le livre dans le salon?

XI. **Complétez par la forme convenable du verbe *dire*.**

1. _____-moi ce que vous pensez!
2. Je _____ "Bonjour" à Sylvie.
3. Ils nous _____ l'heure qu'il est.
4. Guillaume _____ "À bientôt!"
5. Qu'est-ce que tu _____ ?
6. Je vais vous le _____ .
7. Nous ne _____ pas aux garçons où nous allons.
8. _____ donc, Denis! Tu n'as pas d'argent?

XII. **Complétez par la forme convenable du verbe *lire*.**

1. Que _____-vous?
2. Nous _____ l'indication.
3. Préfères-tu _____ ou écrire?
4. Françoise _____ son nouveau roman.
5. Je ne _____ pas beaucoup.
6. Les voyageurs _____ l'horaire.
7. Tu ne _____ pas à ton petit frère.
8. Le professeur _____ les examens.

XIII. **Complétez par la forme convenable du verbe *écrire*.**

1. Nous _____ des cartes postales.
2. _____-vous souvent à votre grand-père?
3. Les élèves _____ dans leurs cahiers.
4. J'_____ à mon copain.
5. Tu vas _____ tes devoirs cet après-midi.
6. Qui _____ avec mon nouveau stylo?
7. Ma soeur _____ une lettre en espagnol.
8. _____-moi, s'il te plaît!

RÉVISION

I. Écrivez les dates en français.

1. the third of February
2. the twentieth of August
3. the fifteenth of April
4. the fifth of September
5. the twenty-first of May
6. the eighteenth of July

II. Écrivez la forme convenable du verbe.

1. (se lever) À quelle heure _____ _____-tu?
2. (plonger) Nous _____ dans la mer.
3. (jeter) Bernard, ne me _____ pas dans le lac!
4. (préférer) Quels sports les Français _____-ils?
5. (s'appeler) Comment _____ _____ ton chien?
6. (acheter) J' _____ une cravate pour mon père.
7. (commencer) Nous _____ nos devoirs lentement.
8. (nager) _____-vous chaque jour en été?

III. Complétez par la forme convenable du verbe indiqué et un infinitif de votre choix. (Complete with the appropriate form of the indicated verb and an infinitive of your choice.)

1. (vouloir) Je _____ _____ un chandail.
2. (devoir) Les élèves _____ _____ au lycée.
3. (pouvoir) _____-tu _____ du piano?
4. (aimer) Sébastien et moi, nous _____ _____ ensemble.
5. (aller) Claude _____ _____ à Christine.
6. (vouloir) _____-vous _____ de la glace?
7. (devoir) Nous ne _____ pas _____ en retard.
8. (pouvoir) Je _____ _____ les billets.

IV. Récrivez la phrase en remplaçant par un pronom l'objet direct ou indirect indiqué en italique.

1. Papa donne de la nourriture *aux animaux*.
2. Isabelle va faire *ses devoirs* tout de suite.
3. Le coiffeur n'emploie pas *le séchoir.*
4. La musique plaît beaucoup *à Cécile.*
5. Les enfants parlent *français* en classe.
6. Qu'est-ce que tu dis *à Nicole?*
7. Coupez-vous *la pomme* en deux?
8. Mets *tes chaussures* dans ta chambre!
9. Nous écrivons une carte *aux Durand.*
10. J'obéis toujours *à mon père.*

V. **Écrivez un mot français qui est de la même famille.**

Exemple: *le danseur*   danser

1. la vendeuse
2. le voyageur
3. la pomme
4. le ski
5. l'art
6. la boucherie
7. la coupe
8. le fermier
9. le jardin
10. la musique
11. la nourriture
12. la cuisinière
13. le marché
14. la couchette
15. le lavabo

VI. Répondez en français.

1. Qu'est-ce que vous aimez faire en été?
2. Dans quel pays voulez-vous voyager?
3. Qui coupe vos cheveux?
4. Votre amie, que porte-t-elle aujourd'hui?
5. Quel(s) repas prenez-vous à la maison?
6. Vous et vos copains, allez-vous étudier vendredi soir?

VOCABULAIRE CLÉ POUR LA LECTURE QUI SUIT

le **drapeau** flag
la **croix** cross

le **jet d'eau** waterspout
l' **horloge** (f) clock
la **base** base, seat, headquarters
la **nation** nation
    les Nations Unies (f)
      United Nations
le **palais** palace
l' **or** (m) gold

la **clochette** small bell

la **montre** watch
    cher, chère expensive
le **pommier** apple tree

LECTURE 2
La Suisse

À l'est de la France se trouve la Suisse, un beau pays de montagnes. Presque 20% des Suisses parlent français. Le drapeau du pays est rouge avec une croix blanche. En Suisse il y a de grandes villes et aussi de petits villages dans les montagnes.

Genève, une grande ville très près de la France, se trouve sur le Lac Léman. Les touristes aiment regarder le grand jet d'eau dans ce lac. Près du lac, dans le Jardin des Anglais, il y a une belle fontaine et une horloge de fleurs. Avec son Palais des Nations, Genève est la base des Nations Unies en Europe. Sa rue principale, la Rue de la Croix d'Or, a beaucoup de magasins et des cafés pittoresques.

Lausanne, au nord du lac, est une autre ville importante avec ses vieilles sections et d'autres qui sont plus modernes. À l'est du lac, à Montreux, on trouve le Château de Chillon.

On trouve le Château de Chillon à Montreux.

À la campagne, les maisons suisses sont très belles. Dans les champs il y a beaucoup de vaches. Les vaches portent des clochettes de cuivre. On trouve aussi des chèvres à la ferme.

Les montres, un produit important de la Suisse, sont célèbres dans tous les pays. On vend des montres assez chères et d'autres qui ne sont pas très chères. Beaucoup de personnes achètent aussi du chocolat. On trouve d'autres produits du pays près du Lac Léman où il y a aussi des vignobles et des pommiers.

Quand on parle de la Suisse, on pense aux Alpes. Ses pics sont formidables. En été on peut faire de l'alpinisme. Les Suisses aiment aussi monter les montagnes par téléphérique pour skier.

COIN CULTUREL
Quebec Carnival

Welcome to the Quebec Winter Carnival! During the two weeks preceding Lent, Quebec City becomes the "Mardi Gras of the North." The city's population almost doubles during these fun-filled days, which feature spectacular ice constructions, sporting events, parades, dances and other activities. This annual winter festival began in 1894, when the City Fathers planned the first Carnival "to enliven the monotony of our dull season."

Le Bonhomme Carnaval, the Carnival's symbol, is a seven foot, French-speaking snowman. Dressed in his red cap and flowing sash, he parades through the city until he reaches his palace to mark the start of the celebration. Crowds gather there to talk to *le Bonhomme,* who orders everybody to enjoy themselves. He even has the power to arrest those who do not show the proper spirit.

Le Bonhomme's ice palace is the festival's major construction. This favorite gathering spot for Carnival-goers rises sixty feet. Its frozen blocks of ice have been cemented together with water.

Everyone likes to try his or her hand at building an ice or snow sculpture. Neighbors compete with neighbors and cities with cities to see who can build the most impressive sculpture. The most popular ones include a horse-drawn cart and a larger than life-size head of a Viking. Hundreds of these structures line the streets of Quebec. St. Theresa Street, christened "Carnival Street," is filled from one end to the other with them.

Sporting events play a major part in the Carnival's activities. Shouting tobogganists zoom down a 1,400 foot runway ending near the green-roofed Château Frontenac Hotel. The toboggans often reach the speed of sixty miles per hour. After a thrilling ride, it's a long trudge back to the top. Gliding to the sounds of recorded music, ice skaters enjoy a more peaceful pastime. Ice is also the setting for the annual International Pee Wee Hockey Tournament whose matches attract hundreds of thousands of fans.

Ice canoe races — the most spectacular Carnival event — cut across the St. Lawrence River from Quebec City to Lévis. Since the river is clogged with ice during five months of the year, French Canadians long ago developed a special boat which can transport supplies to those living on the numerous islands. These 380 pound, oak and cedar canoes have a steel or aluminum band from the bow to the stern. Resembling the runner on a sled, the band allows the craft to be pushed rapidly across the ice floes and into the next patch of open water.

Crowds line the banks to watch both the professional and amateur ice canoe races. Teams start the competition by heading up the river's icy shore. Usually five men compose each team. To cross the ice floes, the men push or carry their canoe. The boat's runner is wider in the middle so that it can glide over thick ice. As the canoe approaches water, the men nearest the bow quickly hop in first. Split-second timing is essential, for one false step could plunge a racer into the frigid river. Once in open water, the crew must row or paddle furiously. When they arrive at the next icy obstacle, the men again prepare to jump out at the critical moment. Spectators on the other side of the river often use binoculars to spot their favorite team, and burst into cheers when it approaches the finish line.

Another test of speed is the motorcycle races, presided over by *le Bonhomme Carnaval.* Those who prefer less strenuous activity enjoy ice fishing at La Pérade. Thousands of brightly painted, warm shacks provide a refuge for fishermen who catch daily up to 300 "tomcod," called *les petits poissons* by the natives. The fish seldom reach more than one foot in length and are prized for their flavor.

Back in Quebec City, the warmly dressed crowd quickly works up an appetite in the invigorating climate. At the Calgary Pancake Breakfast, *le déjeuner Western* consists of flapjacks and small sausages, both cooked outside. People of all ages also enjoy pancakes, which are the specialty at the *cabanes à sucre* (sugar shanties).

Not all the fun takes place during the daytime at the Quebec Carnival. At night visitors again fill St. Theresa Street to view the ice sculptures. Colorful lights adorn trees and the turrets of the ice palace. The elaborate night parade features *le Bonhomme Carnaval* mounted on a float, accompanied by the Carnival Queen on another one. A gaily decorated dance sometimes caps off a day at the Carnival.

The sixty-foot ice palace is the festival's major construction. (Québec)

Le Bonhomme Carnaval is the symbol of Quebec's Winter Carnival. (Québec)

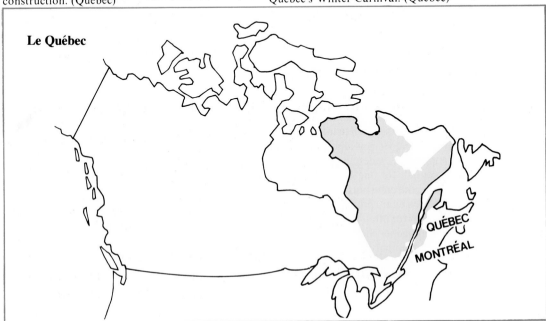
Le Québec

QUÉBEC

MONTRÉAL

170

GRAMMAIRE

1. *Jouer + à, jouer + de*

After forms of the verb *jouer,* use *à* + the definite article before the name of a game.

> ***Examples:*** *Je joue aux cartes.* I play cards.
> *Nous jouons au football.* We play soccer.

After forms of the verb *jouer,* use *de* + the definite article before the name of a musical instrument.

> ***Examples:*** *Jean joue de la guitare.* Jean plays the guitar.
> *Qui joue du piano?* Who plays the piano?

2. The immediate future

Use the immediate future *(le futur proche)* to express an action which will take place soon. (We will learn the future tense in *Leçon 8.*) Form *le futur proche* by using the present tense of the verb *aller* and following it with an infinitive.

> ***Examples:*** *Qu'est-ce qu'ils vont faire?* What are they going to do?
> *Elle va lire un livre.* She's going to read a book.

When the verb is in the negative, *ne* precedes the form of *aller* and *pas* follows it.

> ***Example:*** *Nous n'allons pas rester ici.* We're not going to remain here.

In an interrogative sentence, the subject and the form of *aller* are inverted.

> ***Example:*** *Allez-vous porter un manteau?* Are you going to wear a coat?

With reflexive verbs, the reflexive pronoun agrees with the subject.

> ***Examples:*** *Vas-tu te laver les mains?* Are you going to wash your hands?
> *Je vais me coucher.* I'm going to go to bed.

3. Indirect object pronouns

a. Affirmative

An indirect object is a word or words which answer the question "to whom" or "to what" asked of the verb. For example, in the sentence "I talk to the teacher," the word "teacher" is the indirect object because it answers the question "To whom do I talk?" The French equivalent *Je parle au professeur* also has an indirect object *(professeur).* In both French and English, a pronoun can substitute for an indirect object. The pronouns "her" or "him" can replace "the teacher" in our example. Likewise, the pronoun *lui* can replace *au professeur* so that we have *Je lui parle. Lui* precedes the verb, as do all indirect object pronouns. Here are the third person indirect object pronouns:

Indirect Objects	Indirect Object Pronouns	
masculine/feminine	lui	to him, to her
plural	leur	to them

Note: *Leur,* the indirect object pronoun, is invariable unlike *leur,* the possessive adjective.

> **Examples:** *Tu rends l'argent à Marc. Tu lui rends l'argent.*
> You return the money to Marc. You return the money to him.
>
> *Nous écrivons aux Bouchard. Nous leur écrivons.*
> We write to the Bouchards. We write to them.

b. Negative

When the verb is in the negative, the indirect object pronoun precedes the verb.

> **Example:** *Maman ne lit pas aux enfants. Maman ne leur lit pas.*
> Mother doesn't read to the children. Mother doesn't read to them.

c. Interrogative

In an interrogative sentence using inversion, the indirect object pronoun precedes the verb.

> **Example:** *Obéissez-vous à l'agent de police? Lui obéissez-vous?*
> Do you obey the policeman? Do you obey him?

d. Imperative

In a sentence that gives a command, the indirect object pronoun follows the verb and is attached to it by a hyphen.

> **Example:** *Donne ton idée à Chantal! Donne-lui ton idée!*
> Give your idea to Chantal! Give your idea to her!

In an imperative sentence having a negative form, the indirect object pronoun precedes the verb.

> **Example:** *Ne rendez pas les examens aux élèves! Ne leur rendez pas les examens!*
> Don't return the tests to the students! Don't return the tests to them!

e. Modal auxiliaries and *le futur proche*

In a sentence with a modal auxiliary or in *le futur proche,* the indirect object pronoun precedes the infinitive.

> **Examples:** *Je dois parler à Thérèse. Je dois lui parler. Je ne dois pas lui parler.*
> I must speak to Thérèse. I must speak to her. I must not speak to her.
>
> *Ils vont donner cent francs à leurs parents. Ils vont leur donner cent francs. Ils ne vont pas leur donner cent francs.*
> They're going to give one hundred francs to their parents. They're going to give them one hundred francs. They're not going to give them one hundred francs.

4. The pronouns *me, te, nous* and *vous* as objects of the verb

a. Affirmative

Me, te, nous and *vous* can be either direct or indirect object pronouns. They precede the verb.

Direct/Indirect Object Pronouns

me	me, to me
te	you, to you (familiar)
nous	us, to us
vous	you, to you (formal)

Note: *Me* and *te* become *m'* and *t'* when the verb begins with a vowel or silent *h*.

Examples: *Il me donne de l'argent.*
He gives me some money.
La plage te plaît.
You like the beach. (The beach is pleasing to you.)
Ils nous entendent. They hear us.
Nous vous aidons. We help you.

b. Negative

When the verb is in the negative, these pronouns precede the verb.

Examples: *Tu ne me trouves pas.* You don't find me.
Nous ne te rendons pas les livres.
We don't return the books to you.

c. Interrogative

In an interrogative sentence using inversion, these pronouns precede the verb.

Examples: *Nous accompagnez-vous?* Are you coming with (accompanying) us?
Vous parle-t-il? Is he speaking to you?

d. Imperative

In a sentence that gives a command, these pronouns follow the verb and are attached to it by a hyphen. *Me* becomes *moi* when it follows the verb.

Examples: *Invite-moi!* Invite me!
Apportez-nous du vin! Bring us some wine!

In a negative command, these pronouns precede the verb.

Examples: *Ne nous suivez pas!* Don't follow us!
Ne m'écris pas! Don't write to me!

e. Modal auxiliaries and *le futur proche*

In a sentence with a modal auxiliary or in *le futur proche,* these pronouns precede the infinitive.

> ***Examples:*** *Ils veulent vous jeter dans le lac. Ils ne veulent pas vous jeter dans le lac.*
>
> They want to throw you in the lake. They don't want to throw you in the lake.
>
> *Je vais te lire ce livre. Je ne vais pas te lire ce livre.*
>
> I'm going to read this book to you. I'm not going to read this book to you.

5. Position of adjectives

a. Most adjectives follow the nouns they modify. These adjectives include those of color or nationality and those which are composed of many syllables.

> ***Examples:*** *J'adore les flots bleus.* I adore the blue waves.
>
> *Alexandre est un garçon français.* Alexandre is a French boy.
>
> *C'est un repas formidable!* This is a fantastic meal!

b. But many adjectives precede their nouns. These include many short, familiar adjectives such as:

autre

beau

bon

grand

gros

mauvais

nouveau

petit

seul

vieux

> ***Examples:*** *Regardez cette belle plage!* Look at this beautiful beach!
>
> *Je lis mon nouveau roman.* I'm reading my new novel.

6. Present tense of the verb *mettre*

Mettre (to put, to place, to put on) is an irregular verb.

SINGULAR	1st person	je mets	I put
	2nd person	tu mets	you put
	3rd person	il met	he puts
		elle met	she puts
PLURAL	1st person	nous mettons	we put
	2nd person	vous mettez	you put
	3rd person	ils mettent	they put
		elles mettent	they put

7. Present tense of the verb *dire*

Dire (to say, to tell) is an irregular verb.

SINGULAR	1st person	je dis	I say
	2nd person	tu dis	you say
	3rd person	il dit	he says
		elle dit	she says
PLURAL	1st person	nous disons	we say
	2nd person	vous dites	you say
	3rd person	ils disent	they say
		elles disent	they say

8. Present tense of the verb *lire*

Lire (to read) is an irregular verb.

SINGULAR	1st person	je lis	I read
	2nd person	tu lis	you read
	3rd person	il lit	he reads
		elle lit	she reads
PLURAL	1st person	nous lisons	we read
	2nd person	vous lisez	you read
	3rd person	ils lisent	they read
		elles lisent	they read

9. Present tense of the verb *écrire*
Écrire (to write) is an irregular verb.

SINGULAR	**1st person**	j'écris	I write
	2nd person	tu écris	you write
	3rd person	il écrit	he writes
		elle écrit	she writes
PLURAL	**1st person**	nous écrivons	we write
	2nd person	vous écrivez	you write
	3rd person	ils écrivent	they write
		elles écrivent	they write

VOCABULAIRE

à côté de next to, by, along
accompagner to come with, to accompany
l' **action** (f) action
adorer to adore
l' **ailier** (m) wing (player)
allemand, allemande German
l' **alpinisme** (m) mountain climbing
l' **Angleterre** (f) England
l' **appartement** (m) apartment
l' **arbitre** (m) referee
l' **arrêt** (m) stop
    l'arrêt d'autobus (m) bus stop
attentivement attentively
l' **autobus** (m) bus
la **base** base, seat, headquarters
le **basket-ball** basketball
le **bâton de hockey** hockey stick
belge Belgian
le **but** goal
le **Canada** Canada
canadien, canadienne Canadian
la **carte postale** postcard
cher, chère expensive; dear
la **Chine** China
chinois, chinoise Chinese
le **chocolat** chocolate, hot chocolate
le **choix** choice
la **clochette** small bell
le **coin** corner
contre against; to (in a score)
la **croix** cross

le **cyclisme** bicycling
décider to decide, to determine
demain tomorrow
demander to ask
le **disque** (hockey) puck
le **drapeau** flag
droit, droite right
écrire to write
entrer to enter
l' **équipe** (f) team
espagnol, espagnole Spanish
le **flot** wave
la **fontaine** fountain
le **football** soccer
la **foule** crowd
le **golf** golf
historique historical
le **hockey** hockey
l' **horloge** (f) clock
italien, italienne Italian
le **jet d'eau** waterspout
le **joueur, la joueuse** player
    le joueur de centre center (hockey)
leur to them
lever to raise, to lift
la **ligne** line
lire to read
longtemps a long time
lui to him, to her
luxembourgeois, luxembourgeoise
    Luxembourgian

Luxembourgeois, Luxembourgeoise
Luxemburger, Luxembourger
marquer un but to score
le **match** game, match
    le match de hockey hockey game
me me, to me
mexicain, mexicaine Mexican
le **Mexique** Mexico
mineur, mineure minor (junior league)
la **montre** watch
le **musée** museum
la **natation** swimming
la **nation** nation
    les Nations Unies (f) United Nations
nous us, to us
l' **or** (m) gold
l' **oratoire** (m) oratory
le **palais** palace
la **passe** play
le **patinage** skating
la **patinoire** skating rink
    la patinoire de hockey hockey rink
la **plage** beach
plaît (see **plaire**)
plonger to dive, to plunge

le **pommier** apple tree
pousser to shoot; to push
quitter to leave (a place or a person)
se **rencontrer** to meet
répondre to answer
le **roman** novel
russe Russian
la **Russie** Russia
le **sable** sand
le **Sénégal** Senegal
sénégalais, sénégalaise Senegalese
sensas sensational (slang)
le **ski** skiing; ski
    le ski nautique water skiing
skier to ski
spectaculaire spectacular
suisse Swiss
te you, to you (familiar, singular)
le **téléphone** telephone
téléphoner to telephone
le **tennis** tennis
le (la) **touriste** tourist
le **village** village
vite fast, swiftly
vous you, to you (formal, singular or plural)

Genève est une belle ville très près de la France.

DIALOGUE
Au défilé du 14 juillet

MICHEL: Nous avons de la chance d'avoir un billet pour le défilé.
ALAIN: Oui, je sais.
MICHEL: Les Champs-Élysées et l'Arc de Triomphe sont vraiment beaux avec leurs drapeaux.
ALAIN: Où va-t-on y trouver une bonne place?
MICHEL: En voici une.

MICHEL: Quand verrons-nous le Président?
ALAIN: Il arrivera bientôt…Tu vois? Il est à pied.
MICHEL: Voilà les avions à réaction et la fumée rouge, blanche et bleue.
ALAIN: Je vois les officiers féminins…puis la Marine Nationale.
MICHEL: Maintenant les troupes alpines passent. Ils ont des skis et leurs chiens sont avec eux.
ALAIN: Moi, j'aime la Garde Républicaine.
MICHEL: Voilà les chars de combat.
ALAIN: J'ai mal aux oreilles…deux heures près de la fanfare!

Questions

1. Où Michel et Alain vont-ils?
2. Dans quelle rue passe le défilé?
3. Comment le Président arrive-t-il?
4. De quelles couleurs est la fumée de l'avion?
5. Est-ce que c'est un défilé militaire?
6. Qui accompagne les troupes alpines?
7. Qu'est-ce qu'Alain aime?
8. Pourquoi Alain a-t-il mal aux oreilles?

At the 14th of July Parade

MICHEL: We're lucky to have a ticket for the parade.

ALAIN: Yes, I know.

MICHEL: The Champs Élysées and the Arc de Triomphe are really beautiful with their flags.

ALAIN: Where are we going to find a good place there?

MICHEL: Here's one.

MICHEL: When will we see the President?

ALAIN: He'll arrive soon...You see? He's on foot.

MICHEL: There are the jet planes and the red, white and blue smoke.

ALAIN: I see the female officers...next the National Navy.

MICHEL: Now the alpine troops are passing by. They have skis and their dogs are with them.

ALAIN: *I* like the Republican Guard.

MICHEL: There are the tanks.

ALAIN: I have an earache...two hours next to the brass band!

EXPRESSIONS UTILES

Nous avons de la chance.	We're lucky.
Oui, je sais.	Yes, I know.
Où va-t-on y trouver une bonne place?	Where are we going to find a good place there?
En voici une.	Here's one.
Il arrivera bientôt.	He'll arrive soon.
Tu vois?	You see?
Il est à pied.	He's on foot.
Moi, j'aime...	I (emphatic) like...
J'ai mal aux oreilles.	I have an earache.

Tu vois?

SUPPLÉMENT

1. Les fêtes

le Jour de l'An	le 1 janvier
le Carnaval	en février
le Mardi-Gras	le dernier jour du Carnaval
la Fête de Pâques	en mars ou avril
la Fête du Travail	le 1 mai
la Fête Nationale	le 14 juillet
la Toussaint	le 1 novembre
le Jour des Morts	le 2 novembre
la Noël	le 25 décembre

2. Les parties du corps

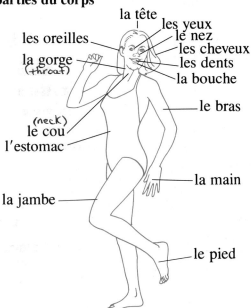

la tête — les yeux — le nez — les cheveux — les dents — la bouche — les oreilles — la gorge (throat) — le bras — (neck) le cou — l'estomac — la main — la jambe — le pied

3. Comment allez-vous?

Je ne vais pas bien.   Je suis malade.

Qu'est-ce qu'il y a?

J'ai mal à la tête.   J'ai mal aux oreilles.   J'ai mal aux dents.   J'ai mal à la gorge.   J'ai mal à l'estomac.   J'ai mal aux pieds.

EXERCICE DE PRONONCIATION

/ɔ̃/

ont	pl**on**ger	viol**on**
verr**ons**	acc**om**pagner	**bon**jour
contre	pantal**on**	boiss**on**
m**on**	c**om**plet	**on**ze

/œ̃/

br**un**	déf**unt** (deceased)	Châteaud**un**
parf**um**	Verd**un**	**hum**ble (humble)
l**un**di	opport**un** (opportune)	chac**un** (each)
un	comm**un** (common)	Mel**un**

EXERCICES ORAUX

Les fêtes

1. Quand est-ce le Jour de l'An?   Le Jour de l'An est le 1 janvier.
   Quand est-ce la Fête du Travail?
   Quand est-ce la Toussaint?
   Quand est-ce la Noël?
   Quand est-ce la Fête Nationale?
   Quand est-ce le Jour des Morts?
   Quand est-ce le Carnaval?
   Quand est-ce le Mardi-Gras?
   Quand est-ce la Fête de Pâques?

Les parties du corps

2. Quelle partie du corps est-ce? (cou)   C'est le cou.
   gorge
   main
   pied
   tête
   estomac
   nez
   bras
   bouche
   jambe

3. J'ai mal à la tête.   J'ai mal à la tête.
   dents
   gorge
   pieds
   oreilles
   estomac
   yeux
   cou

Le futur

4. Nous trouverons une bonne place.   Nous trouverons une bonne place.
   Jérôme
   Tu
   Vous
   Les filles
   Je
   Ma soeur
   Alain et Michel

5. Je finirai les devoirs.   Je finirai les devoirs.
   Les élèves
   Eric
   Nous
   Tu
   Vous
   Marie et Christine
   Ma camarade

6. Il attendra le professeur.   Il attendra le professeur.
   Les copains
   Vous
   Je
   Mme Bouchard
   Tu
   Isabelle et Jeanne
   Nous

7. **Changez la phrase au futur.**

   Il arrive bientôt.   Il arrivera bientôt.
   Les troupes passent.
   Tu aimes le restaurant.
   Papa choisit une nouvelle cravate.
   Je ne rends pas le livre.
   En été nous maigrissons.
   Nous prenons du vin.
   Jouez-vous au football?
   Claire se couche à minuit.

8. Françoise va lire un roman.   Françoise lira un roman.

   Nous allons acheter deux billets.
   Je vais me laver les mains.
   Brigitte va écrire une lettre.
   Tu vas obéir au professeur.
   Allez-vous voyager en Russie?
   Les Cheutin vont vendre leur maison.
   Qui va nourrir les animaux?
   Je ne vais pas danser avec Charles.

9. Que fais-tu?   Que feras-tu?

   Nous allons au lycée.
   Pouvez-vous m'accompagner?
   Je suis en retard.
   Tu ne veux pas de dessert.
   Victor a faim.
   Les enfants ne doivent pas étudier.
   Quand voyons-nous le Président?
   Ils font une promenade.

10. **Changez la phrase au présent.**

    Nous parlerons au vendeur.   Nous parlons au vendeur.
    Je mettrai mon manteau.
    Qui prendra plus de lait?
    Le fermier entendra la clochette.
    Achèterez-vous de la viande?
    Tu ne commenceras pas tout de suite.
    Elles iront à la discothèque.
    Maman fera une tarte.
    Que choisiras-tu?

Le verbe *savoir*

19. Je ne sais pas skier.   Je ne sais pas skier.

      Ma tante

      Vous

      Mes soeurs

      Frédéric

      Tu

      Nous

      Olivier et Claire

Free Response

20. Aimez-vous aller à un défilé?

      De quelle couleur est le drapeau américain?

      Voyez-vous souvent le Président?

      Savez-vous nager?

      Avez-vous les yeux bleus?

      Êtes-vous malade aujourd'hui?

VOCABULAIRE CLÉ POUR LA LECTURE QUI SUIT

les **boules** (f) (the game of) bowls
le **jeu** game, sport
la **pétanque** (the game of) bowls
  (So. France)
jeune young
le **cochonnet** target ball
la **boule** (bowling) ball

essayer to try

le **tour** turn
frapper to hit, to knock
déplacer to move, to displace

soigneusement carefully
gauche left

Pas de chance! No luck!

LECTURE 1
On joue aux boules

Cet après-midi on joue aux boules dans un petit jardin public. C'est un jeu très populaire en France. (Au sud du pays ce sport s'appelle la pétanque.) Nous voyons des personnes de tous les âges — des jeunes et des vieux — qui s'amusent aux boules. On joue ce jeu avec un cochonnet et des boules.

M. Bouchard, notre premier joueur, jette le cochonnet. Ses amis le regardent. Puis M. Bouchard jette la première boule. (Il jettera sa deuxième boule à la fin du match.) Il essaie de mettre la boule près du cochonnet.

Il y a six personnes qui jouent aujourd'hui. Nous allons en suivre trois. Maintenant c'est le tour de M. Doucette. Il jette sa première boule, puis la deuxième. Il essaie de frapper les boules de son ami pour les déplacer. Les autres hommes parlent de la position de ses boules.

M. Bouchard et M. Doucette regardent leur ami M. Grammont. Il jette sa première boule très soigneusement. Pour la deuxième boule, il change de mains et la jette de la main gauche. Après la deuxième boule de M. Grammont, M. Doucette regarde bien toutes les boules. Il pense qu'il va gagner!

À la fin, c'est encore le tour de M. Bouchard qui jette sa deuxième boule. Pas de chance! Elle est trop loin du cochonnet.

À la fin du jeu, les douze boules sont plus ou moins près du cochonnet. Les trois amis comptent les points et décident quel joueur gagne le match.

Questions sur la lecture

1. Où joue-t-on aux boules?
2. Comment s'appelle ce jeu au sud de la France?
3. Qu'est-ce qu'on emploie quand on joue aux boules?
4. Qui est le premier joueur?
5. Que jette-t-il pour commencer?
6. Quand jettera-t-il sa deuxième boule?
7. Où essaie-t-il de jeter sa boule?
8. Pourquoi M. Doucette essaie-t-il de frapper les boules de ses amis?
9. Comment M. Grammont jette-t-il sa première boule?
10. Que pense M. Doucette?
11. Qui n'a pas de chance?
12. Qu'est-ce qu'on compte à la fin du jeu?

M. Grammont jette la boule très soigneusement.

EXERCICES ÉCRITS

I.   **Mettez ces fêtes en ordre chronologique.** (Put these holidays in chronological order.)

1. le Carnaval
2. la Fête du Travail
3. le Mardi-Gras
4. la Fête Nationale
5. la Noël
6. le Jour des Morts
7. la Fête de Pâques
8. la Toussaint
9. le Jour de l'An

II.   **Complétez par le mot convenable.**

1. On voit avec _____.
2. On écrit avec _____.
3. On entend avec _____.
4. _____ sont sur la tête.
5. Quand on parle, on ouvre _____.
6. _____ vous aident à manger.
7. _____ est entre les yeux et la bouche.
8. On pense avec _____.
9. La nourriture descend dans _____.
10. On jette la boule avec _____.

Les dents	Le nez	la tête
la bouche	les yeux	Les cheveux
l'estomac	la main	les oreilles
le bras		

III.   **Complétez la phrase en employant *mal à* + une partie du corps.**

1. Quand vous entendez de la musique qui est trop forte, vous avez _____.
2. Quand vous portez des chaussures qui ne sont pas confortables, vous avez _____.
3. Quand vous ne voulez pas manger, vous avez _____.
4. Quand vous lisez où il n'y a pas assez de lumière, vous avez _____.
5. Quand il fait froid, il est facile d'avoir _____.
6. Quand vous ne pouvez pas tourner la tête, vous avez _____.

IV. **Écrivez la phrase au futur.**

1. Il jette le cochonnet.
2. Nous avons de la chance.
3. Ils finissent le dîner à neuf heures.
4. Allez-vous à pied?
5. Gérard s'habille soigneusement.
6. Que dis-tu?
7. Je porte un pantalon brun.
8. Le garçon ne rend pas le ballon à l'enfant.
9. Tu fais un long voyage.
10. Elles sont en retard.

V. **Écrivez les phrases au futur.**

— Que fais-tu après l'école?

— Je vais au magasin où j'achète un cahier. Après ça, je choisis un nouveau disque. Quand j'arrive à la maison, je mange un petit goûter et je finis mes devoirs. Puis j'aide maman dans la cuisine. Nous prenons le dîner à sept heures ce soir. Et toi?

— Je joue au tennis.

VI. **Récrivez la phrase en remplaçant les mots en italique par y.**

1. N'allez pas *dans la cuisine!*
2. Les Martin restent *chez eux* ce soir.
3. Véronique attend l'employé *au guichet.*
4. Nous nous amuserons *à la fête.*
5. Ils font une excursion *au village.*
6. Je trouve mes copains *au défilé.*
7. Es-tu *dans ta chambre?*
8. Les hommes vont jouer aux boules *dans le jardin public.*
9. Allons *à la campagne!*
10. Vous prenez de la glace *au restaurant.*

VII. **Récrivez la phrase en remplaçant les mots en italique par *en*.**

1. Combien *de frères* avez-vous?
2. Je ne veux pas *d'oeufs.*
3. Prends-tu *de l'eau?*
4. J'ai dix *francs.*
5. Nous voyons *des avions.*
6. Il y a beaucoup *de fleurs* dans le jardin.
7. Ne donnez pas trop *de lait* au chat!
8. Maman nous apporte *de la salade.*
9. Ils veulent deux *cafés.*
10. Achetez *des pommes!*

VIII. Complétez par la forme convenable du pronom accentué.
(Complete with the appropriate form of the stress pronoun.)

1. Tant pis pour (her) _____!
2. Fabrice et (he) _____ nous accompagnent.
3. Qui frappe à la porte? (I) _____.
4. (You) _____, tu peux le faire.
5. Papa va jouer aux cartes avec (us) _____.
6. Ce sont (they, masculine) _____.
7. Y a-t-il une fête chez (you, formal) _____?
8. (They) _____, elles adorent la plage.
9. Nathalie et (I) _____, nous allons chez le coiffeur.
10. Qui parle? Est-ce (you, familiar) _____? Non, c'est (he) _____.

IX. Complétez par la forme convenable du verbe *voir*.

1. _____-vous le match?
2. Je _____ une bonne place.
3. Mme Doucette _____ son amie.
4. Nous ne _____ pas bien le Président.
5. Tu _____? Je maigris!
6. Ils ne _____ pas la fin de la pièce.
7. Alain _____ l'Arc de Triomphe.
8. Anne et Sandrine _____ l'horaire à la gare.

X. Complétez par la forme convenable du verbe *savoir*.

1. Qui _____ la date?
2. Je ne _____ pas où se trouve la gare.
3. _____-vous jouer au Monopoly?
4. Ils _____ qu'ils seront en retard.
5. Nous _____ que ce chandail te plaira.
6. L'enfant _____ lire et écrire.
7. _____-tu qui gagnera le match de hockey?
8. Mes soeurs _____ faire une omelette.

XI. Complétez par le mot convenable.

1. Le Sénégal est un pays en _____ qui est _____ aujourd'hui.
2. Les enfants sénégalais aident leurs parents dans _____.
3. On voit souvent des personnes qui portent de l'eau sur_____.
4. Un produit important du pays est _____.
5. Le plat national est fait de _____.
6. Le grand arbre qu'on trouve au Sénégal est _____.

7. Quand on n'est pas dans les grandes villes sénégalaises, on est _____ .

8. Les Sénégalais portent des ceintures qui apportent _____ .

9. Au Sénégal on parle _____ dans les villes et _____ dans la brousse.

français	riz	la tête
le mil	un dialecte	indépendant
dans la brousse	la bonne chance	le baobab
les champs	Afrique	

XII. *Oui* ou *non*? **Si la réponse n'est pas appropriée, écrivez une meilleure réponse.**

1. Pourquoi ne peux-tu pas m'accompagner?
   Je suis très malade.

2. Comment voulez-vous vos cheveux?
   J'ai les cheveux bruns.

3. Qu'est-ce que tu vas faire maintenant?
   Oui, tout de suite.

4. Que penses-tu de mon complet?
   C'est sensas!

5. Aimez-vous le ski nautique?
   Oui, la neige me plaît beaucoup.

6. Où achetez-vous du pain?
   J'en achète chez le boucher.

7. Le douanier, que veut-il regarder?
   Il veut regarder nos billets.

8. Pourquoi ne joue-t-on pas au hockey en été?
   Parce qu'il n'y a pas de glace!

XIII. Répondez en français.

1. Qui voit-on dans un défilé français?
2. Quelle fête préférez-vous?
3. Quand est la fête nationale aux États-Unis?
4. Où avez-vous mal?
5. Où irez-vous samedi?
6. Que ferez-vous si vous avez le temps?

RÉVISION

I. Complétez par l'adverbe indiqué.

1. Il jette la boule (carefully) _____.
2. Nous pouvons le voir (easily) _____.
3. (Fortunately) _____ il y a beaucoup de neige à Noël.
4. (Really) _____ elle n'a pas raison.
5. Voulez-vous (only) _____ du café?
6. La plage est (so) _____ belle aujourd'hui.
7. Yves doit être en classe; (otherwise) _____ je ne sais pas où il est.
8. Le voilà maintenant! Mais il arrive très (slowly) _____.

II. Complétez par la forme convenable du verbe *jouer* et *à* ou *de* + l'article défini.

1. Les vieux hommes _____ _____ boules dans le jardin public.
2. Mon père _____ très bien _____ piano.
3. Qui veut _____ _____ cartes avec moi?
4. Presque tous les garçons canadiens _____ _____ hockey.
5. Je _____ _____ football avec mes copains.
6. Vous _____ _____ trompette dans la fanfare?
7. _____-tu _____ golf avec ton père?
8. Nous _____ _____ flûte dans le défilé.

III. Écrivez la phrase au futur proche.

1. Nous verrons nos amis à cinq heures.
2. Je vous attendrai devant le lycée.
3. Plongeras-tu dans la mer?
4. Quand écrirez-vous à Françoise?
5. Michel n'ira pas au match.
6. Les enfants nourriront les animaux.
7. M. Grammont jettera le cochonnet.
8. Nous ferons de la confiture.

IV. **Récrivez la phrase avec la forme convenable de l'adjectif devant ou après le nom en italique.**

1. (good) Peux-tu trouver une *place?*
2. (white) Regardez la *fumée!*
3. (popular) Le ski est un *sport* au Canada.
4. (Swiss) Les *montres* sont célèbres dans tous les pays.
5. (bad) L'*enfant* n'obéit pas à ses parents.
6. (left) Employez-vous la *main* quand vous écrivez?
7. (other) Donnez-moi un *billet,* s'il vous plaît.
8. (independent) Le Sénégal est un *pays.*
9. (beautiful) Qui habite cette *maison?*
10. (green) J'achète une *robe.*

V. **Formez une question en employant une expression interrogative à la place des mots en italique.**

1. *Mon père* travaille pour le gouvernement.
2. Michel et Albert ne vont pas à l'école *parce qu'ils sont malades.*
3. Le coiffeur peut couper les cheveux de Chantal *tout de suite.*
4. Les bouchers portent *une blouse.*
5. Il est nécessaire de passer *par la douane.*
6. Les filles *ont mal à l'estomac.*
7. Le joueur de hockey perd *deux dents.*
8. Le match commence *à huit heures.*

VI. **Écrivez une petite composition de huit phrases dans laquelle vous décrivez les personnes dans votre famille.** (Write a short composition of eight sentences in which you describe the members of your family.)

VOCABULAIRE CLÉ POUR LA LECTURE QUI SUIT

la **brousse** bush country
   depuis since
l' **arbre** (m) tree
le **baobab** baobab (tree)

la **hutte** hut

la **ceinture** belt
la **paille** straw

la **vie** life
le **puits** well
le **fromager** kapok (tree)
le **bol** bowl

le **mil** millet
la **femme** woman
le **grenier** granary
l' **arachide** (f) peanut

le **plat** dish
le **thie Bou-Diene** rice dish with
   fish (Africa)
le **riz** rice
le **poulet** chicken

LECTURE 2
Le Sénégal: dans la brousse

Le Sénégal, autrefois une colonie française, est un beau pays à l'ouest de l'Afrique. La capitale du pays s'appelle Dakar. Depuis 1960 le Sénégal est indépendant de la France. Dans les grandes villes on parle français; mais dans la brousse beaucoup de personnes parlent un dialecte. La brousse est la section qui se trouve loin des villes principales. Il y a de grands arbres ici qui s'appellent baobabs.

Les enfants dans la brousse vont à l'école primaire de sept à onze ans. Après onze ans, ce sont généralement les garçons qui restent à l'école. Les filles aident leurs mères à la maison. Quelques enfants sénégalais portent des ceintures qui apportent la bonne chance. Les enfants commencent à aider leurs parents dans les champs à l'âge de sept ans. Leurs pères portent un chapeau de paille.

Il y a beaucoup de champs de mil, qui est le produit principal du Sénégal. Les femmes aident à cultiver ce mil, qu'elles doivent frapper pour faire du pain. On garde le mil dans les greniers. Les arachides sont un autre produit important des fermes sénégalaises.

Dans la brousse les Sénégalais habitent dans des huttes. Chaque adulte de la famille a une hutte. Un homme peut avoir plus d'une femme; généralement, il en a deux ou trois. Les filles habitent une hutte avec leur mère; les garçons en habitent une autre avec leur père.

La vie dans la brousse n'est pas moderne. Les femmes portent beaucoup de choses sur la tête, par exemple, de l'eau et du bois. Il est nécessaire d'aller au puits pour laver les vêtements. Les hommes coupent le bois du fromager pour faire des bols.

Un jour par semaine on va au marché. Les femmes y choisissent des légumes et des vêtements. Les vêtements que les femmes sénégalaises portent sont de longues robes.

Le thie Bou-Diene, le plat national, est fait de riz, de poisson et de tomates. On mange avec les mains. Les Sénégalais ne prennent pas beaucoup de viande; mais ils mangent du poulet pour les fêtes.

Le Sénégal

DAKAR

Les Sénégalais mangent
du poulet pour les fêtes.

Les femmes sénégalaises choisissent des vêtements au marché.

COIN CULTUREL
Sports

French sport is as varied as the seasons, whether it is pursued for fun or profit, for physical fitness or glory. In the summer the French turn to the water for stimulating recreation. Since the country is blessed with many lakes, rivers and salt water bodies, they don't have far to go. Signs help to point the way. Beaches along the Atlantic Ocean and the Mediterranean Sea swarm with tourists as well as natives. Anxious are swimmers to dive into their favorite activity. They sprawl inside colorful tents or under umbrellas only to rest up for the next plunge. Some swimmers take to pools, such as the famous one situated over the Seine in Paris.

Equally eager to take to the water are French surfers in search of a big wave off the Atlantic coast. A close cousin of the sport — wind surfing — has recently become popular in France. The riding of a small surfboard, topped with a sail, requires considerable agility and attention to air and sea currents. Along some beaches wind surfers can rent boards and even take lessons.

Water is also a summer playground for French boaters of many kinds. Some enjoy the grace of movement in a skillfully handled sailboat. Others prefer the speed of a motorboat, which can also tow skiers behind it. Sometimes a boat pulls an adventurous soul attached by parachute. For those who like to put their back into it, there are rowboats; while for those who prefer to put their feet into it, there are pedal boats. The well-to-do cruise about in yachts.

Along the water's edge we can see the French taking part in other sports. Fishermen line banks of rivers and lakes, hoping for a good day's catch. Volleyball becomes even more enjoyable when played on a sandy beach. It also seems more fun to play badminton in such surroundings.

Away from the water there are sports, the French recognize, which are still best played in warm or mild weather. One of these is soccer, the most popular team sport in France. In large stadiums thousands gather to watch professional soccer matches each Sunday afternoon. French teams in this sport travel to participate in international

Teen-agers enjoy a lively ping-pong match. (Fontenay-aux-Roses)

competition. At home the larger cities have a friendly rivalry among their amateur teams. Boys learn to play soccer at about the same age that American boys learn how to play baseball or football.

There are other warm weather sports which involve the French more as individuals than as groups. Bicycling, a prime example, presents an excellent way to keep in shape and enjoy the outdoors. Some large parks even rent bicycles at an hourly rate. Many cycling clubs organize day-long races through the countryside. The most famous bicycle race in the world is *Le Tour de France*. This grueling endurance test covers most of France and finishes in Paris.

For a country associated with the origins of modern tennis, it's appropriate that the sport remains popular throughout the land. Amateurs and professionals play at this game whose name derives from the French word *"tenez,"* once meaning "seize" or "play." Golf is not nearly as popular as tennis or soccer in France. American golfers and courses far outnumber French ones.

Hiking through woods appeals to the French in the summertime. As in the United States, jogging has assumed a new popularity. Numerous parks offer a beautiful setting for a brisk early morning run. Since there are many nearby slopes to scale, it's clear why the French try their skill at mountain climbing. In summer camps youngsters compete at archery. Men play the game of *boules* in the shade of parks, cheered on by their friends. Teen-agers enjoy the lively pace of a ping-pong match. Skateboards are fashionable throughout France with the young, who perform daring maneuvers, sometimes right in the middle of the street.

Winter brings sports enjoyed on ice or snow. Hockey has its French followers, though not as many as those in either the United States or Canada. Figure skating attracts even the very young. But it is in downhill skiing that the French are particularly proficient, having won many medals in this sport at the Olympic Games. French resorts in the Alps and Pyrenees attract skiers from all over the world. Modern cable cars transport skiers to the mountain tops to begin their thrilling descent. Cross-country skiing appeals to many others, who need not travel far from home to practice their sport. Mountain climbing takes on a different look during the winter months. So does hang gliding.

Whatever the season, the French pursue with zest many forms of the sporting life.

The French have won many Olympic medals in downhill skiing.

Water provides a summer playground for French sailboaters.

GRAMMAIRE

1. Future tense

a. Regular verbs

To express events which will take place any time from the present, we use the future tense.

Examples: Il arrivera bientôt. He will arrive soon.

Elles finiront leurs devoirs. They will finish their homework.

Nous vous attendrons. We will wait for you.

To form the future tense of any regular verb, begin with the infinitive. The infinitive becomes the stem and to it are added endings in agreement with the subject. Therefore, we can say that the future equals the infinitive plus the endings. For *-er* and *-ir* verbs, the whole infinitive is the stem; but *-re* verbs drop the final *e* of the infinitive before adding the endings.

Examples: trouver (to find)

SINGULAR	**1st person**	je trouverai	I will find
	2nd person	tu trouveras	you will find
	3rd person	il trouvera	he will find
		elle trouvera	she will find
PLURAL	**1st person**	nous trouverons	we will find
	2nd person	vous trouverez	you will find
	3rd person	ils trouveront	they will find
		elles trouveront	they will find

obéir (to obey)

SINGULAR	**1st person**	j'obéirai	I will obey
	2nd person	tu obéiras	you will obey
	3rd person	il obéira	he will obey
		elle obéira	she will obey
PLURAL	**1st person**	nous obéirons	we will obey
	2nd person	vous obéirez	you will obey
	3rd person	ils obéiront	they will obey
		elles obéiront	they will obey

perdre (to lose)

SINGULAR	**1st person**	je perdrai	I will lose
	2nd person	tu perdras	you will lose
	3rd person	il perdra	he will lose
		elle perdra	she will lose
PLURAL	**1st person**	nous perdrons	we will lose
	2nd person	vous perdrez	you will lose
	3rd person	ils perdront	they will lose
		elles perdront	they will lose

Note: Although there are six written forms of the verb in the future tense, there are only three different pronunciations (*je trouverai* and *vous trouverez, tu trouveras* and *il/elle trouvera, nous trouverons* and *ils/ elles trouveront*). In -er verbs the e of the infinitive stem is not pronounced. In all verbs an r precedes the ending.

Verbs in the future tense make their negative and interrogative forms exactly as do those in the present tense. A t is inserted between the verb and the subject when forming a question in the third person singular.

> **Example:** *Où descendra-t-il?* Where will he get off?

A common use of the future is in sentences with *si* (if).

> **Example:** *Si j'ai le temps, je vous aiderai.* If I have time, I will help you.

b. Irregular verbs

Many of the irregular verbs we have learned also have irregular forms in the future tense. However, it is only their stems which are irregular; the future endings are the same for all verbs.

	aller	**avoir**	**faire**	**être**
je (j′)	irai	aurai	ferai	serai
tu	iras	auras	feras	seras
il/elle	ira	aura	fera	sera
nous	irons	aurons	ferons	serons
vous	irez	aurez	ferez	serez
ils/elles	iront	auront	feront	seront

	vouloir	**pouvoir**	**devoir**
je	voudrai	pourrai	devrai
tu	voudras	pourras	devras
il/elle	voudra	pourra	devra
nous	voudrons	pourrons	devrons
vous	voudrez	pourrez	devrez
ils/elles	voudront	pourront	devront

c. Orthographically changing verbs

The orthographically changing verbs we learned in their present tense forms also have spelling irregularities in the future. Verbs ending in -*érer* retain the *é* in all forms of the future. Those ending in -*e* + consonant + -*er* retain the doubled final stem consonant or the *è* in all forms. Verbs ending in -*oyer* change the *y* to *i* in all forms.

	préférer	**jeter**	**acheter**	**employer**
je (j′)	préférerai	jetterai	achèterai	emploierai
tu	préféreras	jetteras	achèteras	emploieras
il/elle	préférera	jettera	achètera	emploiera
nous	préférerons	jetterons	achèterons	emploierons
vous	préférerez	jetterez	achèterez	emploierez
ils/elles	préféreront	jetteront	achèteront	emploieront

2. The pronoun *y*

a. Affirmative

The pronoun *y* (there) replaces a preposition plus a place name which has previously been mentioned. *Y* precedes the verb. When *je* precedes *y*, we have *j'y*.

> *Examples: Je vais au magasin. J'y vais.*
>
> I'm going to the store. I'm going there.
>
> *Le chien est dans la cuisine. Le chien y est.*
>
> The dog is in the kitchen. The dog is there.

b. Negative

If the verb is in the negative, *y* precedes the verb. When *ne* precedes *y*, we have *n'y*.

> *Example: Nous n'allons pas au match. Nous n'y allons pas.*
>
> We're not going to the game. We're not going there.

c. Interrogative

In an interrogative sentence using inversion, *y* precedes the verb.

> *Example: Travaillent-ils dans les champs? Y travaillent-ils?*
>
> Do they work in the fields? Do they work there?

d. Imperative

In a sentence that gives a command, *y* follows the verb and is attached to it by a hyphen. In the *tu* form of the verb *aller,* the imperative ends in *s*.

> *Examples: Restez dans votre chambre! Restez-y!*
>
> Stay in your room! Stay there!
>
> *Va à l'école! Vas-y!* Go to school! Go there!

In an imperative sentence having a negative form, *y* precedes the verb.

> *Example: Ne mangez pas dans le salon! N'y mangez pas!*
>
> Don't eat in the living room! Don't eat there!

e. Modal auxiliaries and *le futur proche*

In a sentence with a modal auxiliary or in *le futur proche*, *y* precedes the infinitive.

> ***Examples:*** *Je dois aller chez Paul. Je dois y aller. Je ne dois pas y aller.*
>
> I must go to Paul's house. I must go there. I must not go there.
>
> *Tu vas être en France. Tu vas y être. Tu ne vas pas y être.*
>
> You're going to be in France. You're going to be there. You're not going to be there.

3. The pronoun *en*

a. Affirmative

The pronoun *en* (some, any, of it, of them) replaces *de* plus a noun. *En* also replaces a noun which follows a number. *En* immediately precedes the verb. When *je* precedes *en*, we have *j'en*.

> ***Examples:*** *Je veux du potage. J'en veux.*
>
> I want some soup. I want some.
>
> *Papa achète des billets. Papa en achète.*
>
> Dad buys some tickets. Dad buys some.
>
> *Nous avons assez de pain. Nous en avons assez.*
>
> We have enough bread. We have enough (of it).
>
> *Ils voient trois avions. Ils en voient trois.*
>
> They see three airplanes. They see three (of them).

Note: The English speaker may leave unstated what corresponds to *en*.

b. Negative

If the verb is in the negative, *en* immediately precedes the verb. When *ne* precedes *en*, we have *n'en*.

> ***Examples:*** *Y a-t-il du sucre? Il n'y en a pas.*
>
> Is there any (some) sugar? There isn't any.
>
> *Donnez-vous une fleur à Anne? Je n'en donne pas une à Anne.*
>
> Do you give a (one) flower to Anne? I don't give one (of them) to Anne.

c. Interrogative

In an interrogative sentence using inversion, *en* immediately precedes the verb.

> ***Examples:*** *Choisis-tu des disques? En choisis-tu?*
>
> Do you choose some (any) records? Do you choose some (any)?
>
> *A-t-il trop de devoirs? En a-t-il trop?*
>
> Does he have too much homework? Does he have too much (of it)?

d. Imperative

In a sentence that gives a command, *en* follows the verb and is attached to it by a hyphen.

> *Examples:* *Mangez des légumes! Mangez-en!*
>
> Eat some vegetables! Eat some!
>
> *Prends quatre livres! Prends-en quatre!*
>
> Take four books! Take four (of them)!

In an imperative sentence having a negative form, *en* immediately precedes the verb.

> *Examples:* *Ne vends pas de vin à Claire! N'en vends pas à Claire!*
>
> Don't sell Claire any wine! Don't sell Claire any!
>
> *N'achetez pas tant de fromage! N'en achetez pas tant!*
>
> Don't buy so much cheese! Don't buy so much (of it)!

e. Modal auxiliaries and *le futur proche*

In a sentence with a modal auxiliary or in *le futur proche*, *en* precedes the infinitive.

> *Examples:* *Nous voulons manger du steak. Nous voulons en manger. Nous ne voulons pas en manger.*
>
> We want to eat (some) steak. We want to eat some. We don't want to eat any.
>
> *Ils vont gagner cent francs. Ils vont en gagner cent. Ils ne vont pas en gagner cent.*
>
> They are going to earn one hundred francs. They are going to earn one hundred (of them). They aren't going to earn one hundred (of them).

4. Stress pronouns

Stress pronouns, also called disjunctive pronouns, are used in a variety of ways in French.

Subject Pronouns	Stress Pronouns	
je	moi	me, I
tu	toi	you
il	lui	he, him
elle	elle	she, her
nous	nous	we, us
vous	vous	you
ils	eux	they, them
elles	elles	they, them

a. **A stress pronoun is used in an incomplete sentence, i.e., one without a verb.**

> *Examples:* *Je vais bien. Et toi?* I'm fine. And you?
> *Qui frappe à la porte? Nous.*
> Who's knocking at the door? We (are).

b. **A stress pronoun is used after a form of the verb *être*.**

> *Examples:* *C'est lui.* It is he.
> *Ce sont elles.* It is they.

c. **A stress pronoun is used in the beginning of a sentence to emphasize the pronoun or noun subject. The French language does not give emphasis by changing the pitch as we do in English but by adding a stress pronoun.**

> *Examples:* *Moi, j'ai mal à la tête.* *I* have a headache.
> *Vous, vous parlez français.* *You* speak French.

d. **A stress pronoun is used after a preposition.**

> *Examples:* *Nous allons chez elle.* We're going to her house.
> *Tu étudies avec eux.* You study with them.

e. **A stress pronoun is used in a compound subject when one of its elements is a pronoun.**

> *Examples:* *Alain et moi (nous) allons au défilé.*
> Alain and I are going to the parade.
> *Sandrine et toi (vous) jouez au tennis.*
> Sandrine and you play tennis.

5. Present tense of the verb *voir*

Voir (to see) is an irregular verb.

SINGULAR	**1st person**	je vois	I see
	2nd person	tu vois	you see
	3rd person	il voit	he sees
		elle voit	she sees
PLURAL	**1st person**	nous voyons	we see
	2nd person	vous voyez	you see
	3rd person	ils voient	they see
		elles voient	they see

The irregular future stem of *voir* is *verr-*.

6. Present tense of the verb *savoir*

Savoir (to know, to know how) is an irregular verb.

SINGULAR	**1st person**	je sais	I know
	2nd person	tu sais	you know
	3rd person	il sait	he knows
		elle sait	she knows
PLURAL	**1st person**	nous savons	we know
	2nd person	vous savez	you know
	3rd person	ils savent	they know
		elles savent	they know

The irregular future stem of *savoir* is *saur-*.

VOCABULAIRE

l' **Afrique** (f) Africa
alpin, alpine alpine
l' **arachide** (f) peanut
l' **arbre** (m) tree
l' **Arc de Triomphe** (m) Arch of Triumph
l' **avion** (m) airplane
    l'avion à réaction (m) jet plane
avoir de la chance to be lucky
le **baobab** baobab (tree)
le **bol** bowl
la **bouche** mouth
la **boule** (bowling) ball
les **boules** (f) (the game of) bowls
le **bras** arm
la **brousse** bush country
le **Carnaval** Carnival
la **ceinture** belt
les **Champs-Élysées** (m) Champs Élysées
changer to change
le **char** float
    le char de combat tank
la **chose** thing
le **cochonnet** target ball
la **colonie** colony
le **corps** body
le **cou** neck
cultiver to cultivate
le **défilé** parade

la **dent** tooth
déplacer to move, to displace
depuis since; for; from
dernier, dernière last
elle her
elles them
en some, any; of it, of them
essayer to try; to try on
l' **estomac** (m) stomach
eux them, they (masculine)
la **fanfare** brass band
féminin, féminine female, feminine
la **femme** woman; wife
la **fête** holiday, festival; birthday; party
    la Fête du Travail Labor Day
frapper to hit, to knock
le **fromager** kapok (tree)
la **fumée** smoke
la **garde** guard
gauche left
généralement generally
la **gorge** throat
le **grenier** granary; attic
la **hutte** hut
indépendant, indépendante independent
la **jambe** leg
le **jeu** game, sport
jeune young

le **Jour de l'An** New Year's Day

le **Jour des Morts** All Souls' Day (Day of the Dead)

lui he, him

le **mal** ailment, pain, ache

    mal à la gorge sore throat

    mal à la tête headache

    mal à l'estomac stomachache

    mal aux dents toothache

    mal aux oreilles earache

    mal aux pieds sore feet

  malade sick, ill

le **Mardi-Gras** Mardi Gras

la **marine** navy

le **mil** millet

moi I

le **mort, la morte** dead person

le **nez** nose

la **Noël** Christmas

nous us

l' **officier** (m) officer

l' **oreille** (f) ear

la **paille** straw

les **Pâques** (f) Easter

la **partie** part

Pas de chance! No luck!

la **pétanque** (the game of) bowls (So. France)

le **pied** foot

  à pied on foot

le **plat** dish

le **point** point

populaire popular

la **position** position

le **poulet** chicken

le **président** president

le **puits** well

Qu'est-ce qu'il y a? What's the matter?

républicain, républicaine republican

le **riz** rice

sans without

savoir to know; to know how

soigneusement carefully

la **tête** head

le **thie Bou-Diene** rice dish with fish (Africa)

le **tour** turn

la **Toussaint** All Saints' Day

le **travail** work

les **troupes** (f) troops, forces

la **vie** life

voir to see

vraiment really, truly

y there

les **yeux** (m) eyes

Whatever the season, the French pursue with zest many forms of the sporting life.

DIALOGUE
Dans le bateau mouche

MME THIBAULT:	As-tu fait une promenade dans un bateau mouche à Paris?
M. THIBAULT:	Non, je n'ai jamais fait cela. Voilà, on ouvre le guichet maintenant.
MME THIBAULT:	Allons-y!
M. THIBAULT:	Tu veux ce côté-ci ou ce côté-là du bateau?
MME THIBAULT:	Ça m'est égal. Asseyons-nous ici en plein air!
M. THIBAULT:	Voilà la Tour Eiffel! J'ai déjà étudié l'histoire de beaucoup de ces monuments.
MME THIBAULT:	Tiens! À gauche, la Place de la Concorde!
M. THIBAULT:	C'est là qu'on a mis la guillotine pendant la Révolution Française. Mais aujourd'hui elle n'y est plus.
MME THIBAULT:	C'est juste. Tu as bien appris ton histoire.
M. THIBAULT:	Tu sais? Cette promenade en bateau m'a beaucoup plu!

Questions

1. Où y a-t-il des bateaux mouches?
2. M. Thibault, a-t-il fait une promenade dans un bateau mouche?
3. Est-ce que Mme Thibault veut ce côté-ci ou ce côté-là du bateau?
4. Quel monument est-ce que les Thibault voient?
5. Qui a déjà étudié l'histoire des monuments parisiens?
6. Quelle place regardent-ils?
7. Quand est-ce qu'on a mis la guillotine sur cette place?
8. M. Thibault, est-ce que cette promenade lui a plu?

On the Tourist Boat

MME THIBAULT:	Have you gone for a ride on a tourist boat in Paris?
M. THIBAULT:	No, I've never done that. There, they are opening the ticket window now.
MME THIBAULT:	Let's go!
M. THIBAULT:	Do you want this side or that side of the boat?
MME THIBAULT:	I don't care. Let's sit here outside!
M. THIBAULT:	There's the Eiffel Tower! I've already studied the history of many of these monuments.
MME THIBAULT:	Look! On the left, the *Place de la Concorde!*
M. THIBAULT:	That's where they placed the guillotine during the French Revolution. But today it's no longer there.
MME THIBAULT:	That's right. You've learned your history well.
M. THIBAULT:	You know? I liked this boat ride a lot.

EXPRESSIONS UTILES

Je n'ai jamais fait cela.	I've never done that.
Allons-y!	Let's go!
Tu veux ce côté-ci ou ce côté-là?	Do you want this side or that side?
Ça m'est égal.	I don't care.
Asseyons-nous ici en plein air!	Let's sit here outside!
Tiens!	Look!
Elle (il) n'y est plus.	It's no longer there.
C'est juste.	That's right.
Tu sais?	You know?
Cette promenade en bateau m'a beaucoup plu.	I liked this boat ride a lot.

SUPPLÉMENT

1. Le transport

la voiture   l'autobus   le train   la bicyclette   l'avion   le bateau   le métro
(le vélo)

2. Je vais au lycée en autobus.

à bicyclette (en vélo)
en métro
en voiture
à pied

Nous voyageons en avion.
en bateau
par le train

3. La signalisation routière

one way   no parking   no left turn   no right turn   no passing

speed limit   end of   parking   motorway   toll
of 100 km/hr.   100 km/hr.
speed limit

4. Un plan de Paris

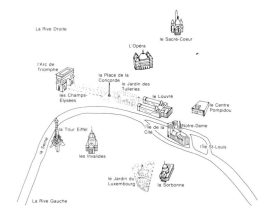

La Rive Droite
le Sacré-Coeur
L'Opéra
l'Arc de Triomphe
la Place de la Concorde
le Jardin des Tuileries
le Louvre
les Champs-Elysées
le Centre Pompidou
la Seine
la Tour Eiffel
l'île de la Cité
Notre-Dame
l'île St-Louis
les Invalides
le Jardin du Luxembourg
la Sorbonne
La Rive Gauche

EXERCICE DE PRONONCIATION

/s/

cela	sais	cette
ça	voici	sensas
asseyons	officiers	océan
français	nationale	sable

/z/

dans un	président	ils attendent
allons-y	les avions	heureusement
Champs-Élysées	deux heures	onze
nous avons	chinoise	mademoiselle

EXERCICES ORAUX

Le transport

1. Qu'est-ce que c'est? (train)   C'est un train.
   bateau
   bicyclette
   voiture
   avion
   vélo
   autobus
   métro

2. Comment est-ce que tu vas à
   l'école? (pied)   Je vais à l'école à pied.
   Comment est-ce que tu vas en
   ville? (métro)
   Comment est-ce que tu vas à l'île?
   (bateau)
   Comment est-ce que tu vas à Marseille?
   (train)
   Comment est-ce que tu vas au magasin?
   (vélo)
   Comment est-ce que tu vas au théâtre?
   (autobus)
   Comment est-ce que tu vas en France?
   (avion)
   Comment est-ce que tu vas chez Marc?
   (bicyclette)
   Comment est-ce que tu vas à la
   campagne? (voiture)

Le plan de Paris

3. Où se trouve la Seine? (Louvre)
    Île Saint-Louis
    Tour Eiffel
    Centre Pompidou
    Opéra
    Place de la Concorde
    Jardin du Luxembourg
    Champs-Élysées
    Arc de Triomphe

Où se trouve le Louvre?

4. Notre-Dame est dans l'Île de la Cité. (L'Opéra)
    Le Sacré-Coeur
    La Sorbonne
    Le Jardin des Tuileries
    La Place de la Concorde
    Les Invalides
    Le Louvre
    La Tour Eiffel
    Les Champs-Élysées

L'Opéra est sur la rive droite.

Le passé composé avec *avoir*

5. J'ai étudié cet après-midi.
    Les élèves
    M. Racette
    Vous
    Tu
    Ma soeur
    Nous
    Marie et Christine

J'ai étudié cet après-midi.

6. Elle a choisi des gants.
    Nous
    Maurice et Albert
    Je
    Mes tantes
    Vous
    L'employé
    Tu

Elle a choisi des gants.

7. Vous avez perdu le match.　　　　　　　　Vous avez perdu le match.
   Tu
   Mon école
   Les Canadiens
   Nous
   Papa
   Je
   Les femmes

8. Qu'est-ce que tu as fait? (prendre)　　　Qu'est-ce que tu as pris?
   vouloir
   mettre
   voir
   écrire
   apprendre
   lire
   ouvrir
   dire

9. **Changez la phrase au passé composé.**
   Vincent traverse la rue.　　　　　　　　Vincent a traversé la rue.
   Je finis le travail.
   Nous n'entendons pas le professeur.
   Anne et Chantal passent des disques.
   Elle aime nager dans la mer.
   Achetez-vous un complet?
   Nous vendons la maison.
   Joues-tu au hockey?
   L'enfant n'obéit pas à sa mère.

10. Vous êtes malade.　　　　　　　　　　Vous avez été malade.
    Nous prenons du thé.
    Écris-tu la lettre?
    J'ai mal à l'estomac.
    Elles ne lisent pas le roman.
    Vous faites une promenade.
    Je ne peux pas aller à la disco.
    Doivent-ils rester chez eux?
    M. Thibault le sait.

11. **Changez la phrase au présent.**

Tu as appris ton histoire.   Tu apprends ton histoire.
Cette promenade m'a plu.
Nous avons regardé les monuments.
Avez-vous maigri?
M. Grammont a jeté la boule.
Je n'ai pas vu le défilé.
As-tu trouvé une place?
Ils n'ont pas mangé de prunes.
Elle a rendu les devoirs.

Les adjectifs démonstratifs

12. La promenade est agréable.   Cette promenade est agréable.
Les animaux ont faim.
On ouvre le guichet.
Les monuments sont importants.
L'homme est français.
Regardez le beau drapeau!
L'élève fait ses devoirs.
La femme achète des légumes.
Nous regardons les joueurs de hockey.

13. Tu veux le livre?   Tu veux ce livre-ci ou ce livre-là?
Tu prends la pomme?
Tu mets le chapeau?
Tu emploies les crayons?
Tu préfères l'omelette?
Tu vois le match?
Tu parles à l'enfant?
Tu achètes les disques?
Tu réussis à l'examen?

Les adverbes

14. Le Président arrivera. (bientôt)   Le Président arrivera bientôt.
Je vais au cinéma. (maintenant)
Les élèves parlent français. (bien)
Asseyons-nous en plein air! (ici)
Il ne les coupe pas. (tout de suite)
Vous aimez la neige. (beaucoup)
Ils dînent au restaurant. (souvent)
Nous marchons à l'école. (lentement)
Lis-tu la lettre? (encore)

15. Il a fini le travail. (déjà)　　　　　　Il a déjà fini le travail.
    J'ai mangé ce soir. (bien)
    Cette excursion m'a plu. (beaucoup)
    Ils m'ont dit "Bonjour". (souvent)
    Jeanne a fait une promenade.
       (aujourd'hui)
    Vous avez aidé vos amis. (encore)
    J'ai écrit la lettre. (vite)
    Tu as nagé en été. (ici)
    Nous avons dansé. (trop)

Ne...plus

16. Je parle à Denis.　　　　　　　　Je ne parle plus à Denis.
    M. Poirot est professeur.
    Nous avons le temps.
    Les Cheutin vont à la campagne.
    David reste à la maison.
    Il fait froid.
    Travailles-tu à la banque?
    Vous avez vu l'avion.
    J'ai aidé mon frère.

Ne...jamais

17. Elle va au théâtre.　　　　　　　Elle ne va jamais au théâtre.
    Patrick est en retard.
    Vous avez raison.
    Nous mangeons chez les Martin.
    Lis-tu cette lettre?
    Le mauvais enfant dit "Merci".
    Je maigris en été.
    Vous avez pris le train.
    Les garçons ont joué au hockey.

Ne...rien

18. Ils font leurs devoirs.　　　　　　Ils ne font rien.
    Je lis les cartes.
    Tu dis "Au revoir".
    Achetez-vous des disques?
    Ils choisissent des fleurs.
    Mireille a vingt francs.
    Nous prenons du lait.
    Il a coupé mes cheveux.
    J'ai entendu la clochette.

Le verbe *ouvrir*

19. Nous ouvrons la porte.   Nous ouvrons la porte.
    Tu
    Maman
    Les enfants
    Je
    Le professeur
    Vous
    Françoise et Brigitte

Free Response

20. Est-ce qu'on emploie la guillotine aux États-Unis?
    Est-ce que vous allez à l'école en autobus?
    Avez-vous déjà voyagé en avion?
    Obéissez-vous toujours à la signalisation routière?
    Avez-vous vu la Tour Eiffel?
    Quels monuments parisiens voulez-vous voir?

VOCABULAIRE CLÉ POUR LA LECTURE QUI SUIT

la **visite** visit
    faire une visite to visit, to pay a visit
l' **île** (f) island
    nettoyer to clean
l' **écrivain** (m) writer, author
le **siècle** century

la **tour** tower
l' **histoire** (f) story

l' **arc-boutant** (m) flying buttress
    soutenir to support

la **rosace** rose window
    ancien, ancienne old
la **gargouille** gargoyle

le **sacre** coronation

la **vue** view
la **chimère** chimera (imaginary monster)
l' **esprit** (m) spirit

LECTURE 1
Une visite à Notre-Dame

Aujourd'hui nous allons faire une visite à Notre-Dame, la grande cathédrale gothique de Paris. Notre-Dame se trouve dans l'Île de la Cité, une des deux îles au centre de la Seine. On a commencé sa construction en 1163 et on l'a finie en 1345. Après plus de 600 ans, l'extérieur était presque noir. Mais on l'a nettoyé, et aujourd'hui il n'est plus sale. Victor Hugo, un écrivain français du dix-neuvième siècle, a employé la cathédrale comme scène d'un de ses romans, *Notre-Dame de Paris (The Hunchback of Notre Dame)*.

Comme les autres cathédrales gothiques, Notre-Dame a trois portes à l'ouest et deux grandes tours. Ces portes principales sont très belles. On y trouve des statues du douzième siècle qui aident à suivre les histoires de la Bible. Au centre on voit la scène du Jugement dernier. À gauche il y a des statues de saints. En voilà une de saint Denis qui a la tête dans les mains!

À l'est de la cathédrale on voit les arcs-boutants qui soutiennent Notre-Dame. Il y a aussi un petit jardin public.

De chaque côté on trouve des rosaces du treizième siècle. La rosace nord a des scènes de l'Ancien Testament. Les couleurs de cette rosace sont vraiment belles. La rosace sud a des scènes du Nouveau Testament. À l'extérieur de la cathédrale, on voit des gargouilles, les têtes et les cous très longs des animaux.

Il y a de la place pour 9 000 personnes dans la cathédrale. On a employé Notre-Dame comme scène du sacre de Napoléon 1er en 1804. L'artiste Jacques-Louis David en a fait une peinture.

On peut monter une des tours de la cathédrale pour avoir une vue spectaculaire de Paris. Au nord on voit Montmartre. Au sud on a une belle vue de la Seine et des bateaux mouches qui passent. De ces tours on peut bien voir les chimères, qui gardent la cathédrale contre les mauvais esprits.

Questions sur la lecture

1. Comment s'appelle la grande cathédrale gothique de Paris?
2. Où se trouve cette cathédrale?
3. Quand a-t-on commencé sa construction?
4. Est-ce que son extérieur est sale aujourd'hui?
5. Qui était Victor Hugo?
6. Qu'est-ce qu'il a écrit?
7. Combien de portes y a-t-il à l'ouest?
8. De quel siècle sont les statues?
9. Quelle scène voit-on au centre?
10. Qui n'a pas de tête?
11. Que font les arcs-boutants?
12. Est-ce que les couleurs des rosaces sont belles?
13. Où sont les gargouilles?
14. Que voit-on des tours de Notre-Dame?

Notre-Dame se trouve dans l'Île de la Cité. (Paris)

EXERCICES ÉCRITS

I. **Complétez par** *en*, *à* **ou** *par le* **et le mot convenable.**

1. On peut traverser l'océan très vite _____ _____.
2. On peut avoir une couchette quand on voyage _____ _____.
3. La famille va à la campagne _____ _____.
4. À Paris et à New York, les personnes voyagent très vite _____ _____.
5. Nous faisons une excursion sur la Seine _____ _____.
6. J'habite près du lycée. J'y vais _____ _____.
7. Beaucoup de personnes regardent le Tour de France où les hommes sont _____ _____.
8. Quand nous voyageons _____ _____, il y a des arrêts à chaque coin.

autobus	métro
avion	pied
bateau	train
bicyclette	voiture

II. **Expliquez la signalisation routière en anglais.** (Explain the road signs in English.)

III. **Identifiez les nombres en français.**

IV. **Complétez par le mot convenable.**

1. La _____ divise Paris.
2. La rive _____ est au nord de la Seine.
3. Deux _____ se trouvent dans la Seine.
4. Il y a plus de trente _____ à Paris.
5. On peut voir beaucoup de _____ modernes.
6. Les deux chambres du Parlement français sont _____ et _____ .
7. _____ est le centre du gouvernement municipal.
8. On trouve un grand nombre de _____ internationales à Paris.
9. Dans le _____ on voit beaucoup d'étudiants.
10. La _____ est la Faculté des Lettres et des Sciences de l'Université de Paris.

l'Assemblée Nationale	Sorbonne
L'Hôtel de Ville	droite
Seine	îles
ponts	gratte-ciel
le Sénat	sociétés
Quartier Latin	

V. **Écrivez la phrase au passé composé.**

1. Nous faisons une visite à notre grand-mère.
2. Achètes-tu une nouvelle chemise?
3. Ils ne finissent pas le travail.
4. Françoise lit son roman.
5. L'employé nous vend des billets.
6. Je ne peux pas aller au match.
7. Vous avez mal à la tête?
8. Qu'est-ce que tu choisis?
9. Je mange à sept heures.
10. Lavent-ils la voiture?

VI. **Écrivez cette histoire au passé composé.**

Samedi après-midi Michelle téléphone à Marie. Michelle lui demande de l'accompagner à la plage. Marie dit que óui. Les filles quittent leurs maisons à quatorze heures. Elles prennent l'autobus. À la plage elles nagent tout de suite. Elles voient des amis du lycée. Ces garçons leur apportent de la glace. Puis les garçons jouent au basket-ball et les filles regardent les flots.

VII. **Écrivez une phrase appropriée au passé composé en employant les mots clés qui sont indiqués. Ces mots ne sont pas en ordre.**

1. romans / écrire / Victor Hugo / beaucoup / avoir
2. avoir / Sénégal / français / être / colonie
3. gagner / équipe / match / avoir / quel / hockey
4. tu / plan / vouloir / Paris / avoir
5. livre / je / avoir / professeur / devoir / rendre
6. arrêt / attendre / nous / avoir / autobus
7. vous / où / mettre / stylos / avoir
8. ne / avoir / histoire / savoir / ce / pas / ils

VIII. **Complétez la phrase par la forme convenable de l'adjectif démonstratif.** (Complete the sentence with the appropriate form of the demonstrative adjective.)

1. _____ monuments se trouvent à Paris.
2. Comment s'appelle _____ homme?
3. Tu veux _____ pomme-_____ ou _____ pomme-_____?
4. _____ steak n'est pas bien cuit.
5. _____ arbitre n'a pas raison.
6. _____ promenade m'a beaucoup plu.
7. Est-ce que vous portez _____ chaussures-_____ ou _____ chaussures-_____?
8. _____ disque est très populaire.
9. Nous n'avons pas lu _____ histoire.
10. Qu'est-ce qu'ils feront _____ soir?

IX. **Récrivez la phrase avec l'adverbe indiqué.**

1. (well) Des deux tours de Notre-Dame, on voit les chimères.
2. (a lot) Nous avons aimé la pièce.
3. (always) Je ne quitte pas la maison à huit heures.
4. (often) As-tu voyagé en Europe?
5. (already) Les Cheutin ont pris le déjeuner.
6. (also) Les élèves savent l'allemand.
7. (today) Maman a nettoyé la maison.
8. (carefully) Philippe répond au professeur.
9. (finally) Les élèves ont fini leurs devoirs.
10. (again) Lisez-vous la lettre de Jean?

X. **Récrivez la phrase en employant les mots indiqués.**

1. (no more) J'ai le temps.
2. (never) Nous avons fait cela.
3. (nothing) Claire a mangé.
4. (no longer) Ils vont à la plage en septembre.
5. (nothing) As-tu acheté des fruits?
6. (no more) Guy et Marie-Thérèse ont dansé.
7. (never) L'employé est en retard.
8. (nothing) Vous lui dites "Bonjour".
9. (no longer) La famille habite Strasbourg.
10. (never) J'ai vu la Tour Eiffel.

XI. **Indiquez le contraire.**

_____	1. droit	a.	perdre
_____	2. jeune	b.	vieux
_____	3. en plein air	c.	répondre
_____	4. premier	d.	à l'intérieur
_____	5. long	e.	jamais
_____	6. vite	f.	palais
_____	7. gagner	g.	gauche
_____	8. hutte	h.	court
_____	9. demander	i.	lentement
_____	10. toujours	j.	dernier

XII. **Complétez la phrase par la forme convenable du verbe** *ouvrir.*

1. Tu _____ la porte.
2. On _____ le guichet à deux heures.
3. J' _____ le bocal de confiture.
4. Les élèves _____ les livres.
5. Pouvez-vous l' _____?
6. L'enfant _____ la bouche.
7. Vous _____ le champagne.
8. Nous _____ soigneusement la lettre.

XIII. **Répondez en français.**

1. Aimez-vous faire des promenades en bateau en été?
2. Comment est-ce que vous allez au lycée?
3. Avez-vous étudié les monuments parisiens?
4. Quels sont deux monuments célèbres sur la rive droite à Paris?
5. Avez-vous beaucoup mangé ce matin?
6. Qui nettoie généralement votre maison?

RÉVISION

I. Complétez par la forme convenable du verbe.

1. Ma petite soeur _____ du lait.
2. Est-ce que tu _____ faim?
3. Pierre et Claude, _____-ils le défilé?
4. Que _____-vous faire cet après-midi?
5. Nous _____ un long voyage.
6. _____-tu jouer aux boules?
7. Il _____ qu'il ne peut pas danser.
8. Je _____ dans ma chambre.
9. Les élèves _____ leurs cahiers sur le bureau du professeur.
10. Je _____ étudier chez Vincent.

vouloir	faire
avoir	mettre
dire	prendre
aller	être
savoir	voir

II. Écrivez la phrase au futur.

1. Nous allons être heureux de vous voir.
2. Mes parents vont se coucher à onze heures.
3. Quand vas-tu lire *Notre-Dame de Paris?*
4. Maman va maigrir après Noël.
5. Allez-vous m'attendre?
6. Demain il va neiger.
7. Je vais pouvoir vous accompagner.
8. Nous allons voir nos copains ce soir.
9. Pourquoi ne vont-ils pas aller en Russie?
10. Je vais gagner beaucoup d'argent cet été.

III. Récrivez la phrase en employant *y*.

1. Êtes-vous dans le salon?
2. Nous ne marcherons pas à la plage.
3. Les enfants voient le *Guignol* dans le jardin public.
4. Isabelle, va à ta chambre!
5. Il trouve Monique au coin de la rue.
6. J'attends ma copine à la patinoire.
7. Nous restons au café.
8. Tu comptes aller à la disco.

IV. Récrivez la phrase en employant *en*.

1. Mangez de la saucisse!
2. Nous n'achetons pas de billets.
3. Tu veux du vin?
4. Combien de bananes choisissent-ils?
5. Il y a deux bateaux.
6. Avez-vous des cartes postales?
7. Je veux prendre beaucoup de thé.
8. Papa donne de l'argent à Roger.

V. Complétez la phrase par la forme convenable du pronom accentué.

1. C'est trop cher pour (me) _____ .
2. Ils quittent la maison sans (her) _____ .
3. Qui aime la tarte? (You, familiar) _____ ?
4. Ce sont (they, feminine) _____ .
5. (You) _____ , vous êtes en retard!
6. Demain soir on ira chez (him) _____ .
7. Maurice et (they, masculine) _____ , ils vont à la poste.
8. Qui veut jouer au Monopoly avec (us) _____ ?
9. Et (you) _____ , qu'est-ce que tu vas faire?
10. Claudette et (he) _____ , ils se rencontrent à l'arrêt d'autobus.

VI. Écrivez une petite composition de huit phrases dans laquelle vous décrivez ce que vous ferez pendant les grandes vacances.
(Write a short composition of eight sentences in which you describe what you will do during your summer vacation.)

VOCABULAIRE CLÉ POUR LA LECTURE QUI SUIT

diviser to divide
neuf, neuve new

l' **édifice** (m) building
le **quartier** quarter, neighborhood
renouvelé, renouvelée renovated
le **gratte-ciel** skyscraper

l' **Hôtel de Ville** (m) Town Hall

le **siège** headquarters
le **grand magasin** department store

l' **étudiant, l'étudiante** student
attirer to attract, to draw
la **Faculté** faculty; department or branch of studies
les **lettres** (f) letters, literature
le **droit** law (profession or branch of learning)

le **long de** along
le **cinéma** movies; movie theatre
le **cabaret** cabaret, nightclub

LECTURE 2
À Paris

Paris, la capitale de la France, se trouve sur la Seine à 250 kilomètres de la Manche. C'est aussi la plus grande ville de France. Sa région métropolitaine compte plus de neuf millions de personnes. On y voit beaucoup de nationalités différentes.

La Seine divise Paris. La rive droite est au nord de la Seine, et la rive gauche est au sud. Il y a deux petites îles importantes dans la Seine: l'Île de la Cité, où se trouve Notre-Dame, et l'Île Saint-Louis avec ses maisons du dix-septième siècle. Plus de trente ponts la traversent. Le pont qui est le plus ancien s'appelle le Pont Neuf.

Au centre de Paris il est intéressant de voir de vieux édifices près des édifices modernes, comme le Forum des Halles. Le Centre Pompidou se trouve aussi dans ce quartier renouvelé. Il y a beaucoup de gratte-ciel à Paris.

Paris est le centre de la vie politique, commerciale et intellectuelle de France. Le Parlement du gouvernement français a deux chambres: l'Assemblée Nationale, qui se trouve au Palais-Bourbon, et le Sénat, au Palais du Luxembourg. Le Président du pays habite le Palais de l'Élysée. Le centre de justice se trouve au Palais de Justice. Le gouvernement municipal de Paris est à l'Hôtel de Ville.

Comme centre commercial, Paris est le siège d'un grand nombre de sociétés françaises et internationales. Il y a aussi beaucoup de grands magasins importants à Paris.

Le Quartier Latin, sur la rive gauche, est le centre intellectuel de Paris. L'Université de Paris avec plus de 150 000 étudiants, attire des personnes de tous les pays. La Sorbonne est la Faculté des Lettres et des

Sciences de l'Université. La Faculté de Droit et l'École Polytechnique se trouvent aussi dans le Quartier Latin.

Mais la vie parisienne n'est pas toujours une vie de travail. À Paris on peut aussi s'amuser dans les grands jardins publics. Sur la rive droite il y a le Bois de Boulogne à l'ouest et le Jardin des Tuileries au centre. Sur la rive gauche on trouve le Jardin du Luxembourg. Le soir on peut marcher le long des Champs-Élysées, ou aller au théâtre, au cinéma ou à un cabaret.

Le Centre Pompidou se trouve dans un quartier renouvelé de Paris.

Le gouvernement municipal de Paris est à l'Hôtel de Ville.

COIN CULTUREL
Monuments of Paris

Paris, the "City of Light," takes on a special glow at night when certain attractions are illuminated, like the *Tour Eiffel,* the *Arc de Triomphe* and the *Sacré-Coeur* atop *Montmartre.* Such landmarks also cast a light upon the history of France.

On the *Île de la Cité* several blocks from *Notre-Dame,* we find a sparkling jewel of Gothic architecture, the *Sainte-Chapelle.* King Louis IX (St. Louis) had the chapel built in 1248 to house the Crown of Thorns and other religious relics he brought back from the Crusades. On the ground floor, the lower chapel has golden pointed arches. The view of the upper chapel is breathtaking. The walls are all composed of stained glass windows, nearly fifty feet high. These windows, the oldest of their kind in Paris, portray stories from the Bible in 1,134 scenes. Near the front of the chapel, the relics were enshrined. (*Notre-Dame* now shelters them.)

Also located on the *Île de la Cité,* the *Conciergerie* served as a prison during the French Revolution. Marie Antoinette, wife of King Louis XVI, was one of its most famous inmates. She spent two months here before being guillotined like her husband. The first public clock in Paris, installed in 1370, still keeps time on one of the *Conciergerie* 's towers.

Across the Seine on the Right Bank stands the *Louvre,* formerly an immense royal palace. Now an outstanding art museum, the *Louvre* contains over 200,000 paintings, sculptures, antiquities and other *objets d'art* in its five miles of galleries.

The *Arc de Triomphe* is one of the Paris monuments lit up at night.

In the gardens of the *Louvre* is the *Arc de Triomphe du Carrousel,* built during the reign of Napoleon I. A stop under this arch offers a two-mile perspective past the *Jardin des Tuileries,* the *Place de la Concorde* and up the *Champs-Élysées* to the *Arc de Triomphe de l'Étoile.*

The *Place de la Concorde,* one of the world's largest public squares, extends over almost twenty-one acres. The imposing 3,300 year old obelisk at its center came to France as a gift from Egypt during the last century. In all four corners of the square there are two allegorical statues, each of which represents a major French city, as do each of the fountains bordering the obelisk. The square now bears a name suggestive of peace and harmony, though it served during the Revolution as the site of the guillotine.

Near this square two art museums, the *Jeu de Paume* and the *Orangerie,* display the work of the Impressionist period. Anyone interested in this monumentally important phase of French painting must visit these buildings associated with the *Louvre.*

Up the *Rue Royale* from the *Place de la Concorde* stands the *Église de la Madeleine* (Madeleine Church). With its 52 Corinthian columns, the church imitates the design of a Greek temple. It's an example of how the French have often aspired to the grandeur of classical civilization.

The *Opéra,* not far from the *Madeleine,* is the original home of France's opera and ballet companies. The world's largest theater has a magnificent foyer and grand staircase that lead to a plush auditorium. From the ceiling, painted by the 20th century French artist Chagall, hangs a huge chandelier.

Off the *Champs-Élysées* on the way to the *Arc de Triomphe* are two massive buildings, the *Grand Palais* and the *Petit Palais.* Constructed for the World's Fair of 1900, they serve as exhibition halls. The *Petit Palais* has its own permanent art museum.

At the far end of the *Champs-Élysées* rises the majestic *Arc de Triomphe de l'Étoile,* a symbol of the glory and honor of France. Like the smaller *Arc de Triomphe du Carrousel,* it was built by order of Napoleon to commemorate his military victories. It is colossal, measuring 164 feet high and 148 feet wide and possessing

The *Louvre* is an outstanding art museum.

sculptural adornment of giant dimensions. The *Champs-Élysées* is only one of the twelve avenues which radiate like a star from the *Arc*. Cars do not drive under the arch but around it in the *Place de l'Étoile*, recently renamed the *Place Charles de Gaulle*. Underneath the arch lies the Tomb of the Unknown Soldier, placed here after World War I. His grave is marked by an eternal flame and a daily bouquet of flowers.

Still on the Right Bank and directly across the Seine from the Eiffel Tower stands the *Palais de Chaillot*. An ornamental pool with fountains fronts the palace, built for the 1937 World's Fair. Inside are theaters and museums.

On the Left Bank lies the *Hôtel des Invalides,* named after its shelter for wounded soldiers but best known for its Dome Church. Even the famous military museum which adjoins the church doesn't draw as much attention. Rich decoration surrounds one upon approaching its central interior. From the dome ceiling religious figures look down upon the structure's main feature. It's the tomb of Napoleon, one of the resting places found in the church for many French military leaders. The Emperor's tomb is contained within six coffins, all encased within dark red porphyry.

On the Left Bank we also find the *Panthéon,* originally an 18th century church commemorating Ste. Geneviève, the patroness of Paris. Painted scenes from her life adorn its interior walls. The building's name and crypt make plain its present purpose. It's a burial place for French civilian heroes, like Voltaire, Rousseau and Hugo.

With this monument of Paris, our survey ends, though it could go on much longer. Certainly it must for anyone who wants more enlightenment about the French past.

Many cars drive up the *Champs-Élysées* leading to the *Arc de Triomphe*.

Marie Antoinette spent her last days in the *Conciergerie*.

GRAMMAIRE

1. The *passé composé*

In French several different tenses can be used to express actions in the past. The *passé composé* (past indefinite) is the tense most commonly used to talk about a completed action.

> **Examples:** *Ils ont étudié l'histoire.* They studied history.
>
> *Elle a fini le roman.* She has finished the novel.
>
> *As-tu entendu ce que j'ai dit?* Did you hear what I said?

There are always two words which "compose" the *passé composé*. The first is the auxiliary or helping verb. For most verbs this is a form of the present tense of *avoir*. The second word is the past participle of the main verb. The *passé composé* can be translated three ways in English.

> **Example:** *Nous avons joué.* We played. We did play. We have played.

a. Regular verbs

Regular *-er* verbs form the past participle by dropping the *-er* of the infinitive and adding *-é*. Regular *-ir* verbs form the past participle by dropping the *-ir* of the infinitive and adding *-i*. Regular *-re* verbs form the past participle by dropping the *-re* of the infinitive and adding *-u*.

	danser	**choisir**	**attendre**
je (j')	ai dansé	ai choisi	ai attendu
tu	as dansé	as choisi	as attendu
il/elle	a dansé	a choisi	a attendu
nous	avons dansé	avons choisi	avons attendu
vous	avez dansé	avez choisi	avez attendu
ils/elles	ont dansé	ont choisi	ont attendu

> **Note:** For the different forms of the verb, the past participle remains the same while the form of *avoir* changes according to the subject.

To make the verb negative, place *ne* before the form of *avoir* and *pas* after it.

> **Examples:** *Je n'ai pas nagé.* I didn't swim.
>
> *Vous n'avez pas nourri Minou.* You haven't fed Minou.

To form a question through inversion, place the form of *avoir* before the subject pronoun and join them with a hyphen.

> **Examples:** *As-tu fait une promenade?* Did you go for a ride?
>
> *Votre équipe, a-t-elle perdu le match?* Did your team lose the game?

b. Irregular verbs

Irregular verbs generally have irregular past participles.

Infinitive	Past Participle
avoir	*eu*
faire	*fait*
pleuvoir	*plu*
être	*été*
prendre	*pris*
apprendre	*appris*
vouloir	*voulu*
pouvoir	*pu*
devoir	*dû*
mettre	*mis*
lire	*lu*
dire	*dit*
écrire	*écrit*
plaire	*plu*
voir	*vu*
savoir	*su*

Examples: *Ils ont été heureux.* They were happy.

Nous avons pris le train. We took the train.

Hier il a plu. Yesterday it rained.

2. Demonstrative adjectives

Demonstrative adjectives (this, that, these, those) are *ce, cet, cette* and *ces*. They precede the noun and agree with it in gender and number.

Examples: *Ce livre est intéressant.* This (that) book is interesting.

Cette promenade m'a plu. I liked this (that) ride.

Ces élèves répondent au professeur. These (those) students answer the teacher.

Masculine singular nouns beginning with a vowel or silent "h" use *cet*.

Example: *Cet homme parle russe.* This (that) man speaks Russian.

Masculine	Masculine beginning with a vowel or silent "h"	Feminine	Plural
ce	cet	cette	ces

To differentiate between "this" and "that," "these" and "those," add *-ci* after the noun to mean "this" or "these" and *-là* after the noun to mean "that" or "those."

Examples: *Tu veux ce côté-ci ou ce côté-là du bateau?*

Do you want this side or that side of the boat?

Est-ce que vous allez acheter ces chaussures-ci ou ces chaussures-là?

Are you going to buy these shoes or those shoes?

3. Position of adverbs

a. Present or future tense

In the present or future tense, adverbs usually follow the verb directly.

> *Examples: J'aime beaucoup le cinéma.* I like movies a lot.
> *Est-ce que tu nous accompagneras aussi?*
> Will you come with us too?

If the verb is in the negative, the adverb follows *pas.*

> *Example: Il ne parle pas lentement.* He doesn't speak
> slowly.

In an interrogative sentence using inversion, the adverb follows the subject pronoun.

> *Example: Êtes-vous toujours chez Colette?* Are you still
> at Colette's?

b. *Passé composé*

In the *passé composé* most short, common adverbs are placed between the auxiliary and the past participle.

> *Examples: Nous avons déjà vu cette pièce.* We have
> already seen that play.
> *Ils ont bien mangé.* They ate well.

If the verb is in the negative, the adverb follows *pas.*

> *Example: Je n'ai pas trop étudié.* I didn't study too much.

In an interrogative sentence using inversion, the adverb follows the subject pronoun.

> *Example: As-tu souvent joué au football?* Did you play
> soccer often?

Adverbs of time and place usually follow the past participle or begin the sentence.

> *Examples: Je l'ai trouvé ici.* I found it here.
> *Aujourd'hui elle a aidé sa mère.* Today she
> helped her mother.

4. Other negative expressions

Besides *ne...pas,* there are other important negative expressions. They include *ne...plus* (no longer, no more), *ne...rien* (nothing) and *ne...jamais* (never).

> *Examples: Elle ne parle plus espagnol.* She no longer speaks
> Spanish. (She doesn't speak Spanish any more.)
> *Je n'entends rien.* I hear nothing. (I don't hear
> anything.)
> *Ils ne prennent jamais l'autobus.* They never
> take the bus.

Note that these negative expressions are placed exactly in the same position in the sentence as *ne...pas.* *Ne* precedes the verb and *plus, rien* and *jamais* follow the verb. In the *passé composé, ne* precedes the auxiliary and *plus, rien* and *jamais* follow it.

Tu n'as plus mis ces gants.
You no longer wore those gloves. (You didn't wear those gloves any more.)
Nous n'avons rien dit.
We said nothing. (We didn't say anything.)
N'avez-vous jamais vu leur nouvelle voiture?
Have you never seen their new car? (Haven't you ever seen their new car?)

5. Present tense of the verb *ouvrir*

Ouvrir (to open) is an irregular verb. It has the endings of an -*er* verb.

SINGULAR	**1st person**	j'ouvre	I open
	2nd person	tu ouvres	you open
	3rd person	il ouvre	he opens
		elle ouvre	she opens
PLURAL	**1st person**	nous ouvrons	we open
	2nd person	vous ouvrez	you open
	3rd person	ils ouvrent	they open
		elles ouvrent	they open

The past participle of *ouvrir* is *ouvert.*

VOCABULAIRE

à bicyclette by bicycle
l' **air** (m) air; appearance
   en plein air outside, in the open air
ancien, ancienne old, ancient; former
apprendre to learn
l' **arc-boutant** (m) flying buttress
l' **assemblée** (f) assembly
   Asseyons-nous! Let's sit (down)!
attirer to attract, to draw
le **bateau mouche** tourist boat
la **Bible** Bible
le **cabaret** cabaret, nightclub
la **cathédrale** cathedral
   cela that
   ces these, those
la **chambre** chamber
la **chimère** chimera (imaginary monster)
le **cinéma** movies; movie theatre
le **coeur** heart
commercial, commerciale commercial

la **construction** construction
le **côté** side
   ce côté-ci ou ce côté-là this side or that side
différent, différente different
diviser to divide
le **droit** law (profession or branch of learning)
l' **écrivain** (m) writer, author
l' **édifice** (m) building
égal, égale equal; indifferent
   Ça m'est égal. I don't care. (It's all the same to me.)
en autobus by bus
en avion by plane
en bateau by boat
en métro by subway
en voiture by car
l' **esprit** (m) spirit; mind
l' **étudiant, l'étudiante** student
l' **extérieur** (m) exterior; outside appearance
la **Faculté** faculty; department or branch of studies

la **gargouille** gargoyle
gothique Gothic
le **grand magasin** department store
le **gratte-ciel** skyscraper
la **guillotine** guillotine
hier yesterday
l' **histoire** (f) story
l' **Hôtel de Ville** (m) Town Hall
l' **île** (f) island
intellectuel, intellectuelle intellectual
intéressant, intéressante interesting
international, internationale international
le **jugement** judgment
juste right, true; just
latin, latine Latin
les **lettres** (f) letters, literature
le **long de** along
le **monument** monument
la **mouche** fly
la **nationalité** nationality
ne...jamais never
ne...plus no longer, no more
ne...rien nothing
nettoyer to clean
neuf, neuve new
le **parlement** parliament
le **péage** toll
la **place** (public) square
le **plan** map; plan
plein, pleine full
politique political
polytechnique polytechnic
le **quartier** quarter, neighborhood
la **région** region, area
renouvelé, renouvelée renovated
la **révolution** revolution
la **rive** bank (of a river)
la **rosace** rose window
le **sacre** coronation
sacré, sacrée sacred
le **saint, la sainte** saint
la **scène** scene; stage
le **sénat** senate
le **siècle** century
le **siège** seat, headquarters
la **signalisation routière** road signs
soutenir to support, to sustain
la **statue** statue

le **testament** testament
Tiens! Look (here)! Here!
la **tour** tower
le **transport** transportation
l' **université** (f) university
le **vélo** bike
en vélo by bike
la **visite** visit
faire une visite to visit, to pay a visit
voilà there
la **vue** view

One of the symbols of Paris!

10

DIALOGUE
Au grand magasin

NATHALIE:	Je veux offrir un cadeau à ma grand-mère. Quel est le meilleur parfum pour elle?
LA PREMIÈRE VENDEUSE:	Ce parfum-ci est le plus populaire. Sentez-le!
NATHALIE:	Ça sent bon. C'est combien?
LA PREMIÈRE VENDEUSE:	Le parfum est 100 francs et l'eau de cologne est 60.
NATHALIE:	Bon, je prendrai l'eau de cologne.
LA DEUXIÈME VENDEUSE:	Mademoiselle?
NATHALIE:	Je ne peux pas décider si ce pull-over pourpre est plus joli que ce pull-over jaune. Je peux les essayer?
LA DEUXIÈME VENDEUSE:	Bien sûr! Voilà les cabines d'essayage. Une dame vient de sortir.
NATHALIE:	Le pull-over pourpre est plus beau, mais...je suis partie de la maison sans assez d'argent.
LA DEUXIÈME VENDEUSE:	Ça va. Je le garderai pour vous jusqu'à demain.

Questions

1. À qui est-ce que Nathalie veut offrir un cadeau?
2. Le parfum, c'est combien?
3. Nathalie, que prendra-t-elle?
4. Qu'est-ce qu'elle ne peut pas décider?
5. Qui vient de sortir d'une cabine d'essayage?
6. Quel pull-over est le plus beau?
7. Nathalie, a-t-elle assez d'argent?
8. Est-ce que la vendeuse gardera le pull-over jusqu'à demain?

At the Department Store

NATHALIE:	I want to give my grandmother a present. What is the best perfume for her?
FIRST SALESCLERK:	This perfume is the most popular. Smell it!
NATHALIE:	That smells good. How much is it?
FIRST SALESCLERK:	The perfume is 100 francs and the cologne is 60.
NATHALIE:	Good, I'll take the cologne.
SECOND SALESCLERK:	Miss?
NATHALIE:	I can't decide if this purple pullover is prettier than this yellow pullover. Can I try them on?
SECOND SALESCLERK:	Of course! There are the fitting rooms. A lady has just come out.
NATHALIE:	The purple pullover is more beautiful, but...I left home without enough money.
SECOND SALESCLERK:	That's O.K. I'll keep it for you until tomorrow.

EXPRESSIONS UTILES

Je veux offrir un cadeau à...	I want to give...a present.
Quel est le meilleur parfum?	What is the best perfume?
Sentez-le!	Smell it!
Ça sent bon.	That smells good.
C'est combien?	How much is it?
Je peux les essayer?	Can I try them on?
Bien sûr!	Of course!
Une dame vient de sortir.	A lady has just come out.
Je suis partie de la maison sans assez d'argent.	I left home without enough money.

SUPPLÉMENT

1. **Les magasins variés**
    le magasin
    le grand magasin
    le marché
    l'épicerie
    le supermarché
    la boulangerie
    la pâtisserie
    la confiserie
    la boucherie
    la charcuterie
    la poissonnerie
    la laiterie
    la pharmacie
    la papeterie
    la librairie
    le tabac

2. **À l'épicerie on achète de la nourriture.**
    Au supermarché on achète de tout.
    À la boulangerie on achète du pain.
    À la pâtisserie on achète de la pâtisserie.
    À la confiserie on achète des bonbons.
    À la boucherie on achète de la viande.
    À la charcuterie on achète du pâté et de la saucisse.
    À la poissonnerie on achète du poisson.
    À la laiterie on achète du lait et du fromage.
    À la pharmacie on achète des médicaments.
    À la papeterie on achète des cahiers et des stylos.
    À la librairie on achète des livres.
    Au tabac on achète du tabac et des timbres.

3. **Le système métrique**
    le millimètre (mm)
    le centimètre (cm)
    le mètre (m)
    le kilomètre (km)

    le gramme (g)
    le kilogramme (kg)

    le litre (l)

$$1\,000* \text{ mm} = 1 \text{ m}$$
$$100 \text{ cm} = 1 \text{ m}$$
$$1\,000 \text{ m} = 1 \text{ km}$$
$$1\,000 \text{ g} = 1 \text{ kg}$$

*Note that the French do not divide thousands by a comma, but only by spacing. On the other hand, their comma is the equivalent of our decimal point.

Conversion Charts

Metric Units	U.S. Equivalents
1 millimètre	.04 inches
1 centimètre	.39 inches
1 mètre	39.37 inches
	3.28 feet
	1.09 yards
1 kilomètre	.62 miles
1 gramme	.035 ounces
1 kilogramme	2.2 pounds
1 litre	1.057 quarts

U.S. Measurements	Metric Equivalents
1 inch	25,4 millimètres
1 foot	0,30 mètres
1 yard	0,91 mètres
1 mile	1,61 kilomètres
1 ounce	28,35 grammes
1 pound	0,45 kilogrammes
1 quart	0,95 litres

Temperature Readings

In France the temperature is given in Celsius degrees. To convert Fahrenheit to Celsius, subtract 32, then multiply by 5 and divide by 9. To convert Celsius to Fahrenheit, multiply by 9, divide by 5 and add 32. The chart gives some examples of this conversion.

C°	F°	C°	F°
40°	104°	15°	59°
37°	98.6°	10°	50°
30°	86°	0°	32°
25°	77°	−10°	14°
20°	68°	−15°	5°

EXERCICE DE PRONONCIATION

/g/

magasin	gauche	guitare
garderai	guillotine	gagner
guichet	gorge	Grégoire
égal	gant	garçon

/ʒ/

essayage	village	régime
région	plonger	argent
généralement	horloge	suggérer
plage	boulanger	Genève

EXERCICES ORAUX

Les magasins

1. Qu'est-ce que c'est? (laiterie)   C'est une laiterie.
   boulangerie
   charcuterie
   librairie
   supermarché
   pâtisserie
   pharmacie
   confiserie
   tabac
   poissonnerie

2. Je vais au marché.   Je vais au marché.
   épicerie
   papeterie
   grand magasin
   boucherie
   pharmacie
   supermarché
   charcuterie
   pâtisserie
   magasin

3. Qu'est-ce qu'on achète à l'épicerie?   À l'épicerie on achète de la nourriture.
   Qu'est-ce qu'on achète à la confiserie?
   Qu'est-ce qu'on achète au tabac?
   Qu'est-ce qu'on achète à la boucherie?
   Qu'est-ce qu'on achète à la laiterie?
   Qu'est-ce qu'on achète à la poissonnerie?
   Qu'est-ce qu'on achète à la papeterie?
   Qu'est-ce qu'on achète à la boulangerie?
   Qu'est-ce qu'on achète à la librairie?
   Qu'est-ce qu'on achète à la charcuterie?

Le comparatif des adjectifs

4. Monique est grande. Et Chantal?   Monique est plus grande que Chantal.
   Grégoire est heureux. Et Paul?
   Le printemps est beau. Et l'automne?
   Le chat est intelligent. Et le chien?
   La gare est loin. Et la poste?
   David est bon. Et Charles?
   Ta soeur est malade. Et ton frère?
   L'école est nouvelle. Et l'édifice?
   La chemise est sale. Et le pantalon?

5. Le chandail jaune est joli. Et le   Le chandail jaune est moins joli que
      chandail pourpre?   le chandail pourpre.
   Février est long. Et mars?
   L'allemand est facile. Et le français?
   Brigitte est jeune. Et Martine?
   La Loire est puissante. Et le Rhône?
   Le basket-ball est populaire. Et le
      football?
   Le cheval est vieux. Et la chèvre?
   La salade est bonne. Et le dessert?
   Mes cheveux sont courts. Et tes cheveux?

6. Le chocolat est chaud. Et le café?   Le chocolat est aussi chaud que le café.
   Le garçon est fort. Et l'homme?
   La mer est froide. Et l'océan?
   Le Président est célèbre. Et l'écrivain?
   La blouse est féminine. Et la jupe?
   Les gants sont confortables. Et les
      chaussures?
   L'avocat est juste. Et l'arbitre?
   Le steak est cuit. Et le veau?
   Le métro est moderne. Et l'autobus?

Le superlatif des adjectifs

7. Marie est belle.   Marie est la plus belle.
   Ce château est ancien.
   C'est un bon livre.
   La pomme est grosse.
   Les Alpes sont élevées.
   Cette ville est pittoresque.
   Votre idée est importante.
   Ces légumes sont frais.
   Le gratte-ciel est haut.

8. Mon frère est indépendant.   Mon frère est le moins indépendant.
   Cette voiture est économique.
   Louise est petite.
   Le fleuve est navigable.
   Ce roman est intéressant.
   La robe verte est chère.
   Ce quartier est renouvelé.
   Le steak de Jacques est saignant.
   M. Dupré est intellectuel.

9. Papa est fier. (famille)   Papa est le plus fier de la famille.
   Véronique est intelligente. (classe)
   La ville de Paris est grande. (France)
   André est bon. (lycée)
   Le magasin est moderne. (ville)
   Ce livre est cher. (librairie)
   Mon frère est beau. (école)
   Le Mont Blanc est élevé. (Europe)
   Cette rosace est vieille. (cathédrale)

Le verbe *sortir*

10. Christophe sort à huit heures.   Christophe sort à huit heures.
    Mes parents
    Je
    Vous
    Christine et Nicole
    Nous
    La dame
    Tu

Le verbe *partir*

11. Les copains partent tout de suite.
    Nous
    L'avion
    Je
    Thérèse et Sylvie
    Vous
    Tu
    Maman

Les copains partent tout de suite.

Le verbe *venir*

12. Nous ne venons pas en retard.
    Tu
    Les élèves
    L'autobus
    Vous
    Mme Laval
    Je
    Marie et Gilbert

Nous ne venons pas en retard.

13. Je viens de manger. (nager)
    Le train vient de partir. (arriver)
    Nous venons de finir le travail.
        (commencer)
    Tu viens de parler. (répondre)
    Robert vient de lire la lettre. (écrire)
    Ils viennent de perdre le match. (gagner)
    Venez-vous de sortir? (entrer)
    Mes parents viennent de vendre la
        maison. (acheter)

Je viens de nager.

Le passé composé avec *être*

14. Je suis parti(e) à midi. (arriver)
    revenir
    rentrer
    monter
    retourner
    venir
    descendre
    sortir

Je suis arrivé(e) à midi.

15. Quand est-elle arrivée? (sortir)   Quand est-elle sortie?
   mourir
   tomber
   naître
   rester
   aller
   entrer
   partir

16. **Changez la phrase au passé composé.**
   Elle sort avec ses amies.   Elle est sortie avec ses amies.
   Les Cheutin retournent à la campagne.
   Il devient malade.
   Vous descendez de la voiture.
   Tu restes chez toi.
   Je rentre à minuit.
   Elles viennent en retard.
   Nous allons au cinéma.
   On monte dans l'autobus.

Le passé composé avec *avoir* ou *être*

17. **Changez la phrase au passé composé.**
   J'achète un cadeau.   J'ai acheté un cadeau.
   Nous revenons de Marseille.
   Tu quittes l'appartement.
   Fabrice marche très vite.
   Vous entrez dans la pharmacie.
   Ils attendent au coin de la rue.
   Mireille tombe à la patinoire.
   Elles arrivent en avion.
   On passe à côté du musée.

18. **Changez la phrase au négatif.**
   Il est parti sans moi.   Il n'est pas parti sans moi.
   J'ai parlé à l'employé.
   Elle a choisi trois pull-overs.
   Mon oncle est né en France.
   Les Américains ont gagné le match.
   Le professeur a rendu les examens.
   Tu es descendu à l'arrêt.
   Nous sommes allées à la disco.
   Vous êtes sorti avec Pierre.

19. **Changez la phrase à l'interrogatif.**

Tu es rentré tout de suite. Es-tu rentré tout de suite?

Il est mort l'année dernière.

Je suis arrivé(e) à l'hôtel.

Vous avez voulu partir.

Isabelle a traversé le pont.

Nous sommes entrés en retard.

Les garçons ont joué au tennis.

Tu as téléphoné à Suzanne.

Vous êtes revenu sans argent.

20. **Changez la phrase au présent.**

Nous sommes restés en classe. Nous restons en classe.

Le pays est devenu indépendant.

J'ai enlevé mes gants.

La vendeuse a gardé le pull-over.

Qui est tombé devant la maison?

Vous avez choisi le meilleur parfum.

Tu es parti après le dîner.

Ils sont venus avant moi.

Nous avons pris du café.

Free Response

21. À qui voulez-vous offrir un cadeau?

Est-ce que le parfum français est plus cher ou moins cher que le parfum américain?

De quelle couleur est votre pull-over?

Êtes-vous arrivé(e) en classe en retard?

Qu'est-ce que vous venez d'étudier?

Où êtes-vous allé(e) hier?

VOCABULAIRE CLÉ POUR LA LECTURE QUI SUIT

même even
proche nearby, near
raisonnable reasonable
dehors out-of-doors

l' **arc** (m) arch

aussi as
le **prix** price
le **comptoir** counter
le **mur** wall
le **plateau** tray
le **sous-sol** basement
le **bruit** noise

Il y a des restaurants qui servent le dîner sur la terrasse. (Paris)

LECTURE 1
Même McDonald's est proche!

Les Français mangent généralement chez eux. Mais quand ils ne veulent pas ou ne peuvent pas le faire, ils ont beaucoup d'autres solutions. Ils peuvent manger dans un restaurant célèbre qui est assez cher ou dans un petit café plus raisonnable. Les personnes qui travaillent et les étudiants choisissent souvent une caféteria ou un restaurant self-service. On peut aussi manger dehors quand il fait beau. Il y a des restaurants qui servent le dîner sur la terrasse. Il est toujours agréable de prendre une glace en plein air. Le long des rues on peut acheter des boissons et des sandwichs. Il y a même des machines où l'on peut choisir des boissons chaudes.

Comme aux États-Unis, on trouve beaucoup de restaurants où l'on peut vite manger; par exemple, chez Wimpy's ou chez McDonald's. À Paris il y a quatorze McDonald's. Sur le Boulevard Saint-Michel, qui se trouve dans le Quartier Latin, on voit les arcs d'or devant deux restaurants. Le long des Champs-Élysées il y en a deux autres.

On voit souvent une foule de touristes aussi bien que de Français devant ces restaurants. Beaucoup d'eux préfèrent manger leur goûter en plein air près du restaurant. Devant la porte on trouve la carte. Les choix sont les mêmes qu'aux États-Unis, mais les prix sont plus chers. À l'intérieur il y a de longues lignes de personnes qui attendent devant le comptoir. On voit une autre carte sur le mur. Les employés doivent travailler très vite. Comme les employés américains, ils portent des vêtements bleus. On met la nourriture sur un plateau. Quelques personnes descendent au sous-sol pour manger où il y a moins de bruit.

Questions sur la lecture

1. Où est-ce que les Français mangent généralement?
2. Est-ce que les restaurants célèbres sont très raisonnables?
3. Qui dîne dans une cafétéria?
4. Quand il fait beau, où est-il agréable de manger?
5. Qu'est-ce qu'on trouve dans les machines?
6. Comment s'appelle un restaurant où l'on peut vite manger?
7. Combien de McDonald's y a-t-il à Paris?
8. Qui va chez McDonald's?
9. Où est-ce qu'on trouve la carte?
10. Est-ce que les choix sont les mêmes qu'aux États-Unis?
11. Les prix, sont-ils plus ou moins chers qu'aux États-Unis?
12. Les employés, que portent-ils?

On trouve beaucoup de restaurants où l'on peut vite manger.

Voici un restaurant McDonald's à Bruxelles.

EXERCICES ÉCRITS

I. **Choisissez le produit qu'on vend dans chaque magasin.**

——— 1. la pharmacie   a. les croissants

——— 2. le grand   b. le roman
magasin

——— 3. la boucherie   c. la tarte

——— 4. la boulangerie   d. les médicaments

——— 5. le marché   e. les vêtements

——— 6. la librairie   f. les légumes frais

——— 7. la confiserie   g. le chocolat

——— 8. la laiterie   h. le crayon

——— 9. la pâtisserie   i. le fromage

——10. la papeterie   j. le steak

II. **Changez au système métrique.**

1. 55 miles per hour = ——— km/hr.
2. 600 miles = ——— km.
3. 100 yards = ——— m.
4. The temperature outside today is ———°C.
5. My height is ———m ———cm.
6. My weight is ——— kg.
7. 1 gallon = ——— l.
8. If gas in France costs 3.05F/liter, one gallon costs $———.

III. **Changez au système américain.**

1. 35 millimètres = ——— inches.
2. 200 grammes = ——— ounces.
3. 500 mètres = ——— yards.
4. 55 kilogrammes = ——— pounds.
5. 98.6°F = ———°C.
6. 250 kilomètres = ——— miles.
7. 92 centimètres = ——— inches.
8. 75°F = ———°C.

IV

Complétez par le mot convenable.

1. La ville de Marseille se trouve en _____ .
2. C'est le plus grand _____ français.
3. Deux professions des Marseillais sont _____
   et _____ .
4. Dans le port il y a beaucoup de _____ .
5. Le _____ est un gros poisson.
6. La Basilique de Notre-Dame de la Garde se trouve
   sur une _____ .
7. La rue principale de Marseille s'appelle la _____ .
8. Le _____ est la scène du *Comte de Monte-Cristo*.
9. On trouve beaucoup de magasins dans un _____ .
10. Le Corbusier est un _____ célèbre.

marin	colline
centre commercial	pêcheur
architecte	Château d'If
navires	Provence
Canebière	port
	thon

V. **Faites la comparaison des sujets des deux phrases données en une seule phrase.** (Compare the subjects of the two given sentences in a single sentence.)

> *Exemple: Pierre est heureux. Louise est plus heureuse.*
> Louise est plus heureuse que Pierre.

1. Chantal est belle. Michelle est moins belle.
2. Mon idée est raisonnable. Ton idée est aussi raisonnable.
3. Le livre est intéressant. Le roman est plus intéressant.
4. Cette chemise-ci est chère. Cette chemise-là est
   moins chère.
5. Le vin est bon. Le champagne est meilleur.
6. La Seine est longue. La Loire est plus longue.
7. Le chandail rouge est joli. Le chandail bleu est moins joli.
8. La gare est loin. L'école aussi est loin.

VI. **Changez la phrase au superlatif avec *plus* et ajoutez le mot entre parenthèses.** (Change the sentence to the superlative with *plus* and add the word in parentheses.)

> *Exemple:* *Ma chambre est petite. (maison)* Ma chambre est la plus petite de la maison.

1. Guillaume est intelligent. (classe)
2. La ville de Paris est grande. (France)
3. Valérie est malade. (enfants)
4. Roger est jeune. (famille)
5. Les haricots verts sont frais. (légumes)
6. Ce magasin est moderne. (Genève)
7. Le cochon est gros. (animaux)
8. Ma cousine est bonne. (lycée)

VII. **Complétez la phrase par la forme convenable du verbe *sortir*.**

1. Ma soeur _____ souvent avec son ami.
2. Nous allons _____ ce soir.
3. À quelle heure _____-tu?
4. Vous _____ de la cabine d'essayage.
5. Mon grand-père ne _____ pas en hiver.
6. Je _____ du lycée.
7. Les enfants _____ sans gants.
8. Nous _____ ensemble.

VIII. **Complétez la phrase par la forme convenable du verbe *partir*.**

1. _____-vous tout de suite?
2. Elles ne _____ pas en retard.
3. Jérôme _____ sans moi.
4. Le train _____ à quinze heures dix.
5. Ils ne peuvent pas _____ maintenant.
6. Je _____ avec mes amis.
7. Nous _____ après le match.
8. Tu ne _____ jamais.

IX. **Complétez la phrase par la forme convenable du verbe *venir.***

1. Le professeur dit à l'élève, "_____ ici!"
2. Pourquoi _____-tu toujours en retard?
3. Les touristes _____ des États-Unis.
4. Christelle _____ de la pâtisserie.
5. Quand vas-tu _____?
6. Le préposé des postes _____ chaque jour.
7. Je _____ avec ma famille.
8. Nous ne _____ pas à l'école dimanche.

X. **Complétez la phrase par la forme convenable de l'expression *venir de* et le verbe indiqué.**

1. (finish) Nous _____ _____ _____ les devoirs.
2. (speak) Je _____ _____ _____ au douanier.
3. (see) Ils _____ _____ _____ la pièce.
4. (eat) Claudette _____ _____ _____ le petit déjeuner.
5. (swim) Françoise et Brigitte _____ _____ _____ dans la mer.
6. (choose) _____-tu _____ _____ un cadeau?
7. (return) Le professeur _____ _____ _____ les examens.
8. (arrive) _____-vous _____ _____ de Bordeaux?

XI. **Écrivez la phrase au passé composé.**

1. Ils descendent au dernier arrêt.
2. Sandrine et Anne reviennent de Genève.
3. Nous entrons dans le musée.
4. Maman va au supermarché.
5. Restes-tu chez ton amie, Denise?
6. Mon frère devient avocat.
7. Quand retournez-vous de la campagne?
8. Ma grand-mère tombe cet après-midi.
9. Je sors vendredi soir.
10. Tu rentres sans livres?

XII. **Écrivez cette histoire au passé composé.**

Dimanche après-midi Hélène va au match de football. Elle part de sa maison à deux heures. Elle monte dans l'autobus, et elle y arrive après vingt minutes. Elle descend de l'autobus. Ses amis viennent tout de suite. Mais pendant le match, Hélène devient malade. Ses amis y restent, mais elle rentre. Elle entre dans sa maison à trois heures.

XIII. Répondez en français.

1. Quel cadeau avez-vous offert à votre ami(e)?
2. Êtes-vous plus ou moins intelligent(e) que votre frère (soeur)?
3. Qui est le meilleur joueur de basket-ball de votre lycée?
4. Qu'est-ce que vous venez de faire?
5. À quelle heure êtes-vous parti(e) de la maison ce matin?
6. Quel jour êtes-vous né(e)?

RÉVISION

I. Écrivez la phrase au passé composé.

1. Je n'ouvre pas la porte.
2. Qu'est-ce que vous prenez?
3. La promenade est agréable.
4. Entends-tu ce bruit?
5. Nous écrivons une lettre au Président.
6. Les enfants, choisissent-ils des bonbons?
7. L'employé travaille jusqu'à 7 heures.
8. Est-ce que cette voiture vous plaît?
9. Tu dis que non?
10. Je joue au golf avec mon père.

II. Écrivez la forme convenable de l'adjectif démonstratif.

1. _____ parfum est le meilleur de France.
2. _____ cadeaux lui plairont.
3. Est-ce que tu préfères _____ acteur-_____ ou _____ acteur-_____?
4. _____ idée n'est pas raisonnable.
5. Je peux essayer _____ robes?
6. Le boulanger dit que _____ pain est très frais.
7. _____ autobus ne va pas à la gare.
8. On mange dans _____ restaurant-_____ ou dans _____ restaurant-_____?
9. _____ plage est formidable!
10. On vient de nettoyer _____ édifice.

III. **Récrivez la phrase avec l'adverbe indiqué.**

1. (too much) L'enfant malade n'a pas mangé.
2. (here) Nous trouvons une bonne place.
3. (again) Êtes-vous arrivée en retard?
4. (yesterday) Ils sont allés à la laiterie.
5. (often) Marches-tu au lycée quand il fait beau?
6. (well) Les élèves ont répondu au professeur.
7. (also) Ce musicien joue de la flûte.
8. (still) Oh, là! Gilbert est malade.
9. (already) Je n'ai pas fait cela.
10. (a lot) Les jeunes Français travaillent à l'école primaire.

IV. **Récrivez la phrase en employant les mots indiqués.**

1. (nothing) Ils ont écrit.
2. (never) Nous parlons anglais en classe.
3. (no longer) Les danseurs habitent la Russie.
4. (no more) Ce disque est très populaire.
5. (nothing) Je fais mes devoirs.
6. (no longer) La famille est allée à la campagne en été.
7. (never) As-tu vu le défilé du 14 juillet?
8. (no more) Nous avons mangé dans la caféteria du lycée.
9. (nothing) Vous avez trouvé vos gants dans l'autobus.
10. (never) Je pars de la maison avant huit heures.

V. **Formez une question en employant une expression interrogative à la place des mots en italique.**

1. Nathalie veut *ce* pull-over.
2. Nous allons prendre le dîner *en plein air.*
3. Maman a déjà acheté *du pâté.*
4. *Pendant la Révolution Française,* on a mis la guillotine sur la Place de la Concorde.
5. Gaston veut offrir un cadeau *à sa mère.*
6. Ce disque, c'est *soixante francs.*
7. On a nettoyé Notre-Dame *parce que l'extérieur était presque noir.*
8. Claudette et Paul vont au match de hockey *en autobus.*

VI. **Écrivez une petite composition de huit phrases dans laquelle vous décrivez ce que vous avez fait pendant le week-end passé.** (Write a short composition of eight sentences in which you describe what you did last weekend.)

VOCABULAIRE CLÉ POUR LA LECTURE QUI SUIT

l' **orient** (m) East, Orient
grec, grecque Greek
le **navire** ship

la **pêche** fishing
le **Marseillais, la Marseillaise**
    inhabitant of Marseilles
    devenir to become
le **thon** tuna
le **morceau** piece

la **basilique** basilica
la **colline** hill
la **vierge** virgin
    guider to guide, to lead

l' **église** (f) church
majeur, majeure major
romano-byzantin Romanesque-
    Byzantine
dater to date

le **centre commercial** shopping
    center
la **boutique** shop
le **niveau** level
découvrir to uncover
les **restes** (m) remains
romain, romaine Roman

l' **immeuble** (m) apartment
    house

LECTURE 2
À Marseille

Marseille est la ville principale de la province au sud de la France qui s'appelle la Provence. Cette ville compte presque un million de personnes. C'est le plus grand port français et la porte de l'Orient. Une ville avec une histoire intéressante, Marseille est vieille de vingt-six siècles. Les marins grecs y sont arrivés 600 ans avant Jésus-Christ. Pendant ces siècles-là, son port est resté très important. Aujourd'hui on trouve de grands navires qui viennent de beaucoup de pays différents. Il y a même des navires russes. Dans les rues de Marseille, on voit les marins d'un grand nombre de pays.

    À deux kilomètres de la ville se trouve l'île d'If avec son célèbre château. Autrefois ce château était une forteresse. Puis, au dix-septième siècle, on en a fait une Prison d'État. Ce château d'If est même la scène d'un roman d'Alexandre Dumas, *Le Comte de Monte-Cristo (The Count of Monte Cristo)*.

    Le Vieux Port de Marseille est pittoresque avec tous ses bateaux de pêche. La mer reste très importante dans la vie des Marseillais. Beaucoup d'hommes deviennent pêcheurs. Chaque matin, il y a un marché le long du port où l'on peut acheter des poissons frais. Voilà un gros thon. Un homme le coupe en beaucoup de morceaux. Les femmes coupent aussi les poissons et les vendent.

    Du Vieux Port on peut voir la Basilique de Notre-Dame de la Garde. Cette Basilique se trouve sur une haute colline. Depuis longtemps la statue en or de la Vierge a guidé les marins au port de Marseille. On a commencé la construction de la Basilique en 1853.

    De cette colline, on voit une belle église, la Cathédrale Sainte-Marie Majeure. Comme autre exemple de style romano-byzantin, elle date aussi du siècle dernier. Près de cette cathédrale se trouve une église beaucoup plus vieille, qui date du douzième siècle.

Au coeur de la ville, la rue principale, la Canebière, descend au Vieux Port. Près de cette rue, il y a un nouveau centre commercial qui s'appelle le Centre Bourse. À l'intérieur on voit des grands magasins et de petites boutiques sur trois niveaux. Près de ce centre commercial, on vient de découvrir des restes de la civilisation romaine.

Un autre édifice date du dix-neuvième siècle, le Palais Longchamp, où il y a aujourd'hui deux musées. Un exemple de l'architecture du vingtième siècle est la Cité Radieuse. Le Corbusier était l'architecte de cet immeuble.

Les femmes aussi vendent le poisson.

Le château d'If se trouve à deux kilomètres de Marseille.

COIN CULTUREL
Shopping

The French do their shopping at colorful open markets and at small stores usually specializing in one type of product. They also frequent large retail stores, such as giant supermarkets and modern shopping centers.

Outdoor food markets hold a special attraction for French housewives, even though home refrigeration for some time has made shopping no longer a daily necessity. Fresh fruits and vegetables draw them to the marketplace. There the man of the family too tries his hand at marketing. Shoppers like himself come from miles around to markets held in small villages one day each week. Or they may patronize one of the city markets. Wherever one shops for fresh produce, it's the custom to take along a *filet,* a net-like bag in which to carry purchases.

Americans may find it strange to see how the French display poultry and meat at their open markets. There *maman* might buy a plump duck or a rabbit, all skinned except for its furry feet. Hens are also available along with eggs. The eggs are sold by the dozen, as is common in the United States. But of course the poultry and meat are sold by the kilogram.

An unmistakable odor draws shoppers to the fish market where many varieties are for sale. The French who live near the water often purchase fish or crab straight from the sea.

Another kind of French open market fills the air with the more pleasant odors of flowers. It's not a seasonal business since blossoms are available year round. They generally cost less in France than in the United States. In Paris colorful floral stands decorate the base of the *Église de la Madeleine.* Such stands are common in Nice on the Riviera, where the countryside keeps their stock fresh and varied.

One of the most famous open markets in Paris, the *Marché aux puces* (flea market) attracts natives and tourists alike. Here one can browse among many stalls filled with new and second-hand merchandise as well as antiques. Vendors rarely expect to sell these items at the price they first quote. Rather they expect shoppers to bargain over the cost of their merchandise. This give-and-take will test any bargain hunter.

Small food shops still play an important role in the French economy. Grocery stores display their produce outside as well as inside. The majority of these shops feature products of a single kind. At the *boulangerie,* one can buy fresh *baguettes* and other bakery goods. A glance at the price list confirms that it carries many types and sizes of bread. *Pâtisserie* windows lure those with a sweet tooth. At the *boucherie,* customers have a wide choice of fresh meat. It is not pre-packaged as in the United States, but prices are higher. Even the American favorite, hamburger *(viande hachée),* can be found at the *boucherie.* A different type of meat market advertises its specialty by placing the statue of a golden head over its door. It's the *boucherie chevaline,* catering to those who want to buy horse meat. At the *charcuterie,* similar to the American delicatessen, one finds various prepared foods, such as *pâté,* sausage, stuffed tomatoes and other *hors-d'oeuvre.* The *laiterie,* with its numerous varieties of cheese and other dairy products, has an aroma as distinctive as its merchandise.

The *papeterie* is only one example of the other kinds of specialty stores in France which largely conduct their business indoors. Here shoppers can pick up items like books, cards and records. There are clothes *boutiques,* well stocked in the latest fashions, and fabric stores, where beautiful silk from Lyons might be on display. There are also floral shops that entice passersby to step inside by exhibiting cut flowers to their best advantage. And let's not forget the *confiserie,* where both young and old have trouble resisting an abundant assortment of candy.

A huge supermarket is a common sight throughout France. Several of the supermarket chains popular with the French are *Carrefour* of the Paris region and *Géant Casino*, located in many of the provinces. They maintain their appeal by offering a large selection at relatively low prices.

There are also *grands magasins*, which are typified by those doing business in Paris. They sell almost anything a shopper could want, including articles for all members of the family as well as items for the home. Among the best known of these are *Aux Trois Quartiers* and the *Galeries Lafayette*. At the *Galeries Lafayette* one department is specifically devoted to fashionable clothing for young women. Another popular department store is *Monoprix*, which resembles the American Woolworth's.

Modern shopping centers have been built in the larger French cities. The *Tour Montparnasse* in Paris contains several department stores and many *boutiques*. The *Part-Dieu* Center in Lyons has three levels of shops that encircle a spectacular fountain. The glamor of this center should not make us forget that there are other, quite different French stores which have their own charm.

Even hamburger can be found at the *boucherie*. (Paris)

GRAMMAIRE

1. The comparative of adjectives

To compare two persons or things in French, place *plus* (more), *aussi* (as) or *moins* (less) before the adjective. Make sure that the adjective agrees in number and gender with the subject of the sentence.. Place *que* (than, as) after the adjective.

Examples: *Ma soeur est plus petite que mon frère.*
My sister is smaller than my brother.
Guy est aussi heureux que moi.
Guy is as happy as I.
La France n'est pas aussi grande que les États-Unis.
France isn't as big as the United States.
Ces livres-ci sont moins intéressants que ces livres-là.
These books are less interesting than those books.

Note: The pronoun used after *que* in a comparison must be a stress pronoun, i.e., *moi, toi, lui, elle, nous, vous, eux* or *elles.*

plus	+ adjective + *que*	more…than
aussi	+ adjective + *que*	as…as
moins	+ adjective + *que*	less…than

The adjective *bon, bonne* has the irregular comparative form *meilleur, meilleure* (better).

Example: *Le champagne est meilleur que le vin.*
Champagne is better than wine.

2. The superlative of adjectives

To say that a person or thing has the most (or least) of a quality, place the appropriate definite article *(le, la* or *les)* before the *plus* or *moins* of the comparative form. Again, make sure that the adjective agrees in gender and number with the subject of the sentence.

Examples: *Jean-Claude est le plus intelligent.*
Jean-Claude is the most intelligent.
Les gants bruns sont les plus chers.
The brown gloves are the most expensive.
Quelle montagne est la moins élevée?
Which mountain is the least high?

le (la, les) plus	+ adjective	the most…
le (la, les) moins	+ adjective	the least…

To form the superlative of *bon, bonne,* place *le, la* or *les* before the appropriate form of *meilleur.*

> ***Example:*** *Ces bananes sont les meilleures.*
> These bananas are the best.

Use *de,* meaning "in," after the superlative.

> ***Examples:*** *Grégoire est le plus grand de la classe.*
> Grégoire is the tallest in the class.
> *Cette église est la plus vieille de France.*
> This church is the oldest in France.

3. Present tense of the verb *sortir*

Sortir (to go out, to come out, to leave) is an irregular verb.

SINGULAR	1st person	je sors	I go out
	2nd person	tu sors	you go out
	3rd person	il sort	he goes out
		elle sort	she goes out
PLURAL	1st person	nous sortons	we go out
	2nd person	vous sortez	you go out
	3rd person	ils sortent	they go out
		elles sortent	they go out

4. Present tense of the verb *partir*

Partir (to leave, to depart) is an irregular verb.

SINGULAR	1st person	je pars	I leave
	2nd person	tu pars	you leave
	3rd person	il part	he leaves
		elle part	she leaves
PLURAL	1st person	nous partons	we leave
	2nd person	vous partez	you leave
	3rd person	ils partent	they leave
		elles partent	they leave

5. *Venir* (to come) is an irregular verb.

SINGULAR	**1st person**	je viens	I come
	2nd person	tu viens	you come
	3rd person	il vient	he comes
		elle vient	she comes
PLURAL	**1st person**	nous venons	we come
	2nd person	vous venez	you come
	3rd person	ils viennent	they come
		elles viennent	they come

Venir has the irregular future stem *viendr-,* and its past participle is *venu.* The verbs *revenir* (to come back, to return) and *devenir* (to become) follow the same pattern.

6. *Venir de* + infinitive

When a form of *venir* is followed by *de* plus an infinitive, it means "to have just."

> *Examples:* *Nous venons d'arriver.* We have just arrived.
>
> *Je viens de finir mes devoirs.* I have just finished my homework.

7. The *passé composé* with *être*

In *Leçon 9* we learned that the *passé composé* is made up of an auxiliary verb and a past participle. Generally, the helping verb is a form of the present tense of *avoir.* But the verb *être* is used as an auxiliary with certain verbs.

> *Examples:* *Es-tu allé au match, Louis?*
>
> Did you go to the game, Louis?
>
> *Colette est partie à midi.*
>
> Colette left at noon.
>
> *Les Pitot ne sont pas restés longtemps.*
>
> The Pitots didn't stay a long time.
>
> *Elles sont descendues du train.*
>
> They got off the train.

The past participle of these verbs agrees in number and gender with the subject.

> *Example:* *rentrer* (to return home, to return)

SINGULAR	**1st person**	je suis rentré	I returned home (masculine)
		je suis rentrée	I returned home (feminine)
	2nd person	tu es rentré	you returned home (masculine)
		tu es rentrée	you returned home (feminine)
	3rd person	il est rentré	he returned home
		elle est rentrée	she returned home

	1st person	nous sommes rentrés	we returned home (masculine)
		nous sommes rentrées	we returned home (feminine)
PLURAL	2nd person	vous êtes rentré	you returned home (masculine sing.)
		vous êtes rentrée	you returned home (feminine sing.)
		vous êtes rentrés	you returned home (masculine pl.)
		vous êtes rentrées	you returned home (feminine pl.)
	3rd person	ils sont rentrés	they returned home
		elles sont rentrées	they returned home

An easy way to remember sixteen common verbs which use *être* is to keep in mind the phrase DR. & MRS. VANDERTRAMP. Each letter in this phrase is the first letter of a verb using *être* in the *passé composé*.

	Infinitives	**Meanings**	**Past Participles**
D	descendre	to go down, to get off	descendu
R	rester	to remain, to stay	resté
M	monter	to go up, to get on	monté
R	rentrer	to return home, to return	rentré
S	sortir	to go out, to come out, to leave	sorti
V	venir	to come	venu
A	aller	to go	allé
N	naître	to be born	né
D	devenir	to become	devenu
E	entrer	to enter	entré
R	revenir	to come back, to return	revenu
T	tomber	to fall	tombé
R	retourner	to return, to go back	retourné
A	arriver	to arrive	arrivé
M	mourir	to die	mort
P	partir	to leave, to depart	parti

VOCABULAIRE

l' **arc** (m) arch
l' **architecte** (m) architect
l' **architecture** (f) architecture
  aussi as; so
la **basilique** basilica
  Bien sûr! Of course!
le **bonbon** candy
le **boulevard** boulevard
la **boutique** shop
le **bruit** noise
la **cabine d'essayage** fitting room
le **cadeau** present, gift
la **caféteria** cafeteria
le **centimètre** centimeter
le **centre commercial** shopping center
la **charcuterie** delicatessen
la **civilisation** civilization
la **colline** hill
le **comptoir** counter
la **confiserie** candy store
la **dame** lady
  dater to date
  de in
  découvrir to uncover; to discover
  dehors out-of-doors
  devenir to become
l' **eau de cologne** (f) cologne
l' **église** (f) church
l' **épicerie** (f) grocery store
la **forteresse** fortress
le **gramme** gram
  grec, grecque Greek
  guider to guide, to lead
l' **immeuble** (m) building; apartment house
  intelligent, intelligente intelligent
  joli, jolie pretty
  jusqu'à until
le **kilogramme** kilogram
la **laiterie** dairy store
la **librairie** bookstore
le **litre** liter
la **machine** machine
  majeur, majeure major
le **Marseillais, la Marseillaise** inhabitant
    of Marseilles
le **médicament** medecine
  meilleur, meilleure better
    le meilleur, la meilleure the best
  même even; also

le **mètre** meter
  métrique metric
le **millimètre** millimeter
  moins less, fewer
    le (la, les) moins (+ adjectif) the least…
le **morceau** piece
  mourir to die
le **mur** wall
  naître to be born
le **navire** ship
le **niveau** level
  offrir to offer, to give
l' **orient** (m) East, Orient
la **papeterie** stationery store
  partir to leave; to depart
la **pâtisserie** pastry
la **pêche** fishing
la **pharmacie** drugstore
le **plateau** tray
la **poissonnerie** fish market
  pourpre purple
la **prison** prison
le **prix** price; prize
  proche nearby, near
le **pull-over** pullover, sweater
  raisonnable reasonable; sensible
  rentrer to return home; to return
les **restes** (m) remains
  retourner to return, to go back
  revenir to come back, to return
  romain, romaine Roman
  romano-byzantin Romanesque-Byzantine
le **sandwich** sandwich
  self-service self-service
  sentir to smell; to feel
la **solution** solution
  sortir to go out, to come out, to leave
le **sous-sol** basement
le **style** style
le **supermarché** supermarket
le **système** system
le **tabac** tobacco store; tobacco
la **terrasse** terrace
le **thon** tuna
le **timbre** stamp
  tomber to fall
  varié, variée various; varied
  venir to come
    venir de + infinitif to have just
la **vierge** virgin

*all nouns from English to French
*all non-nouns from French to English

DIALOGUE
Un cadeau d'anniversaire

ADRIENNE: Tu sais que c'est l'anniversaire de Christian dans deux jours?

LAURE: Oui, c'est ça. Je n'ai pas encore acheté son cadeau. Et toi?

ADRIENNE: Non, moi non plus. Achetons quelque chose ensemble…par exemple, un disque ou une chemise.

LAURE: C'est une bonne idée. On entre dans cette papeterie pour commencer?

ADRIENNE: D'accord. Voilà les disques populaires. Je suis sûre que Christian en aimera un.

LAURE: Ça va être un cadeau formidable. C'est combien?

ADRIENNE: Ce n'est pas trop cher — cinquante francs.

Questions

1. C'est quand l'anniversaire de Christian?
2. Qui n'a pas encore acheté son cadeau?
3. Quel cadeau Adrienne suggère-t-elle?
4. Où entre-t-on?
5. Est-ce que Christian aimera un des disques populaires?
6. Le disque, c'est combien?

LECTURE
L'anniversaire de Christian

Aujourd'hui, c'est jeudi et l'anniversaire de Christian Lesage. Il a maintenant quatorze ans. Dans sa famille il y a cinq personnes, son père, sa mère et ses deux soeurs, Adrienne et Laure. Au petit déjeuner toute la famille lui dit "Joyeux Anniversaire!" Mais Christian n'a pas de chance. Le jour de son anniversaire, il doit passer un examen d'anglais.

Ce matin Mme Lesage fait un gros gâteau d'anniversaire pour son fils. Elle le décore soigneusement. Après cela, elle va à la librairie acheter un dernier cadeau pour lui, un nouveau roman. L'autre cadeau que ses parents vont lui offrir est un beau pantalon brun. Maman l'a gardé dans sa chambre.

Après l'école, Christian et ses soeurs rentrent. Tous les trois font leurs devoirs dans leurs chambres. Avant le grand dîner d'anniversaire, les filles aident leur mère dans la cuisine. Les Lesage ont invité les grands-parents de Christian à dîner avec eux ce soir-là. Ils arrivent chez les Lesage à sept heures avec papa. Maman sert le dîner. Christian a pu choisir le plat principal — du poulet.

Toute la famille mange bien. Et comme dessert il y a le beau gâteau d'anniversaire. Adrienne l'apporte de la cuisine. Parce que Christian a quatorze ans, il y a quatorze bougies sur le gâteau. Christian coupe le gâteau et en donne un morceau à chaque personne. C'est un gâteau au chocolat et toute la famille le trouve très bon. Christian en mange deux morceaux avec appétit.

Après le repas Christian ouvre ses cadeaux. Ses grands-parents lui donnent de l'argent. Puis il ouvre les autres cadeaux, le roman et le pantalon de ses parents. Tous les cadeaux lui plaisent, surtout le disque que ses soeurs ont choisi. Christian leur dit, "Merci beaucoup!"

Il quitte la salle à manger tout de suite pour écouter son nouveau disque. Il le passe dans sa chambre d'où toute la famille peut l'entendre. Laure et Adrienne servent du café aux adultes dans le salon. Puis elles retournent à la cuisine où elles commencent à faire la vaisselle. Christian ne doit pas les aider ce soir parce que c'est son anniversaire.

Questions sur la lecture

1. Que dit-on à Christian au petit déjeuner?
2. Pourquoi Christian n'a-t-il pas de chance aujourd'hui?
3. Qu'est-ce que maman fait pour son fils?
4. Où est-ce qu'elle va?
5. Quel autre cadeau a-t-elle déjà acheté pour lui?

6. Qui aide maman dans la cuisine?
7. Est-ce que les grands-parents vont manger avec la famille ce soir?
8. Quand est-ce qu'ils arrivent?
9. Qu'est-ce qu'il y a comme plat principal?
10. Pourquoi y a-t-il quatorze bougies sur le gâteau?
11. Comment est-ce que la famille trouve le gâteau?
12. Que fait Christian après le dîner?
13. Où Christian écoute-t-il son nouveau disque?
14. Quelle boisson les adultes prennent-ils?
15. Qui fait la vaisselle ce soir?

EXERCICES

I. **Complétez le dialogue par une réponse ou une question appropriée en français. Soyez sûr que chaque réponse suit logiquement celle qui précède.** (Complete the dialogue with an appropriate answer or question in French. Be sure that each response logically follows the preceding one.)

A: Tu veux aller au cinéma cet après-midi?

B: Oui, je voudrais y aller, mais je dois sortir avec ma soeur.

A: _____

B: Au grand magasin. Nous allons acheter un cadeau d'anniversaire pour maman.

A: _____

B: C'est demain.

A: _____

B: Bien sûr! Tu peux nous accompagner.

A: _____

B: Oui, l'autobus de deux heures. On vous verra au coin de la rue.

A: _____

II. **Écrivez une phrase complète en français qui donne une définition de chaque mot.**

1. l'école
2. la plage
3. le marché
4. la gare
5. le café
6. la vendeuse
7. les boules
8. la ville
9. les gants
10. l'argent

III. **Écrivez une phrase appropriée au présent en employant les mots clés qui sont indiqués.**

1. acheter / centre commercial / jupe / Nathalie / beau
2. patinoire / ils / autobus / aller / hockey
3. laiterie / choisir / et / fromage / Maman / oeufs
4. ne / élèves / anglais / plus / parler / lycée
5. venir / de / promenade / jardin public / faire / nous
6. pas / pouvoir / soir / je / sortir / ne / demain
7. football / Gérard / jouer / mais / jouer / frère / guitare
8. vouloir / Paul / parce que / mal / avoir / il / médicaments / estomac

IV. **Si la phrase est au futur, changez-la au futur proche. Si la phrase est au futur proche, changez-la au futur.**

1. Ils vont faire une visite à Notre-Dame.
2. Quand viendrez-vous nous voir?
3. J'écrirai la lettre demain.
4. Tu ne vas pas voir le défilé?
5. Cet été je travaillerai chez mon grand-père.
6. Qu'est-ce que vous allez prendre comme dessert?
7. Est-ce que notre équipe va perdre le match?
8. Le professeur sait que les élèves réussiront à l'examen.
9. Jacques va avoir du poulet chez lui demain soir.
10. Nous n'irons pas en montagne cet hiver.

V. **Indiquez le mot associé.**

_____	1. l'alpinisme	a.	le livre
_____	2. le navire	b.	le match
_____	3. le siècle	c.	le cyclisme
_____	4. l'âge	d.	la montagne
_____	5. le vélo	e.	le sable
_____	6. l'écrivain	f.	la bouche
_____	7. la dent	g.	le temps
_____	8. la plage	h.	l'anniversaire
_____	9. la montre	i.	l'heure
_____	10. le joueur	j.	le bateau

VI. **Répondez à la question en remplaçant les mots en italique par *y, en* ou un pronom qui est l'objet direct ou indirect.**

1. Vas-tu *à la confiserie?*
2. Christian, achète-t-il trois *romans?*
3. Donnes-tu des cadeaux *à tes amis?*
4. Écoutent-ils *leurs nouveaux disques?*
5. Voulez-vous beaucoup *de frites?*
6. Est-ce que l'eau froide plaît *à Françoise?*
7. La famille, voyage-t-elle *en Allemagne?*
8. Voyez-vous *cet escalier?*
9. Prenez-vous *de la salade?*
10. M. Doucette, jette-t-il *sa première boule?*

VII. Complétez par la forme convenable d'un verbe qui n'est pas régulier au présent. On vous donne la première lettre du verbe.

1. Mon copain d_____ malade en classe.
2. Je l_____ vingt romans chaque année.
3. À quelle heure p_____-nous?
4. P_____-vous me dire où se trouve la banque?
5. Ne s_____-tu pas skier?
6. Nos grands-parents ne v_____ jamais en retard.
7. D_____-vous étudier après le dîner?
8. Nous v_____ bien la Tour Eiffel de notre hôtel.
9. Avec quel garçon s_____-elle ce soir?
10. M_____ tes gants parce qu'il fait froid!

VIII. *Oui* ou *non*? Si la réponse n'est pas appropriée, écrivez une meilleure réponse.

1. Tu veux manger en plein air?
   Oui, asseyons-nous sur la terrasse!
2. Jean-Marc, qu'est-ce qu'il y a?
   J'ai de la chance.
3. Prenez-vous du lait ou du café?
   Ça m'est égal.
4. Comment est-ce qu'on va au cinéma?
   En avion, d'accord?
5. C'est quand la Fête Nationale?
   C'est le vingt-cinq décembre.
6. Où est-ce que je peux essayer ce pantalon?
   Nous n'avons pas de cabine d'essayage.
7. Je n'ai jamais fait cela.
   Moi non plus.
8. Tu habites près du lycée?
   Oui, assez près, à 200 kilomètres.

IX. Choisissez la définition convenable.

_____ 1. le musée	a.	l'argent que vous donnez au vendeur
_____ 2. le coiffeur	b.	l'arbre qui a des pommes
_____ 3. le gratte-ciel	c.	vient d'un oeuf
_____ 4. le nez	d.	où il y a beaucoup de choses historiques
_____ 5. la cathédrale	e.	beaucoup de personnes
_____ 6. le prix	f.	où vous jouez au hockey
_____ 7. la foule	g.	entre les yeux et la bouche
_____ 8. le timbre	h.	l'homme qui coupe les cheveux

_____ 9. le poulet   i. la grande église

_____ 10. le pommier   j. vous le mettez au coin d'une lettre

_____ 11. l'étudiant   k. la personne qui étudie à l'université

_____ 12. la patinoire   l. l'édifice très haut

X. **Écrivez la phrase au passé composé.**

1. Qu'est-ce que vous voyez?
2. Le train arrive à dix heures.
3. Gagnes-tu le prix?
4. Mes amis viennent me voir.
5. Elles partent à la fin du match.
6. Papa ouvre tous ses cadeaux.
7. Je ne nourris pas le chien ce matin.
8. Christian met son nouveau pantalon.
9. J'attends mes parents à la gare.
10. Nous n'allons jamais à la campagne en hiver.

XI. **Choisissez l'expression qui complète la phrase.**

1. _____ est un pays de montagnes.
2. _____ est une province au sud de la France.
3. _____ est la grande cathédrale gothique à Paris.
4. _____ divise Paris en deux parties.
5. _____ est un grand jardin public.
6. _____ est le plus grand port français.
7. _____ est la capitale du Sénégal.
8. _____ est une grande ville près de la France où l'on parle français.
9. _____ est au centre du fleuve à Paris.
10. Le Sénégal, un pays où l'on parle français, se trouve à l'ouest de _____ .

Marseille	L'Île de la Cité
l'Afrique	La Provence
Notre-Dame	Le Bois de Boulogne
Genève	Dakar
La Suisse	La Seine

EXPRESSIONS UTILES

Here are some French phrases useful when ones goes shopping:

Est-ce que je peux vous aider?	Can I help you?
Je regarde seulement.	I'm only looking.
Je ne veux rien acheter maintenant.	I don't want to buy anything now.
Pouvez-vous me montrer…?	Can you show me…?
Je voudrais acheter…	I would like to buy…
C'est trop cher pour moi.	It's too expensive for me.
Quelque chose de moins cher.	Something less expensive.
Quelle est la taille?	What's the size?
Quelle est la pointure?	What's the size? (for shoes and gloves)
Petit, moyen, grand.	Small, medium, large.
En solde.	On sale.
Ce sera tout.	That will be all.

Quelle est la taille?

CULTURAL NOTES
Holidays

Le Jour de l'An

Celebration of New Year's Day begins on the eve with a midnight supper, *le réveillon de la Saint-Sylvestre,* served at home or in a restaurant. At the stroke of 12, people kiss under the mistletoe *(le gui),* a symbol of good luck. Adults exchange New Year's gifts *(étrennes)* and cards that say *Bonne et Heureuse Année.* They also offer tips or small gifts to persons like the mailman who have done services for them during the year. It's the time too for visiting relatives and close friends.

Le Carnaval

The Carnival, held in anticipation of Lent, usually lasts about two weeks. With its colorful day and night parades, Nice becomes the center of the holiday activities. The Carnival King is the major figure at these events.

Nice becomes the center of Carnival activities.

Le Mardi-Gras

Literally, "Fat Tuesday," Mardi Gras is the last day of the Carnival. People enjoy one final day of unrestrained eating and drinking before Lent begins. It's the occasion in Nice for costumed celebrations, masked balls and one last parade. Similar festivities take place in our own New Orleans.

Pâques

The religious holiday of Easter is observed by church services. But the festivities on this day aren't all solemn. Children in France, like those in the United States, hunt for eggs at home or outside. *Confiserie* owners fill their windows with chocolate fish, eggs and chickens. Friends and relatives cordially wish each other *Heureuses Pâques*.

La Fête du Travail

May 1st, the French "Labor Day," is observed at parades organized by workers. It is also the day when one gives a bouquet of *muguet* (lily of the valley) to friends and loved ones.

On Bastille Day a military parade moves down the *Champs-Élysées* in Paris.

La Fête Nationale

France's great national holiday resembles the American Fourth of July. It marks the capture and burning of the *Bastille* (a royal prison) on July 14, 1789. This event, which signaled the start of the French Revolution, became symbolic of the French love of freedom. In Paris a grand military parade, usually along the *Champs-Élysées,* launches the commemoration of this day. Smaller towns also hold military parades. All parts of France display the national flag on buildings and in the streets. In the evening spectacular fireworks brighten the sky above the Seine. Afterwards, there is dancing in the streets at many of the larger public squares, which lasts well into the morning hours.

La Toussaint

All Saints' Day, November 1st, forms part of a two day remembrance of the dead. On this day the French recall that the saints number far more than those included in the Church calendar. School children celebrate by taking a week's vacation.

Shooting galleries are part of fairs held in small towns to celebrate Bastille Day. (Valognes)

Le Jour des Morts

On November 2nd, the Day of the Dead, the French pay tribute to their deceased relatives and loved ones. They do so by visiting the cemetery, where they decorate the graves with flowers. This holiday resembles the American Memorial Day, since honor is also paid to the memory of the war dead.

La Noël

After midnight church services on Christmas Eve, the family returns home to a great feast, *le réveillon*. This supper may feature a goose or turkey and all the trimmings, including champagne. Chocolate cake rolled in the form of a log *(bûche de Noël)* is the customary dessert. Red roses may decorate the table. Before going to bed, children place their shoes near the fireplace, hoping to find them filled by *le Père Noël* (Santa Claus). The next day they awaken to discover gifts, usually toys, clothing, fruit and candy. *Joyeux Noël* is on everyone's lips. Prominently displayed might be a Christmas tree, whose origins come from Alsace, an eastern province of France. A more common decoration is a *crèche* (manger scene). To its traditional religious figures are added those of local tradesmen, such as the butcher and the baker. These *santons* (little saints), made near Marseilles, are formed of terra-cotta and painted by hand. They suggest that the French have a distinctive way of celebrating the last major holiday of the year.

Many families go skiing in the mountains during the Christmas holidays.

VOCABULAIRE

l' **anniversaire** (m) birthday; anniversary
la **bougie** candle
 décorer to decorate
 écouter to listen (to)
le **gâteau** cake
les **grands-parents** (m) grandparents
 joyeux, joyeuse joyful, happy
 moi non plus me neither

 montrer to show
 moyen, moyenne medium, average
la **pointure** size (shoes and gloves)
le **solde** clearance sale
 en solde on sale
 surtout especially
la **taille** size
la **vaisselle** dishes

grammar summary

Personal (Subject) Pronouns

	Singular	**Plural**
1st person	*je* I	*nous* we
2nd person	*tu* you	*vous* you
3rd person	*il* he	*ils* they
	elle she	*elles* they
	on they, we, you, one	

Definite Articles

SINGULAR			PLURAL
Masculine	**Feminine**	**Before vowel or silent "h"**	
le	la	l'	les

Indefinite Articles

SINGULAR		PLURAL
Masculine	**Feminine**	
un	une	des

Question Words

combien	how much, how many
comment	how
où	where
pourquoi	why
quand	when
que	what (verb precedes subject)
quel, quelle	which, what
qu'est-ce que	what (subject precedes verb)
qui	who, whom, which

Question Formation

1. By raising voice at end of statement
   Tu as de l'argent?
2. By adding *n'est-ce pas*
   Il fait chaud, n'est-ce pas?
3. By beginning with *Est-ce que*
   Est-ce que vous allez à la pâtisserie?
4. By inversion (verb precedes subject)
   Aimes-tu le français?
   Noun subjects precede the verb and the attached
      subject pronoun.
   David, fait-il une promenade?

Numbers

0 = zéro	12 = douze	31 = trente et un
1 = un	13 = treize	40 = quarante
2 = deux	14 = quatorze	41 = quarante et un
3 = trois	15 = quinze	50 = cinquante
4 = quatre	16 = seize	51 = cinquante et un
5 = cinq	17 = dix-sept	60 = soixante
6 = six	18 = dix-huit	61 = soixante et un
7 = sept	19 = dix-neuf	70 = soixante-dix
8 = huit	20 = vingt	71 = soixante et onze
9 = neuf	21 = vingt et un	80 = quatre-vingts
10 = dix	22 = vingt-deux	81 = quatre-vingt-un
11 = onze	30 = trente	90 = quatre-vingt-dix
		91 = quatre-vingt-onze
		100 = cent

Regular Verb Forms — Present Tense

	parler	**choisir**	**perdre**
je	parle	choisis	perds
tu	parles	choisis	perds
il/elle	parle	choisit	perd
nous	parlons	choisissons	perdons
vous	parlez	choisissez	perdez
ils/elles	parlent	choisissent	perdent

Negation

ne (n') + verb + *pas*	*Je n'ai pas faim.*
ne (n') + verb + *plus*	*Elle n'habite plus Paris.*
ne (n') + verb + *rien*	*Vous ne faites rien.*
ne (n') + verb + *jamais*	*Il ne neige jamais en été.*

Possessive Adjectives

SINGULAR			PLURAL
Masculine	**Feminine**	**Feminine beginning with vowel or silent "h"**	
mon	ma	mon	mes
ton	ta	ton	tes
son	sa	son	ses
son	sa	son	ses
notre	notre	notre	nos
votre	votre	votre	vos
leur	leur	leur	leurs
leur	leur	leur	leurs

Time

12:00	Il est midi. Il est minuit.
1:00	Il est une heure.
2:00	Il est deux heures.
3:15	Il est trois heures et quart.
4:30	Il est quatre heures et demie.
5:45	Il est six heures moins le quart.
7:10	Il est sept heures dix.
8:55	Il est neuf heures moins cinq.

À + Definite Article

Masculine	Feminine	Vowel or silent "h"	Plural
au	à la	à l'	aux

De + Definite Article

Masculine	Feminine	Vowel or silent "h"	Plural
du	de la	de l'	des

Agreement of Adjectives and Nouns

	Masculine	Feminine
add *e*	un grand garçon	une grande fille
no change	un jeune garçon	une jeune fille
double consonant + *e*	un bon garçon	une bonne fille

Plural of Adjectives and Nouns

		SINGULAR	PLURAL
	add *s*	le petit port	les petits ports
	no change	le vieux port	les vieux ports
Adjectives	**add *x***	le beau port	les beaux ports
	change *al* to *aux*	le port principal	les ports principaux
	add *s*	l'autre homme	les autres hommes
	no change	l'autre pays	les autres pays
Nouns	**add *x***	l'autre oiseau	les autres oiseaux
	change *al* to *aux*	l'autre cheval	les autres chevaux

Reflexive Verbs

A number of verbs are preceded by reflexive pronouns.

je	me	lave
tu	te	couches
il/elle	se	trouve
nous	nous	amusons
vous	vous	habillez
ils/elles	se	calment

Command Forms

	danser	obéir	descendre	se laver
tu form	Danse!	Obéis!	Descends!	Lave-toi!
vous form	Dansez!	Obéissez!	Descendez!	Lavez-vous!
nous form	Dansons!	Obéissons!	Descendons!	Lavons-nous!

Partitive

Masculine	Feminine	Vowel or silent "h"	Plural
du café	de la salade	de l'eau	des frites

In the negative the partitive becomes *de* or *d'*.

Expressions of Quantity

assez	enough
beaucoup	much, many, a lot (of), lots (of)
combien	how much, how many
moins	less, fewer, not so
(un) peu	(a) little, (a) few
plus	more
tant	so much, so many
trop	too much, too many, too

These expressions are followed by *de* or *d'*.

Orthographically Changing Verbs

	c to ç	g to ge	é to è	double consonant	e to è
je (j')	commence	mange	suggère	jette	achète
tu	commences	manges	suggères	jettes	achètes
il/elle	commence	mange	suggère	jette	achète
nous	commençons	mangeons	suggérons	jetons	achetons
vous	commencez	mangez	suggérez	jetez	achetez
ils/elles	commencent	mangent	suggèrent	jettent	achètent

Formation of Adverbs

Masculine Adjectives	Feminine Adjectives	Adverbs
lent	lente	lentement
heureux	heureuse	heureusement
facile	facile	facilement
tel	telle	tellement

Modal Auxiliaries

	vouloir	pouvoir	devoir	aimer
je (j')	veux	peux	dois	aime
tu	veux	peux	dois	aimes
il/elle	veut	peut	doit	aime
nous	voulons	pouvons	devons	aimons
vous	voulez	pouvez	devez	aimez
ils/elles	veulent	peuvent	doivent	aiment

Direct Object Pronouns

me	me
te	you
le, la (l')	him, her, it
nous	us
vous	you
les	them

Indirect Object Pronouns

me	to me
te	to you
lui	to him, to her
nous	to us
vous	to you
leur	to them

Futur proche (*aller* + infinitive)

je	vais
tu	vas
il/elle	va
nous	allons
vous	allez
ils/elles	vont

} + infinitive

Je vais finir mes devoirs.
Nous allons nous coucher.

Position of Adjectives

Most adjectives follow their nouns. These adjectives include those of color or nationality and those consisting of many syllables. Some short, common adjectives which precede their nouns are:

autre	long
beau	mauvais
bon	nouveau
grand	petit
gros	seul
jeune	vieux
joli	

Future Tense

	jouer	**réussir**	**vendre**
je	jouerai	réussirai	vendrai
tu	joueras	réussiras	vendras
il/elle	jouera	réussira	vendra
nous	jouerons	réussirons	vendrons
vous	jouerez	réussirez	vendrez
ils/elles	joueront	réussiront	vendront

The following list contains all verbs (including orthographically changing verbs) used in *Perspectives françaises 1* which have irregular future stems.

Infinitive	Future Stem
acheter	achèter-
aller	ir-
s'appeler	s'appeller-
avoir	aur-
devenir	deviendr-
devoir	devr-
employer	emploier-
enlever	enlèver-
essayer	essaier-
être	ser-
faire	fer-
jeter	jetter-
se jeter	se jetter-
lever	lèver-
se lever	se lèver-
mourir	mourr-
peser	pèser-
pleuvoir	pleuvr-
pouvoir	pourr-
se rappeler	se rappeller-
revenir	reviendr-
savoir	saur-
soutenir	soutiendr-
venir	viendr-
voir	verr-
vouloir	voudr-

Stress Pronouns

moi	me, I
toi	you
lui	he, him
elle	she, her
nous	we, us
vous	you
eux	they, them
elles	they, them

Demonstrative Adjectives

Masculine	Masculine beginning with vowel or silent "h"	Feminine	Plural
ce	cet	cette	ces

Passé composé

Most verbs in this tense use *avoir* as the helping verb.

	marcher	finir	répondre
je (j′)	ai marché	ai fini	ai répondu
tu	as marché	as fini	as répondu
il/elle	a marché	a fini	a répondu
nous	avons marché	avons fini	avons répondu
vous	avez marché	avez fini	avez répondu
ils/elles	ont marché	ont fini	ont répondu

The following verbs use *être* as the helping verb.

aller	mourir	retourner
arriver	naître	revenir
descendre	partir	sortir
devenir	rentrer	tomber
entrer	rester	venir
monter		

aller

je	suis	allé
je	suis	allée
tu	es	allé
tu	es	allée
il	est	allé
elle	est	allée
nous	sommes	allés
nous	sommes	allées
vous	êtes	allé
vous	êtes	allée
vous	êtes	allés
vous	êtes	allées
ils	sont	allés
elles	sont	allées

The following list contains all verbs used in *Perspectives françaises 1* which have irregular past participles.

Infinitive	Past Participle
apprendre	appris
avoir	eu
couvrir	couvert
découvrir	découvert
devenir	devenu
devoir	dû
dire	dit
écrire	écrit
être	été
faire	fait
lire	lu
mettre	mis
mourir	mort
naître	né
offrir	offert
ouvrir	ouvert
plaire	plu
pleuvoir	plu
pouvoir	pu
prendre	pris
revenir	revenu
savoir	su
soutenir	soutenu
suivre	suivi
venir	venu
voir	vu
vouloir	voulu

The Comparative and Superlative of Adjectives

Adjective	Comparative	Superlative
joli(e)	plus joli(e)	le (la) plus joli(e)
	aussi joli(e)	
	moins joli(e)	le (la) moins joli(e)

vocabulary

All the words introduced in *Perspectives françaises 1* have been summarized in this section. The numbers following the meaning of individual words or phrases indicate the particular lesson in which they appear for the first time. In cases in which there is more than one meaning for a word or phrase and it has appeared in different lessons, the corresponding lesson numbers are listed.

A

a (see *avoir*) *1*

à to *1*

à at, in *3; à point (cuit à point)* medium (meat) *5*

accompagner to come with, to accompany *7*

acheter to buy *3*

l' **acteur, l' actrice** actor, actress *6*

l' **action** (f) action *7*

adorer to adore *7*

l' **adulte** (m) adult *2*

les **affaires** (f) business *6; l' homme d' affaires* (m) businessman *6*

l' **Afrique** (f) Africa *8*

l' **âge** (m) age *2*

agréable pleasant, agreeable *6*

ah oh *3*

ai (see *avoir*) *1*

aider to help *4*

l' **ailier** (m) wing (player) *7*

aimer to like, to love *1*

l' **air** (m) air; appearance *9; en plein air* outside, in the open air *9*

l' **Allemagne** (f) Germany *3*

allemand, allemande German *7*

aller to go *1; Allons ensemble!* Let's go together! *1; Comment vas-tu?* How are you? (familiar) *1; Je vais bien.* I'm fine. *1*

aller et retour round trip *3*

Allons! (see *aller*) *1*

allumer to light *5*

alors then; so *6*

alpin, alpine alpine *8*

l' **alpinisme** (m) mountain climbing *7*

américain, américaine American *A*

l' **ami, l' amie** friend *2*

s' **amuser** to have a good time *4*

l' **an** (m) year *2*

ancien, ancienne old, ancient; former *9*

anglais, anglaise English *4*

l' **anglais** (m) English *1*

l' **Angleterre** (f) England *7*

l' **animal, les animaux** (m) animal, animals *2*

l' **année** (f) year *4*

l' **anniversaire** (m) birthday; anniversary *B*

août August *4*

l' **appartement** (m) apartment *7*

s' **appeler** to be named, to call oneself *4; Comment s' appelle-t-il?* What's his name? *4*

l' **appétit** (m) appetite *5; Bon appétit!* Enjoy your meal! Eat well! *5*

apporter to bring *5*

apprendre to learn *9*

après after *1*

l' **après-midi** (m,f) afternoon *3*

l' **arachide** (f) peanut *8*

l' **arbitre** (m) referee *7*

l' **arbre** (m) tree *8*

l' **arc** (m) arch *10*

l' **arc-boutant** (m) flying buttress *9*

l' **Arc de Triomphe** (m) Arch of Triumph *8*

l' **architecte** (m) architect *10*

l' **architecture** (f) architecture *10*

l' **argent** (m) money *2*

l' **arrêt** (m) stop *7; l' arrêt d' autobus* (m) bus stop *7*

arriver to arrive *3*

l' **art** (m) art *6*

l' **artiste** (m) artist *6*

l' **assemblée** (f) assembly *9*

Asseyons-nous! Let's sit (down)! *9*

assez rather; enough *4*

attendre to wait for *3*

Attention! Watch out! *3*

attentivement attentively *7*

attirer to attract, to draw *9*

au at the, to the, in the *1*

aujourd' hui today *2*

au revoir good-bye *1*

aussi also, too *1;* as; so *10*

l' **autobus** (m) bus *7; en autobus* by bus *9*

l' **automne** (m) autumn *2*

autre other, another *3*

autrefois formerly *4*

autrement otherwise *6*

aux at the, to the, in the (plural) *3*

avant before (referring to time) *4*

avec with *2*

l' **avion** (m) airplane *8; en avion* by plane *9; l' avion à réaction* (m) jet plane *8*

l' avocat, l' avocate lawyer *6*
avoir to have *1; a* has *1; J'ai faim!* I'm hungry! *1*
avril April *4*

B

le bagage baggage *3*
le ballon balloon *2*
la banane banana *5*
la banque bank *6*
le banquier banker *6*
le baobab baobab (tree) *8*
le bar bar *3*
la barbe beard *2; la barbe à papa* cotton candy *2*
le barrage dam *5*
le bas stocking *6*
bas, basse low *5*
la base, base, seat, headquarters *7*
la basilique basilica *10*
le basket-ball basketball *7*
le bassin pool *2*
la bassine pan *5*
le bateau, les bateaux boat, boats *2; en bateau* by boat *9; le bateau à voile* sailboat *2; le bateau mouche* tourist boat *9*
le bâton de hockey hockey stick *7*
beau, bel, belle, beautiful, handsome *2; Il fait beau.* It's nice out. *2*
beaucoup many, much, a lot (of), lots (of) *3*
belge Belgian *7*
la Belgique Belgium *3*
la Bible Bible *9*
la bicyclette bicycle *6; à bicyclette* by bicycle *9*
bien well *1; bien sûr* for sure, of course *2*
bientôt soon *1; À bientôt!* See you soon! *1*
la bière beer *5*
le billet ticket *3;* bill (money) *5*
la biologie biology *1*
blanc, blanche white *5*
le blé wheat *6*
bleu, bleue blue *6*
la blouse blouse, smock *6*
les **blue jeans** (m) jeans *6*
le bocal, les bocaux jar, jars *5*
le bois wood(s) *2*
la boisson drink, beverage *5*
le bol bowl *8*
bon, bonne good *1; Bonne chance!* Good luck! *1*
le bonbon candy *10*
Bonjour Hello, Good Day *1*
border to border *3*
la bouche mouth *8*
le boucher butcher *6*
la boucherie butcher shop *6*

la bougie candle *B*
le boulanger, la boulangère baker *6*
la boulangerie bakery *6*
la boule (bowling) ball *8*
les boules (f) (the game of) bowls *8*
le boulevard boulevard *10*
le bouquiniste second-hand book dealer *6*
la boutique shop *10*
le bras arm *8*
Bravo! Bravo! *2*
la brousse bush country *8*
le bruit noise *10*
brun, brune brown *6*
le bureau office; desk *6*
le but goal *7*

C

ça (cela) that *4; Ça va.* That's fine. (That's) O.K. Things are fine. *4; C'est ça.* That's right. *4*
le cabaret cabaret, nightclub *9*
la cabine d'essayage fitting room *10*
le cadeau present, gift *10*
le café coffee; café *5*
la caféteria cafeteria *10*
le cahier notebook *3*
se calmer to calm down *3; Calme-toi!* Calm down! *3*
le (la) **camarade** good friend, comrade *4*
la campagne countryside *4*
le Canada Canada *7*
canadien, canadienne Canadian *7*
le canard duck *4*
le canot (row) boat *2*
la capitale capital *3*
le Carnaval Carnival *8*
la carte card; map *4; la carte postale* postcard *7*
la carte menu *5*
la cathédrale cathedral *9*
ce (c') that, it *2; c'est* it is, that is *2*
ce, cet, cette this, that *2*
la ceinture belt *8*
cela that *9*
célèbre famous *5*
cent (one) hundred *2*
le centime centime (1/100 franc) *5*
le centimètre centimeter *10*
le centre center, middle *4; le centre commercial* shopping center *10*
ces these, those *9*
le CES secondary school (*Collège d'Enseignement Secondaire*) *4*
la chambre room, bedroom *4;* chamber *9; la chambre à coucher* bedroom *4*

le champ field *6; les Champs-Élysées* (m) Champs Élysées *8*
le champagne champagne *6*
la chance luck *1; avoir de la chance* to be lucky *8; Pas de chance!* No luck! *8*
le chandail sweater *6*
changer to change *8*
le chapeau hat *6*
chaque each, every *3*
le char float *8; le char de combat* tank *8*
le charbon coal *6*
la charcuterie delicatessen *10*
le chat cat *2*
le château, les châteaux castle, castles *5*
chaud, chaude warm, hot *2; Il fait chaud.* It's warm out. *2*
la chaussette sock *6*
la chaussure shoe *6*
le chef chef *6*
le chemin de fer railroad *3*
la chemise shirt *6*
cher, chère expensive; dear *7*
le cheval horse *2*
les **cheveux** (m) hair *6*
la chèvre goat *2*
chez to/at the place of (someone) *6*
le chien dog *2*
la chimère chimera, imaginary monster *9*
la chimie chemistry *1*
la Chine China *7*
chinois, chinoise Chinese *7*
le chocolat chocolate, hot chocolate *7*
choisir to choose *2*
le choix choice *7*
la chose thing *8*
chouette neat, nice (slang) *6*
le cinéma movies; movie theatre *9*
cinq five *2*
cinquante fifty *2*
cinquième fifth *4*
la civilisation civilization *10*
la clarinette clarinet *6*
la classe class *3*
la clochette small bell *7*
le cochon pig *2*
le cochonnet target ball *8*
le coeur heart *9*
le coiffeur, la coiffeuse hairdresser *6*
le coin corner *7*
la colline hill *10*
la colonie colony *8*
combien how much, how many *1*
comme as, like *5; comme ci, comme ça* so-so, fair *1*
commencer to begin *5*
comment how *1; Comment vas-tu?* How are you? (familiar) *1*

commercial, commerciale commercial 9

le **compartiment** compartment 3

le **complet** suit 6

composter to stamp 3

compter to intend; to count; to hope 4

le **comptoir** counter 10

la **confiserie** candy store 10

la **confiture** jam 5

confortable comfortable 3

la **construction** construction 9

contre against; to (in a score) 7

le **copain, la copine** friend, pal 4

corail coral 3

le **corps** body 8

le **côté** side 9; à côté de next to, by, along 7; ce côté-ci ou ce côté-là this side or that side 9

le **cou** neck 8

se **coucher** to go to bed 4

la **couchette** couchette (berth) 3

la **couleur** color 6

la **coupe** haircut 6

couper to cut 5

la **cour** yard 6; la cour de justice court 6

court, courte short 6

le **couteau** knife 5

couvrir to cover 5

la **cravate** necktie 6

le **crayon** pencil 3

le **cristal** crystal 6

le **croissant** crescent roll 5

la **croix** cross 7

la **cuisine** kitchen 4

la **cuisinière** stove 5

cuit, cuite cooked, done 5

le **cuivre** copper 5

cultiver to cultivate 8

le **cyclisme** bicycling 7

le **cygne** swan 2

D

d'accord O.K., agreed 1

le **daim** deer 2

la **dame** lady 10

dans in, into 1

danser to dance A

le **danseur, la danseuse** dancer 6

la **date** date 4

dater to date 10

de of 1; any, some 2; from 3; in 10

décembre December 4

décider to decide, to determine 7

décorer to decorate B

découvrir to uncover; to discover 10

le **défilé** parade 8

dehors out of doors 10

déjà already 3

le **déjeuner** lunch 5; le petit déjeuner breakfast 5

le **delta** delta 5

demain tomorrow 7

demander to ask 7

demi, demie half 3; Il est six heures et demie. It's 6:30. 3

la **dent** tooth 8

le **départ** departure 3

le **département** department 4

déplacer to move, to displace 8

depuis since; for; from 8

dernier, dernière last 8

des some, any; of the (plural) 2

descendre to go down; to get off 3

désirer to want, to desire, to like 3

le **dessert** dessert 5

deux two 1

deuxième second 3

devant in front of, before (referring to place) 4

devenir to become 10

devoir must, to have to 6

les **devoirs** (m) homework 2

le **dialecte** dialect A

différent, différente different 9

dimanche Sunday 4

dîner to have dinner, to dine 4

le **dîner** dinner 4

dire to say, to tell A

la **discothèque (disco)** discotheque A

Dis donc! Well, say! 2

disent (see dire) A

le **disque** record A; (hockey) puck 7

divisé divided 2

diviser to divide 9

dix ten 1

dix-huit eighteen 2

dixième tenth 5

dix-neuf nineteen 2

dix-sept seventeen 2

dix-septième seventeenth 5

donc therefore

donner to give 5

la **douane** customs 6

le **douanier, la douanière** customs officer 6

douze twelve 2

douzième twelfth 5

le **drapeau** flag 7

droit, droite right 7

le **droit** law (profession or branch of learning) 9

du some, any 2; of the, from the 3

E

l' **eau** (f) water 5; l'eau de cologne 10; l'eau minérale (f) mineral water 5

l' **école** (f) school 3

économique economical 6

écouter to listen (to) B

écrire to write 7

l' **écrivain** (m) writer, author 9

l' **écume** (f) foam, froth 5

l' **édifice** (m) building 9

égal, égale equal; indifferent 9; Ça m'est égal. I don't care. (It's all the same to me.) 9

l' **église** (f) church 10

l' **élève** (m,f) student, pupil 6

élevé, élevée high 5

elle (elles) she (they — feminine plural) 1; her (them — feminine plural) 8

l' **employé, l'employée** clerk 3

employer to use, to employ 6

en in, into 2; to 3; some, any; of it, of them 8

encore again; still, yet 5

l' **énergie** (f) energy 5

l' **enfant** (m,f) child 2

enfin finally 3

enlever to remove, to take off 5

en retard late 3

ensemble together 1

entendre to hear 3

entourer to surround 3

entre between, among 5

entrer to enter 7

l' **épicerie** (f) grocery store 10

l' **équipe** (f) team 7

l' **escalier** (m) stairs 3

l' **Espagne** (f) Spain 3

espagnol, espagnole Spanish 7

l' **esprit** (m) spirit; mind 9

essayer to try; to try on 8

est (see être) 1

l' **est** (m) east 5

Est-ce que. . .? Is it that. . .? (introducing a question) 2

l' **estomac** (m) stomach 8

l' **estuaire** (m) estuary 5

et and 1

était was (imperfect tense of être) 4

l' **état** (m) state 3; les États-Unis (m) United States 3

l' **été** (m) summer 2

être to be 1; est is 1

l' **étudiant, l'étudiante** student 9

étudier to study 1

l' **Europe** (f) Europe 5

eux them, they (masculine) 8

l' **examen** (m) test, examination 1

l' **excursion** (f) excursion, ride, field trip, outing 2; Faisons une excursion! Let's go on an excursion (ride)! 2

l' **exemple** (m) example 6; par exemple for example 6

l' **extérieur** (m) exterior; outside appearance 9

F

facile easy *6*
facilement easily *6*
la **Faculté** faculty; department or branch of studies *9*
la **faim** hunger *1; J'ai faim!* I'm hungry! *1*
faire to do, to make *1; Combien font un et deux?* How much is 1 and 2? *1; Que fais-tu?* What are you doing? *1*
faire un voyage to take a trip *3*
fais (see *faire*) *1*
fait done, made *6*
la **famille** family *2*
la **fanfare** brass band *8*
féminin, féminine female, feminine *8*
la **femme** woman; wife *8*
la **ferme** farm *6*
le **fermier** farmer *6*
la **fête** holiday, festival; birthday; party *8; la Fête du Travail* Labor Day *8*
février February *4*
fier, fière proud *5*
la **fille** girl *1;* daughter *4*
le **fils** son *4*
la **fin** end *3*
finir to finish *2*
la **fleur** flower *2*
le **fleuve** river *3*
le **flot** wave *3*
la **flûte** flute *6*
fois times *2*
la **fois** time *4*
font (see *faire*) *1*
la **fontaine** fountain *7*
le **football** soccer *7*
la **forêt** forest *6*
formidable fantastic, great *4*
fort, forte loud; strong *A*
la **forteresse** fortress *10*
la **foule** crowd *7*
frais, fraîche cool; fresh *2*
le **franc** franc *6*
français, française French *3*
le **français** French *1*
la **France** France *3*
frapper to hit, to knock *8*
le **frère** brother *4*
les **frites** (f) French fries *5*
froid, froide cold *2*
le **fromage** cheese *5*
le **fromager** kapok (tree) *8*
le **fruit** fruit *5*
la **fumée** smoke *8*

G

gagner to win; to earn *4*
le **gant** glove *6*
le **garçon** boy *1;* waiter *5*

la **garde** guard *8*
garder to keep; to guard *4*
la **gare** railroad station *3*
la **gargouille** gargoyle *9*
le **gâteau** cake *B*
gauche left *8*
généralement generally *8*
la **géographie** geography *3*
la **glace** ice cream *2; la glace maison* house specialty ice cream *5*
le **glacier** glacier *5*
le **golf** golf *7*
la **gorge** throat *8*
gothique Gothic *9*
le **goûter** snack *5*
le **gouvernement** government *6*
le **gramme** gram *10*
grand, grande big, large, tall *4*
la **grand-mère** grandmother *4*
les **grands-parents** (m) grandparents *B*
le **grand-père** grandfather *4*
le **gratte-ciel** skyscraper *9*
grec, grecque Greek *10*
le **grenier** granary; attic *8*
gris, grise grey *6*
gros, grosse big, large; fat *5*
le **guichet** ticket window *3*
guider to guide, to lead *10*
le **guignol** puppet show *2*
la **guillotine** guillotine *9*
la **guitare** guitar *6*

H

s' **habiller** to get dressed *4*
habiter to live (in) *1*
les **haricots verts** (m) green beans *5*
haut, haute high *5*
l' **heure** (f) time, hour, o'clock *3; Quelle heure est-il?* What time is it? *3*
heureusement happily, fortunately *6*
heureux, heureuse happy, glad; fortunate *6*
hier yesterday *9*
l' **histoire** (f) history *1;* story *9*
historique historical *7*
l' **hiver** (m) winter *2*
le **hockey** hockey *7*
l' **homme** (m) man *4*
l' **horaire** (m) timetable, schedule *3*
l' **horloge** (f) clock *7*
les **hors-d'oeuvre** (m) hors d'oeuvre, appetizers *5*
l' **hôtel** (m) hotel *6; l'Hôtel de Ville* (m) Town Hall *9*
l' **hôtelier, l'hôtelière** hotel keeper *6*
huit eight *1*
huitième eighth *5*
la **hutte** hut *8*

I

ici here *2*
l' **idée** (f) idea *2*
il (ils) he, it (they - masculine plural) *1*
il y a. . . there is. . ., there are. . . *2; y a-t-il. . .?* is there. . .?, are there. . .?
l' **île** (f) island *9*
l' **immeuble** (m) building; apartment house *10*
important, importante important *3*
indépendant, indépendante independent *8*
l' **indication** (f) sign *3*
indiquer to indicate *3*
l' **industrie** (f) industry *6*
l' **information** (f) information *3*
l' **instrument** (m) instrument *6*
intellectuel, intellectuelle intellectual *9*
intelligent, intelligente intelligent *10*
intéressant, intéressante interesting *9*
l' **intérieur** (m) inside *3*
international, internationale international *9*
inviter to invite *4*
l' **Italie** (f) Italy *3*
italien, italienne Italian *7*

J

la **jambe** leg *8*
janvier January *4*
le **jardin** garden *2; le Jardin d'Acclimatation* zoo *2; le jardin public* park *2*
le **jardinier** gardener *6*
jaune yellow *6*
je (j') I *1*
le **jet d'eau** waterspout *7*
jeter to throw *5*
se **jeter** to flow, to empty, to throw itself *5*
le **jeu** game, sport *8*
jeudi Thursday *4*
jeune young *8*
joli, jolie pretty *10*
jouer to play *2;* to act, to play a role *6*
le **joueur, la joueuse** player *7; le joueur de centre* center (hockey) *7*
le **Jour de l'An** New Year's Day *8*
le **journaliste** journalist *4*
joyeux, joyeuse joyful, happy *B*
le **jugement** judgment *9*
juillet July *4*
juin June *4*
la **jupe** skirt *6*

jusqu'à until *10*
juste right, true; just *9*
la **justice** justice *9*

K

le **kilogramme** kilogram *10*
le **kilomètre** kilometer *3*

L

la **(l')** the (feminine) *1*
la **(l')** her, it *6*
là **there** *5; Oh, là!* Oh, dear! *5*
le **lac** lake *2*
le **lait** milk *5*
la **laiterie** dairy store *10*
le **lapin** rabbit *4*
latin, latine Latin *9*
le **lavabo** sink; washroom *3*
laver to wash (something) *5*
se **laver** to wash (oneself) *4*
le **(l')** the (masculine) *1*
le **(l')** him, it *6*
le **légume** vegetable *4*
lent, lente slow *6*
lentement slowly *A*
les the (plural) *1*
les them *6*
la **lettre** letter *6*
les **lettres** (f) letters, literature *9*
leur, leurs their *2*
leur to them *7*
lever to raise, to lift *7*
se **lever** to get up *5*
la **librairie** bookstore *10*
la **ligne** line *7*
lire to read *7*
le **litre** liter *10*
le **livre** book *3*
loin far *3*
long, longue long *3*
le **long de** along *9*
longtemps a long time *7*
lui to him, to her *7;* he, him *8*
la **lumière** light *A*
lundi Monday *4*
le **Luxembourg** Luxembourg *3*
luxembourgeois, luxembourgeoise Luxembourgian *7*
Luxembourgeois, Luxembourgeoise Luxembourger, Luxembourger *7*
le **lycée** secondary school, high school *1*

M

ma my (feminine singular) *3*
la **machine** machine *10*
madame ma'am; Mrs. *1*
mademoiselle Miss *1*
le **magasin** store *6; le grand magasin* department store *9*
mai May *4*
maigrir to grow thin *2*

la **main** hand *4*
maintenant now *1*
mais but *4*
la **maison** house, home *4*
majeur, majeure major *10*
le **mal** ailment, pain, ache *8; mal à la gorge* sore throat *8; mal à la tête* headache *8; mal à l' estomac* stomachache *8; mal aux dents* toothache *8; mal aux oreilles* earache *8; mal aux pieds* sore feet *8*
malade sick, ill *8*
maman mother *2*
la **Manche** English Channel *3*
manger to eat *5*
le **manteau** coat *6*
le **marchand, la marchande** merchant *4*
le **marché** market *4*
marcher to walk *1*
mardi Tuesday *4; le Mardi-Gras* Mardi Gras *8*
le **marin** sailor *6*
la **marine** navy *8*
la **marionnette** puppet *2*
marquer un but to score *7*
mars March *4*
le **Marseillais, la Marseillaise** inhabitant of Marseilles *10*
le **match** game, match *7; le match de hockey* hockey game *7*
les **math** (f) math *1*
le **matin** morning *3*
mauvais, mauvaise bad; evil *2*
me myself *4;* me, to me *7*
le **médicament** medicine *10*
meilleur, meilleure better *10; le meilleur, la meilleure* the best *10*
même same *3;* even; also *10*
la **mer** sea *3; la Mer du Nord* North Sea *3; la Mer Méditerranée* Mediterranean Sea *3*
merci thank you, thanks *1*
mercredi Wednesday *4*
la **mère** mother *4*
mes my (plural) *2*
le **mètre** meter *10*
métrique metric *10*
le **métro** subway *A; en métro* by subway *9*
métropolitain, métropolitaine metropolitan *4*
mettez (see *mettre*) *6*
mettre to put, to place; to put on (clothing) *6*
mexicain, mexicaine Mexican *7*
le **Mexique** Mexico *7*
midi noon *3*
le **mil** millet *8*
militaire military *6*
le **millimètre** millimeter *10*
le **million** million *3*
minéral, minérale mineral *5*

mineur, mineure minor (junior league) *7*
minuit midnight *3*
la **minute** minute *1*
la **mode** fashion, style *6*
moderne modern *3*
moi me *1;I 8*
moins minus; less, fewer *1; le (la, les) moins (+ adjectif)* the least . . . *10*
le **mois** month *4*
mon my (masculine singular) *3*
le **Monopoly** Monopoly *4*
monsieur sir; Mr. *1*
le **mont** mount, mountain *5*
la **montagne** mountain *3*
monter to go up; to get on *3*
la **montre** watch *7*
montrer to show *B*
le **monument** monument *9*
le **morceau** piece *10*
le **mort, la morte** dead person *8*
la **mouche** fly *9*
mourir to die *10*
la **moutarde** mustard *6*
le **mouton** sheep *4*
moyen, moyenne medium, average *B*
municipal, municipale municipal *6*
le **mur** wall *10*
le **musée** museum *7*
le **musicien, la musicienne** musician *6*
la **musique** music *A*

N

nager to swim *5*
naître to be born *10*
la **natation** swimming *7*
la **nation** nation *7; les Nations Unies* (f) United Nations *7*
national, nationale national *3*
la **nationalité** nationality *9*
navigable navigable *5*
le **navire** ship *10*
ne...jamais never *9*
ne...pas not *3*
ne...plus no longer, no more *9*
ne...rien nothing *9*
nécessaire necessary *3*
la **neige** snow *5*
neiger to snow *2*
n'est-ce pas? isn't it? *2*
nettoyer to clean *9*
neuf nine *1*
neuf, neuve new *9*
neuvième ninth *5*
le **nez** nose *8*
le **niveau** level *10*
la **Noël** Christmas *8*
noir, noire black *4*
le **nom** name *1*

le **nombre** number *1*
non no *1*
le **nord** north *3*
nos our (plural) *3*
notre our (singular) *3*
nourrir to feed *2*
la **nourriture** food *5*
nous we *1;* ourselves *4;* us, to us *7;* us *8*
nouveau, nouvel, nouvelle new *4*
novembre November *4*
le **noyau, les noyaux** pit, pits (stone, stones) *5*
nuageux cloudy, overcast *2*
la **nuit** night *3*
le **numéro** number *3*

O

obéir to obey *2*
l' **océan** (m) ocean *3*
l' **Océan Atlantique** (m) Atlantic Ocean *3*
octobre October *4*
l' **oeuf** (m) egg *4*
l' **officier** (m) officer *8*
offrir to offer, to give *10*
l' **oiseau, les oiseaux** (m) bird, birds *2*
l' **omelette** (f) omelette *5*
on they, we, you, one *3*
l' **oncle** (m) uncle *4*
onze eleven *2*
onzième eleventh *5*
l' **or** (m) gold *7*
orange orange *6*
l' **oratoire** (m) oratory *7*
ordinaire ordinary *3*
ordinal, ordinale ordinal *5*
l' **oreille** (f) ear *8*
l' **orient** (m) East, Orient *10*
ou or *2*
où where *1*
l' **ouest** (m) west *3*
oui yes *1*
l' **ours** (m) bear *2*
ouvrir to open *5*

P

la **paille** straw *8*
le **pain** bread *5*
le **palais** palace *7*
le **panneau** board, sign *3*
le **pantalon** pants, trousers *6*
papa dad *4*
la **papeterie** stationery store *10*
les **Pâques** (f) Easter *8*
par by *2;* per *4*
parce que (parce qu') because *4*
pardon excuse me *A*
les **parents** parents; relatives *4*
le **parfum** perfume *6*
parisien, parisienne Parisian *4*

le **parlement** parliament *9*
parler to speak *1*
la **partie** part *8*
partir to leave; to depart *10*
pas (ne...pas) not *1, 3*
la **passe** play *7*
le **passeport** passport *6*
passer (un examen) to take (a test) *1*
passer to pass (by) *4;* to play (records) *A*
le **pâté** paste, spread *6; le pâté de foie gras* goose liver paste *6*
le **patinage** skating *7*
la **patinoire** skating rink *7; la patinoire de hockey* hockey rink *7*
la **pâtisserie** pastry shop *1;* pastry *10*
le **pays** country; region; land *3*
le **péage** toll *9*
la **pêche** fishing *10*
le **pêcheur** fisherman *6*
la **peinture** painting *6*
pendant during *A*
penser to think *6*
perdre to lose *4*
le **père** father *4*
la **personne** person *2*
peser to weigh *4*
la **pétanque** (the game of) bowls (So. France) *8*
petit, petite small, little *3*
(un) peu (a) little, (a) few *5*
la **pharmacie** drugstore *10*
le **piano** piano *6*
le **pic** peak *5*
la **pièce** room; play *4;* coin *5*
le **pied** foot *8; à pied* on foot *8*
la **pierre** stone *4*
pittoresque picturesque *4*
la **place** seat; room; place *3;* (public) square *9*
la **plage** beach *7*
plaire to please *3; s'il vous plaît* please *3*
plaît (see *plaire*) *7*
le **plan** map; plan *9*
le **plat** dish *8*
le **plateau** tray *10*
plein, pleine full *9*
pleut (see *pleuvoir*) *2*
pleuvoir to rain *2; Il pleut.* It's raining. *2*
plonger to dive, to plunge *7*
plus more *3; le (la, les) plus (+ adjectif)* the most... *4;* **moi non plus** me neither *8*
le **pneu** tire *6*
le **point** point *8*
la **pointure** size (shoes and gloves) *B*
le **poisson** fish *2*
la **poissonnerie** fish market *10*
la **police** police *6; l'agent de police* (m) policeman *6*

politique political *9*
polytechnique polytechnic *9*
la **pomme** apple *5; la pomme de terre* potato *5*
le **pommier** apple tree *7*
le **pont** bridge *5*
populaire popular *8*
la **porcelaine** china *6*
le **port** port *5*
la **porte** door *3*
porter to wear; to carry *6*
la **position** position *8*
la **poste** mail; post office *6; le préposé des postes* mailman *6*
le **potage** soup *5*
le **poulet** chicken *8*
pour in order to; for *3*
pourpre purple *10*
pourquoi why *4*
pousser to shoot; to push *7*
pouvoir can, to be able *6*
préférer to prefer *5*
premier, première first *3*
prendre to take; to have (referring to food) *5*
près de near *2*
le **président** president *8*
presque almost *3*
primaire primary, elementary *4*
principal, principale principal *3*
le **printemps** spring *2*
la **prison** prison *10*
le **prix** price; prize *10*
proche nearby; near *10*
le **produit** product *6*
le **professeur** teacher *1*
la **profession** profession, occupation *6*
la **promenade** walk; ride *2; Faisons une promenade!* Let's go for a walk (ride)! *2*
proposer to propose *A*
propre clean *5*
la **province** province *4*
la **prune** plum *5*
puis then, next *3*
puissant, puissante powerful, strong *5*
le **puits** well *8*
le **pull-over** pullover, sweater *10*

Q

le **quai** quay, platform *3*
quand when *1*
quarante forty *2*
le **quart** quarter *3; Il est huit heures et quart.* It's 8:15. *3; Il est neuf heures moins le quart.* It's 8:45. *3*
le **quartier** quarter, neighborhood *9*
quatorze fourteen *2*
quatorzième fourteenth *5*

quatre four *1*
quatre-vingt-dix ninety *2*
quatre-vingts eighty *2*
quatrième fourth *4*
que what *1;* that; than; as *3*
quel, quelle which, what *2*
quelques some, several, a few *A*
quelquefois sometimes *4*
Qu'est-ce que...? What...? (introducing a question) *2; Qu'est-ce que c'est?* What is it? *3; Qu'est-ce qu'il y a?* What's the matter? *8*
qui who, whom, which *1*
quinze fifteen *2*
quinzième fifteenth *5*
quitter to leave (a place or a person) *7*

R

le **raisin** grape *6*
la **raison** reason *5; avoir raison* to be right *5*
raisonnable reasonable; sensible *10*
se **rappeler** to remember *4*
regarder to look at, to watch *2*
le **régime** diet *5*
la **région** region, area *9*
se **rencontrer** to meet *7*
rendre to return (something) *3*
renouvelé, renouvelée renovated *9*
rentrer to return home; to return *10*
le **repas** meal *5*
répéter to repeat *A*
répondre to answer *7*
républicain, républicaine republican *8*
réservé, réservée reserved *3*
le **restaurant** restaurant *5*
les **restes** (m) remains *10*
rester to remain, to stay *1*
retard (see *en retard*) *3*
retourner to return, to go back *10*
réussir to succeed; to pass (an exam) *2*
revenir to come back; to return *10*
la **révolution** revolution *9*
la **revue** magazine *6*
la **rive** bank (of a river) *9*
le **riz** rice *8*
la **robe** dress; robe *6*
romain, romaine Roman *10*
le **roman** novel *7*
romano-byzantin Romanesque-Byzantine *10*
la **rosace** rose window *9*
rouge red *5*
la **rue** street *6*
russe Russian *7*
la **Russie** Russia *7*

S

sa his, her, its (feminine singular) *3*
le **sable** sand *7*
le **sacre** coronation *9*
sacré, sacrée sacred *9*
saignant, saignante rare (meat) *5*
le **saint, la sainte** saint *9*
la **saison** season *2*
la **salade** salad *4*
sale dirty *4*
la **salle** room *4; la salle à manger* dining room *4; la salle de bains* bathroom *4*
le **salon** living room *4*
samedi Saturday *4*
le **sandwich** sandwich *10*
sans without *8*
la **saucisse** sausage *5*
savoir to know; to know how *8*
la **scène** scene; stage *9*
les **sciences** (f) sciences *1*
se himself, herself, oneself, themselves *4*
le **séchoir** dryer *6*
le (la) **secrétaire** secretary *6*
la **section** section *3*
seize sixteen *2*
seizième sixteenth *5*
self-service self-service *10*
la **semaine** week *4*
le **sénat** senate *9*
le **Sénégal** Senegal *7*
sénégalais, sénégalaise Senegalese *7*
sensas sensational (slang) *7*
sentir to smell; to feel *10*
sept seven *1*
septembre September *4*
septième seventh *5*
sert (see *servir*) *4*
le **service** service *6*
servir to serve *4*
ses his, her, its (plural) *3*
seul, seule alone; only *6*
seulement only *6*
le **shampooing** shampoo *6*
si if *3*
le **siècle** century *9*
le **siège** seat, headquarters *9*
la **signalisation routière** road signs *9*
s'il vous plaît (see *plaire*) *3*
le **singe** monkey *2*
six six *1*
sixième sixth *5*
le **ski** skiing; ski *7; le ski nautique* water skiing *7*
skier to ski *7*
la **société** society; company *3*
la **soeur** sister *4*
la **soie** silk *6*
soigneusement carefully *8*

le **soir** evening *3*
soixante sixty *2*
soixante-dix seventy *2*
le **soldat** soldier *6*
le **solde** clearance sale *B; en solde* on sale *B*
le **soleil** sun *2*
la **solution** solution *10*
son his, her, its (masculine singular) *3*
sortir to go out, to come out, to leave *10*
la **source** source *5*
le **sous-sol** basement *10*
soutenir to support, to sustain *9*
souvent often *5*
spectaculaire spectacular *7*
le **sport** sport *6*
la **statue** statue *9*
le **steak** steak *5*
le **style** style *10*
le **stylo** pen *3*
le **sucre** sugar *5*
le **sud** south *3*
suggérer to suggest *5*
suisse Swiss *7*
la **Suisse** Switzerland *3*
suivez (see *suivre*) *6*
suivre to follow *6*
Super! Great! *2*
la **superficie** area *3*
le **supermarché** supermarket *10*
sur on *3*
sûr, sûre sure, certain *2; Bien sûr!* Of course! *10*
sûrement surely *6*
surtout especially *B*
le **système** system *10*

T

ta your (familiar, feminine singular) *3*
le **tabac** tobacco store; tobacco *10*
la **taille** size *B*
tant so much, so many *5; Tant pis!* Too bad! *5*
la **tante** aunt *4*
la **tarte** pie *5*
te yourself *4;* you, to you (familiar singular) *7*
tel, telle such *6*
le **téléphérique** cable car *5*
le **téléphone** telephone *7*
téléphoner to telephone *7*
tellement so, very *6*
la **température** temperature *3*
le **temps** weather *2;* time *A*
le **tennis** tennis *7*
la **terrasse** terrace *10*
la **terre** earth, ground *5*
tes your (familiar plural) *3*
le **testament** testament *9*
la **tête** head *8*
le **théâtre** theater *2*

le **thie Bou-Diene** rice dish with fish (Africa) 8

le **thon** tuna 10

Tiens! Look (here)! Here! 9

le **timbre** stamp 10

toi you (familiar singular) 1

la **tomate** tomato 5

tomber to fall 10

ton your (familiar, masculine singular) 3

toujours still; always 4

la **tour** tower 9

le **tour** turn 8

le (la) **touriste** tourist 7

tourner to turn 5

la **Toussaint** All Saints' Day 8

tout, toute, tous, toutes everything, all 4; whole 5; *tout de suite* right away, immediately 6; *tout droit* straight ahead 3

la **tradition** tradition 4

le **train** train 3

la **tranche** slice 5

le **transport** transportation 9

le **travail** work 8

travailler to work 6

traverser to cross 5

treize thirteen 2

treizième thirteenth 5

trente thirty 2

très very 1

trois three 1

troisième third 5

la **trompette** trumpet 6

trop too much, too many; too 6

les **troupes** (f) troops, forces 8

trouver to find 2

se **trouver** to be, to be located 4

tu you (familiar singular) 1

U

un one 1

un, une a, an; one 2

l' **université** (f) university 9

l' **usine** (f) factory 6

V

la **vache** cow 2

vais (see *aller*) 1

la **vaisselle** dishes B

varié, variée various; varied 10

vas (see *aller*) 1

le **veau** veal 5

le **vélo** bike 9; *en vélo* by bike 9

le **vendeur, la vendeuse** seller; salesclerk 6

vendre to sell 3

vendredi Friday 4

venir to come 10; *venir de + infinitif* to have just 10

le **vent** wind 2

verser to pour 5

vert, verte green 5

le **veston** jacket, blazer 6

les **vêtements** (m) clothes, clothing 6

la **viande** meat 5

la **vie** life 8

la **vierge** virgin 10

vieux, vieil, vieille old 4

le **vignoble** vineyard 6

le **village** village 7

la **ville** city 3

le **vin** wine 5

vingt twenty 2

vingt et unième twenty-first 5

vingtième twentieth 5

le **violon** violin 6

la **visite** visit 9; *faire une visite* to visit, to pay a visit 9

vite fast, swiftly 7

voici here is, here are 4

voilà here is, here are; there is, there are 3; there 9

la **voile** sail 2

voir to see 8

la **voiture** car 3; *en voiture* by car 9

la **volaille** poultry, fowl 4

vos your (polite plural) 3

votre your (polite singular) 3

voudrais (see *vouloir*) 6

voudrions (see *vouloir*) 3

vouloir to want, to wish 3; *je voudrais* I would like 6; *nous voudrions* we would like 3

vous you (polite singular or plural) 1

vous yourself, yourselves 4

vous you, to you (formal singular or plural) 7

le **voyage** trip 3

voyager to travel 3

le **voyageur** traveler 3

vraiment really, truly 8

la **vue** view 9

W

les **"W.C."** (m) toilets 3

Y

y there 8

les **yeux** (m) eyes 8

Z

zéro zero 1

Zut! Darn it! (slang) 4

vocabulary

All the words introduced in *Perspectives françaises 1* have been summarized in this section. The numbers following the meaning of individual words or phrases indicate the particular lesson in which they appear for the first time. In cases in which there is more than one meaning for a word or phrase and it has appeared in different lessons, the corresponding lesson numbers are listed.

A

a, an *un, une* 2
able: to be able *pouvoir* 6
to **accompany** *accompagner* 7
ache *le mal* 8
action *l'action (f)* 7
actor *l'acteur* 6
to **adore** *adorer* 7
adult *l'adulte (m)* 2
Africa *l'Afrique (f)* 8
after *après*
afternoon *l'après-midi (m, f)* 3
again *encore* 5
against *contre* 7
age *l'âge* 2
air *l'air* 9
airplane *l'avion* 8; **by plane** *en avion* 9; **jet plane** *l'avion à réaction (m)* 8
almost *presque* 3
alone *seul, seule* 6
along *le long de* 9
alpine *alpin, alpine* 8
already *déjà* 3
also *aussi* 1
always *toujours* 4
American *américain, américaine* A
and *et* 1
animal, animals *l'animal, les animaux (m)* 2
another *autre* 3
to **answer** *répondre* 7
any *de, des, du* 2; *en* 8

apartment *l'appartement (m)* 7
apartment house *l'immeuble (m)* 10
appetite *l'appétit (m)* 5
apple *la pomme* 5
apple tree *le pommier* 7
April *avril* 4
arch *l'arc (m)* 10
architect *l'architecte (m)* 10
architecture *l'architecture (f)* 10
area *la superficie* 3
arm *le bras* 8
to **arrive** *arriver* 3
art *l'art (m)* 6
artist *l'artiste (m)* 6
as *que* 3; *comme* 5; *aussi* 10
to **ask** *demander* 5
assembly *l'assemblée (f)* 9
at *à* 3
attentively *attentivement* 7
attic *le grenier* 8
to **attract** *attirer* 9
August *août* 4
aunt *la tante* 4
autumn *l'automne (m)* 2

B

bad *mauvais, mauvaise* 2
baggage *le bagage* 3
baker *le boulanger, la boulangère* 6
bakery *la boulangerie* 6
balloon *le ballon* 2
banana *la banane* 5
bank *la banque* 6; **(of a river)** *la rive* 9

banker *le banquier* 6
bar *le bar* 3
basement *le sous-sol* 10
basketball *le basket-ball* 7
bathroom *la salle de bains* 4
to **be** *être* 1; *se trouver* 4
beach *la plage* 7
beans: green beans *les haricots verts (m)* 5
bear *l'ours (m)* 2
beautiful *beau, bel, belle* 2
because *parce que* 4
to **become** *devenir* 10
bedroom *la chambre* 4
beer *la bière* 5
before *avant* 4
to **begin** *commencer* 5
Belgian *belge* 7
Belgium *la Belgique* 3
belt *la ceinture* 8
between *entre* 5
bicycle *la bicyclette* 6; **by bicycle** *à bicyclette* 9
bicycling *le cyclisme* 7
big *grand, grande* 4; *gros, grosse* 5
bike *le vélo* 9
bill (money) *le billet* 5
biology *la biologie* 1
bird, birds *l'oiseau, les oiseaux (m)* 2
birthday *l'anniversaire (m)* B
black *noir, noire* 4
blazer *le veston* 6
blouse *la blouse* 6
blue *bleu, bleue* 6

energy *l'énergie (f)* 5
England *l'Angleterre (f)* 7
English *anglais, anglaise* 4; *l'anglais (m)* 1
enough *assez* 4
to **enter** *entrer* 7
equal *égal, égale* 9
especially *surtout* B
Europe *l'Europe (f)* 5
even *même* 10
evening *le soir* 3
every *chaque* 3
everything *tout, toute, tous, toutes* 4
examination *l'examen (m)* 1
example *l'exemple (m)* 6; for example *par exemple* 6
excursion *l'excursion (f)* 2; Let's go on an excursion (ride)! *Faisons une excursion!* 2
excuse me *pardon* A
expensive *cher, chère* 7
exterior *l'extérieur (m)* 9
eyes *les yeux (m)* 8

F

factory *l'usine (f)* 6
to **fall** *tomber* 10
family *la famille* 2
famous *célèbre* 5
fantastic *formidable* 4
far *loin* 3
farm *la ferme* 6
farmer *le fermier* 6
fashion *la mode* 6
fast *vite* 7
fat *gros, grosse* 5
father *le père* 4
February *février* 4
to **feed** *nourrir* 2
to **feel** *sentir* 10
female *féminin, féminine* 8
feminine *féminin, féminine* 8
festival *la fête* 8
few: a few *quelques* A
field *le champ* 6
finally *enfin* 3
to **find** *trouver* 2
to **finish** *finir* 2
first *premier, première* 3
fish *le poisson* 2
fish market *la poissonnerie* 10
fisherman *le pêcheur* 6
fishing *la pêche* 10
fitting room *la cabine d'essayage* 10
flag *le drapeau* 7
to **flow** *se jeter* 5
flower *la fleur* 2
flute *la flûte* 6
fly *la mouche* 9
to **follow** *suivre* 6
food *la nourriture* 5
for *depuis* 8
fortress *la forteresse* 10

foot *le pied* 8; on foot *à pied* 8
forest *la forêt* 6
formerly *autrefois* 4
fortunate *heureux, heureuse* 6
fortunately *heureusement* 6
fountain *la fontaine* 7
fowl *la volaille* 4
franc *le franc* 2
France *la France* 3
French *français, française* 3; *le français* 1
French fries *les frites (f)* 5
fresh *frais, fraîche* 2
Friday *vendredi* 4
friend *l'ami, l'amie* 2; good friend *le (la) camarade* 4
from *de* 3; *depuis* 8; from the *du* 3
in **front of** *devant* 4
fruit *le fruit* 5
full *plein, pleine* 9

G

game *le match* 7; *le jeu* 8
garden *le jardin* 2
gardener *le jardinier* 6
generally *généralement* 8
geography *la géographie* 3
German *allemand, allemande* 7
Germany *l'Allemagne (f)* 3
get: to get off *descendre* 3; to get up *se lever* 5
girl *la fille* 1
to **give** *donner* 5
glacier *le glacier* 5
glove *le gant* 6
to **go** *aller* 1; to go down *descendre* 3; to go out *sortir* 10; to go to bed *se coucher* 4; to go up *monter* 3
goal *le but* 7
goat *la chèvre* 2
gold *l'or (m)* 7
golf *le golf* 7
good *bon, bonne* 1
Good luck! *Bonne chance!* 1
good-bye *au revoir* 1
government *le gouvernement* 6
gram *le gramme* 10
granary *le grenier* 8
grandfather *le grand-père* 4
grandmother *la grand-mère* 4
grandparents *les grands-parents (m)* B
grape *le raisin* 6
great *formidable* 4; Great! *Super!* 2
Greek *grec, grecque* 10
green *vert, verte* 5
grey *gris, grise* 6
grocery store *l'épicerie (f)* 10
ground *la terre* 5
guard *la garde* 8
to **guard** *garder* 4
to **guide** *guider* 10
guitar *la guitare* 6

H

hair *les cheveux (m)* 6
haircut *la coupe* 6
hairdresser *le coiffeur, la coiffeuse* 6
half *demi, demie* 3
hand *la main* 4
happily *heureusement* 6
happy *heureux, heureuse* 6
hat *le chapeau* 6
to **have** *avoir* 1; to have to *devoir* 6
he *il* 1
head *la tête* 8
headquarters *le siège* 9
to **hear** *entendre* 3
heart *le coeur* 9
hello *bonjour* 1
to **help** *aider* 4
her *elle* 8; *sa, son, ses* 3; *la (l')* 6; to her *lui* 7
here *ici* 2; here is (are) *voilà* 3; *voici* 4
Here! *Tiens!* 9
high *élevé, élevée* 5; *haut, haute* 5
high school *le lycée* 1
hill *la colline* 10
him *lui* 8; *le (l')* 6; to him *lui* 7
his *sa, son, ses* 3
historical *historique* 7
history *l'histoire (f)* 1
to **hit** *frapper* 8
hockey *le hockey* 7; hockey puck *le disque* 7; hockey stick *le bâton de hockey* 7
holiday *la fête* 8
home *la maison* 4
homework *les devoirs (m)* 2
hors d'oeuvre (appetizers) *les hors-d'oeuvre (m)* 5
horse *le cheval* 2
hot *chaud, chaude* 2
hotel *l'hôtel (m)* 6
hotel keeper *l'hôtelier, l'hôtelière* 6
hour *l'heure (f)* 3
house *la maison* 4
how *comment* 1
hunger *la faim* 1
hut *la hutte* 8

I

I *je (j')* 1; *moi* 8
ice cream *la glace* 2
idea *l'idée (f)* 2
if *si* 3
ill *malade* 8
immediately *tout de suite* 6
important *important, importante* 3
in *dans* 1; *en* 2; *à* 3; *de* 10
independent *indépendant, indépendante* 3
to **indicate** *indiquer* 3
industry *l'industrie (f)* 6
information *l'information (f)* 3
inside *l'intérieur (m)* 3

instrument *l'instrument (m)* 6
intellectual *intellectuel, intellectu-*
elle 9
intelligent *intelligent, intelligente* 10
interesting *intéressant, intéressante* 9
international *international, interna-*
tionale 9
into *dans* 1; *en* 2
to **invite** *inviter* 4
island *l'île (f)* 9
it *il* 1; *le, la, l'* 6; it is *c'est* 2; of it
en 8
Italian *italien, italienne* 7
Italy *l'Italie (f)* 3
its *sa, son, ses* 3

J

jacket *le veston* 6
jam *la confiture* 5
January *janvier* 4
jar, jars *le bocal, les bocaux* 5
jeans *les blue jeans (m)* 6
journalist *le journaliste* 4
joyful *joyeux, joyeuse* B
judgment *le jugement* 9
July *juillet* 4
June *juin* 4
justice *la justice* 9

K

to **keep** *garder* 4
kilogram *le kilogramme* 10
kilometer *le kilomètre* 3
kitchen *la cuisine* 4
knife *le couteau* 5
to **knock** *frapper* 8
to **know** *savoir* 8; to know how *savoir* 8

L

lady *la dame* 10
lake *le lac* 2
large *grand, grande* 4; *gros, grosse* 5
last *dernier, dernière* 8
late *en retard* 3
Latin *latin, latine* 9
law *le droit* 9
lawyer *l'avocat, l'avocate* 6
to **learn** *apprendre* 9
to **leave** *quitter* 7; *partir* 10; *sortir* 10
left *gauche* 8
leg *la jambe* 8
less *moins* 1
letter *la lettre* 6
letters (liberal arts) *les lettres (f)* 9
level *le niveau* 10
life *la vie* 8
to **lift** *lever* 7
light *la lumière* A
like *comme* 5
to **like** *aimer* 1

line *la ligne* 7
to **listen (to)** *écouter* B
liter *le litre* 10
literature *les lettres (f)* 9
little *petit, petite* 3
to **live (in)** *habiter* 1
living room *le salon* 4
long *long, longue* 3; no longer *ne*
. . . plus 9
Look (here)! *Tiens!* 9
to **look at** *regarder* 2
to **lose** *perdre* 3
loud *fort, forte* A
low *bas, basse* 5
luck *la chance* 1
lunch *le déjeuner* 5
Luxembourg *le Luxembourg* 3

M

machine *la machine* 10
magazine *la revue* 6
mail *la poste* 6; mailman *le préposé*
des postes 6
major *majeur, majeure* 10
to **make** *faire* 1
man *l'homme (m)* 4
many *beaucoup (de)* 3; how many
combien 1; so many *tant* 5; too
many *trop* 6
map *la carte* 4; *le plan* 9
March *mars* 4
market *le marché* 4
match *le match* 7
math *les math (f)* 1
May *mai* 4
me *moi* 1; to (for) me *me* 7
meal *le repas* 5
meat *la viande* 5
medicine *le médicament* 10
medium *moyen, moyenne* B
to **meet** *se rencontrer* 7
menu *la carte* 5
merchant *le marchand, la marchande* 6
metric *métrique* 10
metropolitan *métropolitain, métro-*
politaine 4
Mexican *mexicain, mexicaine* 7
Mexico *le Mexique* 7
midnight *minuit* 3
military *militaire* 6
milk *le lait* 5
millimeter *le millimètre* 10
million *le million* 3
mind *l'esprit (m)* 9
mineral *minéral, minérale* 5
minor (junior league) *mineur, mi-*
neure 7
minus *moins* 1
minute *la minute* 1
Miss *mademoiselle* 1
modern *moderne* 3
Monday *lundi* 4
money *l'argent (m)* 2

monkey *le singe* 2
Monopoly *le Monopoly* 4
month *le mois* 4
monument *le monument* 9
more *plus* 3
morning *le matin* 3
mother *la mère* 4; *maman* 2
mountain *la montagne* 3; *le mont* 5
mouth *la bouche* 8
to **move** *déplacer* 8
movies *le cinéma* 9
Mr. *monsieur* 1
Mrs. *madame* 1
much *beaucoup (de)* 3; how much
combien 1; so much *tant* 5; too
much *trop* 6
municipal *municipal, municipale* 6
museum *le musée* 7
music *la musique* A
musician *le musicien, la musicienne* 6
mustard *la moutarde* 6
my *ma, mon* 3; *mes* 2
myself *me* 4

N

name *le nom* 1
national *national, nationale* 3
nationality *la nationalité* 9
navigable *navigable* 5
navy *la marine* 8
near *près (de)* 2, *proche* 10
nearby *proche* 10
neat (slang) *chouette* 6
necessary *nécessaire* 3
neck *le cou* 8
necktie *la cravate* 6
never *ne . . . jamais* 9
new *nouveau, nouvel, nouvelle* 4
next to *à côté de* 7
nice (slang) *chouette* 6; It's
nice out. *Il fait beau.* 2
night *la nuit* 3
no *non* 1
noise *le bruit* 10
noon *midi* 3
north *le nord* 3
nose *le nez* 8
not *pas* 1; *ne. . .pas* 3
notebook *le cahier* 3
nothing *ne . . . rien* 9
novel *le roman* 7
November *novembre* 4
now *maintenant* 1
number *le nombre* 1; *le numéro* 3

O

to **obey** *obéir* 2
occupation *la profession* 6
ocean *l'océan (m)* 3; Atlantic Ocean
l'Océan Atlantique (m) 3
o'clock *l'heure (f)* 3
October *octobre* 4

of *de* 1
to **offer** *offrir* 10
  office *le bureau* 6
  officer *l'officier (m)* 8
  often *souvent* 5
  oh *ah* 3
  old *vieux, vieil, vieille* 4
  omelette *l'omelette (f)* 5
  on *sur* 3
  one *un, une* 2; *on* 3
  only *seul, seule* 6; *seulement* 6
to **open** *ouvrir* 5
  or *ou* 2
  orange *orange* 6
  oratory *l'oratoire (m)* 7
  ordinal *ordinal, ordinale* 5
  ordinary *ordinaire* 3
  other *autre* 3
  otherwise *autrement* 6
  our (singular) *notre, nos* 3
  ourselves *nous* 4
  out of doors *dehors* 10

P

  pain *le mal* 8
  painting *la peinture* 6
  pal *le copain, la copine* 4
  palace *le palais* 7
  pan *la bassine* 5
  pants *le pantalon* 6
  parade *le défilé* 8
  parents *les parents* 4
  Parisian *parisien, parisienne* 4
  park *le jardin public* 2
  parliament *le parlement* 9
  part *la partie* 8
to **pass (by)** *passer* 4
  passport *le passeport* 6
  pastry *la pâtisserie* 10; pastry shop *la pâtisserie* 1
  peak *le pic* 5
  peanut *l'arachide (f)* 8
  pen *le stylo* 3
  pencil *le crayon* 3
  per *par* 4
  perfume *le parfum* 6
  person *la personne* 2
  piano *le piano* 6
  picturesque *pittoresque* 4
  pie *la tarte* 5
  piece *le morceau* 10
  pig *le cochon* 2
  pit, pits *le noyau, les noyaux* 5
  place *la place* 3; at the place of (someone) *chez* 6
  plan *le plan* 9
  platform *le quai* 3
  play *la passe* 3
to **play** *jouer* 2; to play (records) *passer* A
  player *le joueur, la joueuse* 7
  pleasant *agréable* 6
  please *s'il vous plaît* 3

to **please** *plaire* 3
  plum *la prune* 5
  point *le point* 8
  policeman *l'agent de police (m)* 6
  political *politique* 9
  polytechnic *polytechnique* 9
  pool *le bassin* 3
  popular *populaire* 8
  port *le port* 5
  position *la position* 8
  post office *la poste* 6
  postcard *la carte postale* 7
  potato *la pomme de terre* 5
  poultry *la volaille* 4
to **pour** *verser* 5
  powerful *puissant, puissante* 5
to **prefer** *préférer* 5
  present *le cadeau* 10
  president *le président* 8
  pretty *joli, jolie* 10
  price *le prix* 10
  primary *primaire* 4
  principal *principal, principale* 3
  prison *la prison* 10
  prize *le prix* 10
  product *le produit* 6
  profession *la profession* 6
to **propose** *proposer* A
  proud *fier, fière* 5
  province *la province* 4
  pullover *le pull-over* 10
  puppet *la marionnette* 2
  puppet show *le guignol* 2
  purple *pourpre* 10
to **push** *pousser* 7
to **put on** *mettre* 6

Q

  quarter *le quart* 3; *le quartier* 9
  quay *le quai* 3

R

  rabbit *le lapin* 4
  railroad *le chemin de fer* 3; railroad station *la gare* 3
to **rain** *pleuvoir* 2; It's raining. *Il pleut.* 2
to **raise** *lever* 7
  rare (meat) *saignant, saignante* 5
  rather *assez* 4
to **read** *lire* 7
  really *vraiment* 8
  reason *la raison* 5
  reasonable *raisonnable* 10
  record *le disque* A
  red *rouge* 5
  referee *l'arbitre (m)* 7
  region *la région* 9
to **remain** *rester* 1
  remains *les restes (m)* 10
to **remember** *se rappeler* 4
to **remove** *enlever* 5

  renovated *renouvelé, renouvelée* 9
to **repeat** *répéter* A
  republican *républicain, républicaine* 8
  reserved *reservé, reservée* 3
to **return** *rentrer* 10; *retourner* 10; to return something *rendre* 10
  revolution *la révolution* 9
  rice *le riz* 8
  ride *la promenade* 2; Let's go for a ride! *Faisons une promenade!* 2
  right *droit, droite* 7
  right away *tout de suite* 6
  river *le fleuve* 3
  road signs *la signalisation routière* 9
  Roman *romain, romaine* 10
  room *la place* 3; *la pièce* 4
  round trip *aller et retour* 3
  Russia *la Russie* 7
  Russian *russe* 7

S

  sacred *sacré, sacrée* 9
  sail *la voile* 2
  sailor *le marin* 6
  saint *le saint, la sainte* 9
  salad *la salade* 4
  sale: clearance sale *le solde* B; on sale *en solde* B
  salesclerk *le vendeur, la vendeuse* 6
  same *même* 3
  sand *le sable* 7
  sandwich *le sandwich* 10
  Saturday *samedi* 4
  sausage *la saucisse* 5
to **say** *dire* A
  scene *la scène* 9
  schedule *l'horaire (m)* 3
  school *l'école (f)* 3
  sciences *les sciences (f)* 1
to **score** *marquer un but* 7
  sea *la mer* 3; North Sea *la Mer du Nord* 3; Mediterranean Sea *la Mer Méditerranée* 3
  season *la saison* 2
  seat *la place* 3; *le siège* 9
  secretary *le (la) secrétaire* 6
  section *la section* 3
to **see** *voir* 8
  self-service *self-service* 10
to **sell** *vendre* 3
  senate *le sénat* 9
  Senegal *le Sénégal* 7
  Senegalese *sénégalais, sénégalaise* 7
  sensational (slang) *sensas* 7
to **serve** *servir* 4
  service *le service* 6
  several *quelques* A
  shampoo *le shampooing* 6
  she *elle* 1
  sheep *le mouton* 4
  ship *le navire* 10
  shirt *la chemise* 6

shoe *la chaussure* 6
to **shoot** *pousser* 7
shop *la boutique* 10
shopping center *le centre commercial* 10
short *court, courte* 6
to **show** *montrer* B
sick *malade* 8
side *le côté* 9
sign *l'indication (f)* 3; *le panneau* 3
silk *la soie* 6
since *depuis* 8
sink *le lavabo* 3
sir *monsieur* 1
sister *la soeur* 4
size *la taille* B; (shoes and gloves) *la pointure* B
skating *le patinage* 7
skating rink *la patinoire* 7
to **ski** *skier* 7
ski, skiing *le ski* 7; water skiing *le ski nautique* 7
skirt *la jupe* 6
skyscraper *le gratte-ciel* 9
slice *la tranche* 5
slow *lent, lente* 6
slowly *lentement* A
small *petit, petite* 3
to **smell** *sentir* 10
smoke *la fumée* 8
snack *le goûter* 5
snow *la neige* 5
so *alors* 6; *tellement* 6; *aussi* 10
soccer *le football* 7
society *la société* 3
sock *la chaussette* 6
soldier *le soldat* 6
solution *la solution* 10
some *du, de, des* 2; *quelques* A; *en* 8
sometimes *quelquefois* 4
son *le fils* 4
soon *bientôt* 1; See you soon! *À bientôt!* 1
soup *le potage* 5
source *la source* 5
south *le sud* 3
Spain *l'Espagne (f)* 3
Spanish *espagnol, espagnole* 7
to **speak** *parler* 1
spectacular *spectaculaire* 7
spirit *l'esprit (m)* 9
sport *le sport* 6; *le jeu* 8
spring *le printemps* 2
square *la place* 9
stairs *l'escalier (m)* 3
stamp *le timbre* 10
to **stamp** *composter* 3
state *l'état (m)* 3
stationery store *la papeterie* 10
statue *la statue* 9
to **stay** *rester* 1
steak *le steak* 5
still *toujours* 4; *encore* 5
stocking *le bas* 6

stomach *l'estomac (m)* 8
stone *la pierre* 4
stop *l'arrêt (m)* 7
store *le magasin* 6; department store *le grand magasin* 9
story *l'histoire (f)* 9
stove *la cuisinière* 5
straight ahead *tout droit* 3
straw *la paille* 8
street *la rue* 6
strong *fort, forte* A; *puissant, puissante* 5
student *l'élève (m, f)* 6; *l'étudiant, l'étudiante* 9
to **study** *étudier* 1
style *la mode* 6; *le style* 10
subway *le métro* A
to **succeed** *réussir* 2
such *tel, telle* 6
sugar *le sucre* 5
to **suggest** *suggérer* 5
suit *le complet* 6
summer *l'été (m)* 2
sun *le soleil* 2
Sunday *dimanche* 4
supermarket *le supermarché* 10
to **support** *soutenir* 9
sure *sûr, sûre* 2
surely *sûrement* 6
to **surround** *entourer* 3
swan *le cygne* 2
sweater *le chandail* 6
to **swim** *nager* 5
swimming *la natation* 7
Swiss *suisse* 7
Switzerland *la Suisse* 3
system *le système* 10

T

to **take** *prendre* 5; to take (a test) *passer (un examen)* 1
tall *grand, grande* 4
tank *le char de combat* 8
teacher *le professeur* 1
team *l'équipe (f)* 7
telephone *le téléphone* 7
to **telephone** *téléphoner* 7
to **tell** *dire* A
temperature *la température* 3
tennis *le tennis* 7
terrace *la terrasse* 10
test *l'examen (m)* 1
testament *le testament* 9
than *que* 3
thank you, thanks *merci* 1
that *ce, cet, cette; ça* 4; *que* 3; that is *c'est* 2; That's right. *C'est ça.* 4
the *le, la, les* 1
theater *le théâtre* 2
their *leur, leurs* 2
them *eux, elles* 8; *les* 6; (to, for) them *leur* 7; of them *en* 8
then *puis* 3; *alors* 6

there *là* 5; *y* 8; *voilà* 9; there is (are) *il y a* 2; *voilà* 3
therefore *donc* 2
these *ces* 9
they *ils, elles* 1; *on* 3
thing *la chose* 8
to **think** *penser* 6
those *ces* 9
throat *la gorge* 8
to **throw** *jeter* 5
Thursday *jeudi* 4
ticket *le billet* 3
ticket window *le guichet* 3
time *l'heure (f)* 3; *la fois* 4; *le temps* A; What time is it? *Quelle heure est-il?* 3
times *fois* 2
timetable *l'horaire (m)* 3
tire *le pneu* 6
to *à* 1; *en* 3; *chez* 6; (in a score) *contre* 7
tobacco store, tobacco *le tabac* 10
today *aujourd'hui* 2
together *ensemble* 1
toll *le péage* 9
tomato *la tomate* 5
tomorrow *demain* 7
too *aussi* 1; *trop* 6
tooth *la dent* 8
tourist *le (la) touriste* 7
tower *la tour* 9
tradition *la tradition* 4
train *le train* 3
transportation *le transport* 9
to **travel** *voyager* 3
traveler *le voyageur* 3
tray *le plateau* 10
tree *l'arbre (m)* 8
trip *le voyage* 3; to take a trip *faire un voyage* 3
troops *les troupes (f)* 8
trumpet *la trompette* 6
to **try** *essayer* 8
Tuesday *mardi* 4
tuna *le thon* 10
turn *le tour* 8
to **turn** *tourner* 5

U

uncle *l'oncle (m)* 4
United Nations *les Nations Unies* 7
United States *les États-Unis* 3
university *l'université (f)* 9
until *jusqu'à* 10
us *nous* 7, 8; to us *nous* 7

V

varied *varié, variée* 10
various *varié, variée* 10
veal *le veau* 5
vegetable *le légume* 4
very *très* 1; *tellement* 6
view *la vue* 9

village *le village* 7
vineyard *le vignoble* 6
violin *le violon* 6
virgin *la vierge* 10
visit *la visite* 9; to visit *faire une visite* 9; to pay a visit *faire une visite* 9

W

to **wait for** *attendre* 3
waiter *le garçon* 5
walk *la promenade* 2; Let's go for a walk! *Faisons une promenade!* 2
to **walk** *marcher* 1
wall *le mur* 10
to **want** *vouloir* 3; *désirer* 3
warm *chaud, chaude* 2
to **wash (something)** *laver* 5; to wash (oneself) *se laver* 4
washroom *le lavabo* 3
watch *la montre* 7
to **watch** *regarder* 2
water *l'eau (f)* 5

wave *le flot* 7
we *nous* 1; *on* 3
to **wear** *porter* 6
weather *le temps* 2
Wednesday *mercredi* 4
week *la semaine* 4
to **weigh** *peser* 4
well *bien* 1; *le puits* 8
west *l'ouest (m)* 3
what *que* 1; *quel, quelle* 2
wheat *le blé* 6
when *quand* 1
where *où* 1
which *quel, quelle* 2
white *blanc, blanche* 5
who *qui* 1
whole *tout, toute, tous, toutes* 5
whom *qui* 1
why *pourquoi* 4
wife *la femme* 8
to **win** *gagner* 4
wind *le vent* 2
wine *le vin* 5
wing (player) *l'ailier (m)* 7
winter *l'hiver (m)* 2

with *avec* 2
without *sans* 8
woman *la femme* 8
wood(s) *le bois* 2
work *le travail* 8
to **work** *travailler* 6
to **write** *écrire* 7
writer *l'écrivain (m)* 9

Y

yard *la cour* 6
year *l'an (m)* 2; *l'année (f)* 4
yellow *jaune* 6
yes *oui* 1
yesterday *hier* 9
you *toi, tu, vous* 1; *on* 3; (to) you *te, vous* 7
young *jeune* 8
your *ton, ta, tes, votre, vos* 3
yourself *te, vous* 4; yourselves *vous* 4

index

Abbreviations

Acknowledgments

The author wishes to express her gratitude to Wolfgang Kraft, author of *Deutsch: Aktuell 1* and *2*, for his guidance and encouragement in the development of *Perspectives françaises 1*. Special thanks should go to André Fertey, author of *Les Français comme ils sont 1, 2* and *3* and *Passport To France*, for his editorial expertise and careful review of the manuscript. Both made valuable suggestions for the improvement of the book. Susan Lasley designed the textbook and William Salkowicz provided the artwork and maps. The cover and chapter openings were designed by Cyril John Schlosser.

Many people in France, Switzerland, Monaco, Belgium, Luxembourg, Canada and Africa contributed to the photography. The following offered special assistance: *Victor Aronoff, Maurice Bastien, Albert Ben Chabatte, Denise Courtonne, Maurice Courtonne, David Garry, Isabelle Garry, Jean-Marc Garry, Jeanne Garry, Joan Garry, Jim Lackore, Robert Lacouture, Guilaine Lecoutre, Michael McArdle, Donald Meland, Trudy Pieterick, Marie-France Racette, René Racette, Christian Rey, Gregory Siedschlag* and *Lee Vanden Heuvel.*

The author also wishes to thank Anne Klusinske for her help with the photographic work done in Europe. André Vaillancourt, the author's husband, deserves special mention for his meticulous editorial contributions.

Photo Credits

All the photos in *Perspectives françaises 1* not taken by the author have been provided by the following:

Aronoff, Victor: page 161 (both)

Centre National de Documentation Pédagogique — Jean Suquet: page 10

French Embassy Press and Information Division: page 276

Gouvernement du Québec: page 170

Klusinske, Anne: pages 5, 50 (both), 125 (right), 267

Kraft, Wolfgang: page 177

Lackore, Jim: pages 2, 112, 275

Marvin Melnyk Associates Ltd.: page 161 (both)

McArdle, Michael: page 235

Meland, Donald: pages 141 (bottom), 189, 197, 273

Pieterick, Trudy: page xii

Swiss National Tourist Office: page 277

Maps and photographs on pages ix, x, xi and 56 reproduced from *Tricolore Stage 3 Pupil's Book* by Sylvia Honnor and Heather Mascie-Taylor, published by E.J. Arnold, Leeds, England 1982.

Cover photograph by Christine Benkert.